LE SAGE

AVENTURES DE
GIL BLAS
DE SANTILLANE

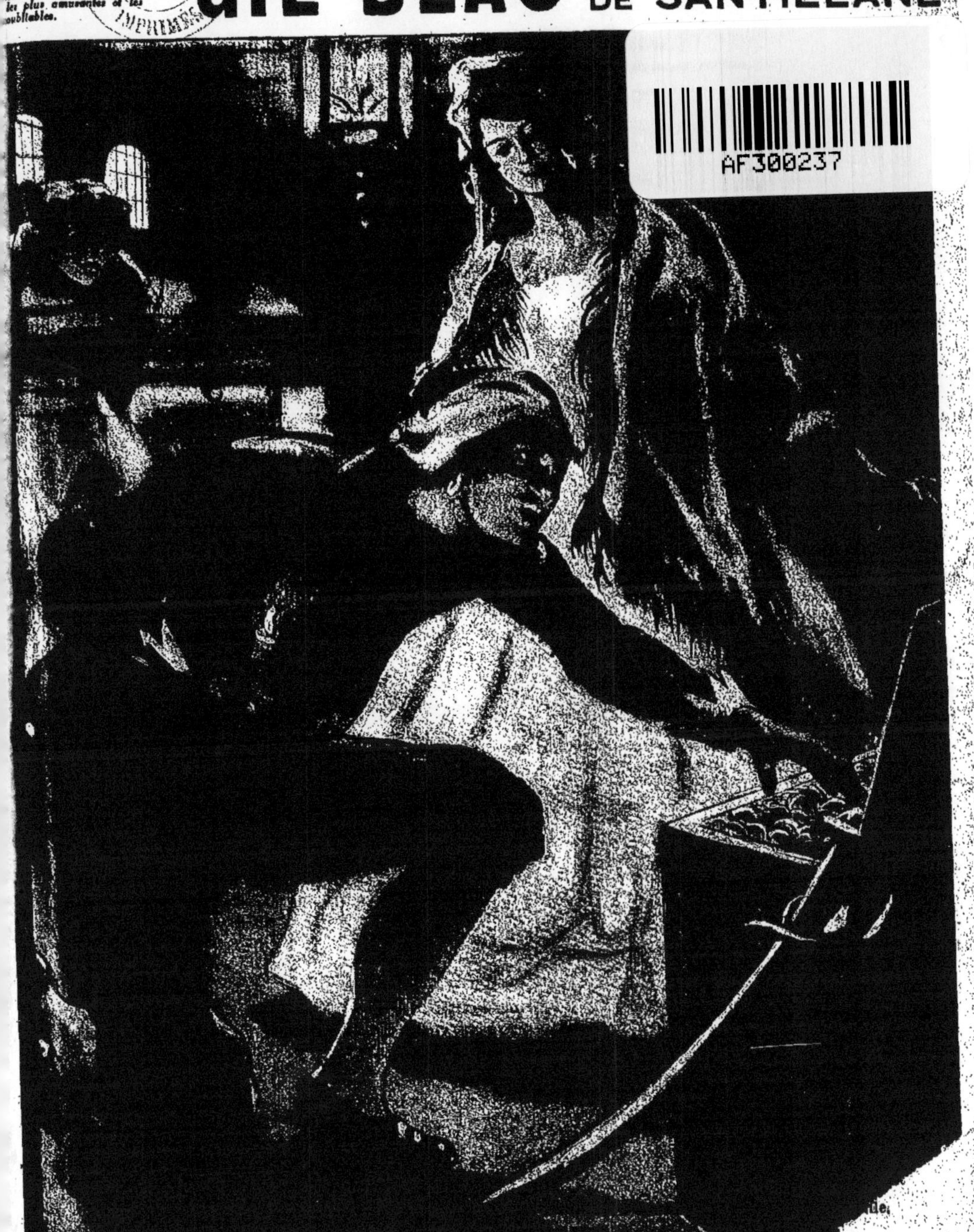

AVENTURES
DE
GIL BLAS DE SANTILLANE

GIL BLAS AU LECTEUR

Avant que d'entendre l'histoire de ma vie, écoute, ami lecteur, un conte que je vais te faire.

Deux écoliers allaient ensemble de Penafiel à Salamanque. Se sentant las et altérés, ils s'arrêtèrent au bord d'une fontaine qu'ils rencontrèrent sur leur chemin.

Là, tandis qu'ils se délassaient, après s'être désaltérés, ils aperçurent par hasard auprès d'eux sur une pierre à fleur de terre, quelques mots déjà un peu effacés par le temps et par les pieds des troupeaux qu'on venait abreuver à cette fontaine. Ils jetèrent de l'eau sur la pierre pour la laver, et ils lurent ces paroles castillanes : Aqui está encerrada el alma del licenciado Pedro Garcias. ICI EST ENFERMÉE L'AME DU LICENCIÉ PIERRE GARCIAS.

Le plus jeune des écoliers, qui était vif et étourdi, n'eut pas achevé de lire l'inscription, qu'il dit en riant de toute sa force : Rien n'est plus plaisant ! Ici est enfermée l'âme !... Une âme enfermée !... Je voudrais savoir quel original a pu faire une si ridicule épitaphe ?

En achevant ces paroles, il se leva pour s'en aller. Son compagnon plus judicieux dit en lui-même : Il y a là-dessous quelque mystère. Je veux demeurer ici pour l'éclaircir.

Celui-ci laissa donc partir l'autre ; et, sans perdre de temps, se mit à creuser avec son couteau tout autour de la pierre. Il trouva dessous une bourse en cuir qu'il ouvrit. Il y avait dedans cent ducats, avec une carte sur laquelle étaient écrites ces paroles en latin : « SOIS MON HÉRITIER, TOI QUI AS EU ASSEZ D'ESPRIT POUR DÉMÊLER LE SENS DE L'INSCRIPTION, ET FAIS UN MEILLEUR USAGE QUE MOI DE MON ARGENT. » L'écolier, ravi de cette découverte, remit la pierre comme elle était auparavant, et reprit le chemin de Salamanque avec l'âme du licencié.

Qui que tu sois, ami lecteur, tu vas ressembler à l'un ou à l'autre de ces deux écoliers. Si tu lis mes aventures sans prendre garde aux instructions morales qu'elles renferment, tu ne tireras aucun fruit de cet ouvrage : mais si tu le lis avec attention, tu y trouveras, suivant le précepte d'Horace, l'utile mêlé avec l'agréable.

LIVRE PREMIER

I. — De la naissance de Gil Blas, et de son éducation.

BLAS de Santillane, mon père, après avoir longtemps porté les armes pour le service de la monarchie espagnole, se retira dans la ville où il avait pris naissance.

Il y épousa une petite bourgeoise, qui n'était plus dans sa première jeunesse, et je vins au monde dix mois après leur mariage. Ils allèrent ensuite demeurer à Oviédo, où ils furent obligés de se mettre en condition.

Ma mère devint femme de chambre, et mon père écuyer. Comme il n'avaient pour tout bien que leurs gages, j'aurais couru risque d'être assez mal élevé, si je n'eusse pas eu dans la ville un oncle chanoine.

Il se nommait Gil Perez. Il était frère aîné de ma mère et mon parrain. Représentez-vous un petit homme haut de trois pieds et demi, extraordinairement gros, avec une tête enfoncée entre les deux épaules : voilà mon oncle. Au reste, c'était un ecclésiastique qui ne songeait qu'à bien vivre, c'est-à-dire qu'à faire bonne chère, et sa prébende, qui n'était pas mauvaise, lui en fournissait les moyens.

Il me prit chez lui dès mon enfance, et se chargea de mon éducation. Je lui parus si éveillé, qu'il résolut de cultiver mon esprit. Il m'acheta un alphabet, et entreprit de m'apprendre lui-même à lire : ce qui ne lui fut pas moins utile qu'à moi : car, en me faisant connaître mes lettres, il se remit à la lecture, qu'il avait toujours fort négligée, et à force de s'y appliquer, il parvint à lire couramment son bréviaire, ce qu'il n'avait jamais fait auparavant.

Il aurait encore bien voulu m'enseigner la langue latine ; c'eût été autant d'argent d'épargné pour lui : mais, hélas ! le pauvre Gil Perez ! il n'en avait de sa vie su les premiers principes ; c'était peut-être (car je n'avance pas cela comme un fait certain), le chanoine du chapitre le plus ignorant. Aussi, j'ai ouï dire qu'il n'avait pas obtenu son bénéfice par son érudition ; il le devait uniquement à la reconnaissance de quelques bonnes religieuses dont il avait été le discret commissionaire, et qui avaient eu le crédit de lui faire donner l'ordre de prêtrise sans examen.

Il fut donc obligé de me mettre sous la férule d'un maître : il m'envoya chez le docteur Godinez, qui passait pour le plus habile pédant d'Oviédo. Je profitai si bien des instructions qu'on me donna, qu'au bout de cinq à six années, j'entendis un peu les auteurs grecs et assez bien les poètes latins. Je m'appliquai aussi à la logique, qui m'apprit à raisonner beaucoup. J'aimais tant la dispute, que j'arrêtais les passants, connus ou inconnus, pour leur proposer des arguments.

Je m'adressais quelquefois à des figures hibernoises, qui ne demandaient pas mieux, et il fallait alors nous voir disputer. Quels gestes ! quelles grimaces ! quelles contorsions ! nos yeux étaient pleins de fureur et nos bouches écumantes. On nous devait plutôt prendre pour des possédés que pour des philosophes.

Je m'acquis toutefois par là dans la ville la réputation de savant. Mon oncle en fut ravi, parce qu'il fit réflexion que je cesserais bientôt de lui être à charge.

— Or çà, Gil Blas, me dit-il un jour, le temps de ton enfance est passé ; tu as déjà dix-sept ans, et te voilà devenu habile garçon. Il faut songer à te pousser ; je suis d'avis de t'envoyer à l'Université de Salamanque : avec l'esprit que je te vois, tu ne manqueras pas de trouver un bon poste. Je te donnerai quelques ducats pour faire ton voyage, avec ma mule qui vaut bien dix à douze pistoles ; tu la vendras à Salamanque, et tu en emploieras l'argent à t'entretenir jusqu'à ce que tu sois placé.

Il ne pouvait rien proposer qui me fût plus agréable, car je mourais d'envie de voir le pays. Cependant j'eus assez de force sur moi pour cacher ma joie ; et lorsqu'il fallut partir, ne paraissant sensible qu'à la douleur de quitter un oncle à qui j'avais tant d'obligation, j'attendris le bonhomme qui me donna plus d'argent qu'il ne m'en aurait donné s'il eût pu lire au fond de mon âme.

Avant mon départ, j'allai embrasser mon père et ma mère, qui ne m'épargnèrent pas les remontrances.

Ils m'exhortèrent à prier Dieu pour mon oncle, à vivre en honnête homme, à ne me point engager dans de mauvaises affaires et, sur toutes choses, à ne pas prendre le bien d'autrui. Après qu'ils m'eurent très longtemps harangué, ils me firent présent de leur bénédiction, qui était le seul bien que j'attendais d'eux.

Aussitôt je montai sur ma mule, et sortis de la ville.

II. — Des alarmes qu'il eut en allant à Pegnaflor; de ce qu'il fit en arrivant dans cette ville, et avec quel homme il soupa.

Me voilà donc hors d'Oviédo, sur le chemin de Pegnaflor, au milieu de la campagne, maître de mes actions, d'une mauvaise mule et de quarante bons ducats, sans compter quelques réaux que j'avais volés à mon très honoré oncle.

La première chose que je fis fut de laisser ma mule aller à discrétion, c'est-à-dire au petit pas. Je lui mis la bride sur le cou, et, tirant de ma poche mes ducats, je commençai à les compter et recompter dans mon chapeau.

Je n'avais jamais vu tant d'argent. Je ne pouvais me lasser de le regarder et de le manier.

Je le comptais peut-être pour la vingtième fois, quand tout à coup ma mule, levant la tête et dressant les oreilles, s'arrêta au milieu du grand chemin. Je jugeai que quelque chose l'effrayait; je regardai ce que ce pouvait être : j'aperçus sur la terre un chapeau renversé, sur lequel il y avait un rosaire à gros grains, et en même temps j'entendis une voix lamentable qui prononça ces paroles :

— Seigneur passant ayez pitié, de grâce, d'un pauvre soldat estropié; jetez, s'il vous plaît, quelques pièces d'argent dans ce chapeau; vous en serez récompensé dans l'autre monde.

Je tournai aussitôt les yeux du côté que partait la voix; je vis au pied d'un buisson, à vingt ou trente pas de moi, une espèce de soldat qui, sur deux bâtons croisés, appuyait le bout d'une escopette qui me parut plus longue qu'une pique, et avec laquelle il me couchait en joue.

A cette vue, qui me fit trembler pour le bien de l'église, je m'arrêtai tout court; je serrai promptement mes ducats, je tirai quelques réaux, et m'approchant du chapeau disposé à recevoir la charité des fidèles effrayés, je les jetai dedans l'un après l'autre, pour montrer au soldat que j'en usais noblement.

Il fut satisfait de ma générosité, et me donna autant de bénédictions que je donnai de coups de pied dans les flancs de ma mule pour m'éloigner promptement de lui; mais la maudite bête, trompant mon impatience, n'en alla pas plus vite. La longue habitude qu'elle avait de marcher pas à pas sous mon oncle lui avait fait perdre l'usage du galop.

Je ne tirai pas de cette aventure un augure trop favorable pour mon voyage. Je me représentai que je n'étais pas encore à Salamanque et que je pourrais bien faire une plus mauvaise rencontre. Mon oncle me parut très imprudent de ne m'avoir pas mis entre les mains d'un muletier.

C'était sans doute ce qu'il aurait dû faire : mais il avait songé qu'en me donnant sa mule, mon voyage me coûterait moins, et il avait plus pensé à cela qu'aux périls que je pouvais courir en chemin.

Ainsi, pour réparer sa faute, je résolus, si j'avais le bonheur d'arriver à Pegnaflor, d'y vendre ma mule, et de prendre la voie du muletier pour aller à Astorga, d'où je me rendrais à Salamanque par la même voiture. Quoique je ne fusse jamais sorti d'Oviédo, je n'ignorais pas le nom des villes par où je devais passer; je m'en étais fait instruire avant mon départ.

J'arrivai heureusement à Pegnaflor : je m'arrêtai à la porte d'une hôtellerie d'assez bonne apparence. Je n'eus pas mis pied à terre que l'hôte vint me recevoir fort civilement.

Il détacha lui-même ma valise, la chargea sur ses épaules, et me conduisit à une chambre, pendant qu'un de ses valets menait ma mule à l'écurie. Cet hôte, le plus grand babillard des Asturies, et aussi prompt à conter sans nécessité ses propres affaires que curieux de savoir celles d'autrui, m'apprit qu'il se nommait André Corcuelo; qu'il avait servi longtemps dans les armées du roi en qualité de sergent, et que depuis quinze mois il avait quitté le service pour épouser une fille de Castropol, qui, bien que tant soit peu basanée, ne laissait pas de faire valoir le bouchon.

Il me dit encore une infinité d'autres choses, que je me serais fort bien passé d'entendre. Après cette confidence, se croyant en droit de tout exiger de moi, il me demanda d'où je venais, où j'allais, et qui j'étais.

A quoi il me fallut répondre article par article, parce qu'il accompagnait d'une profonde révérence chaque question qu'il me faisait, en me priant d'un air si respectueux d'excuser sa curiosité, que je ne pouvais me défendre de la satisfaire. Cela m'engagea dans un long entretien avec lui, et me donna lieu de parler du dessein et des raisons que j'avais de me défaire de ma mule, pour prendre la voie du muletier.

Ce qu'il approuva fort, non succinctement; car il me représenta là-dessus tous les accidents fâcheux qui pouvaient m'arriver sur la route. Il me rapporta même plusieurs histoires sinistres de voyageurs. Je croyais qu'il ne finirait point. Il finit pourtant, en disant que si je voulais vendre ma mule, il connaissait un honnête maquignon qui l'achèterait. Je lui témoignai qu'il me ferait plaisir de l'envoyer chercher : il y alla sur-le-champ lui-même avec empressement.

Il revint bientôt accompagné de son homme, qu'il me présenta, et dont il loua fort la probité. Nous entrâmes tous trois dans la cour, où l'on amena la mule. On la fit passer et repasser devant le maquignon, qui se mit à l'examiner depuis les pieds jusqu'à la tête.

Il ne manqua pas d'en dire beaucoup de mal. J'avoue qu'on ne pouvait en dire beaucoup de bien; mais quand c'aurait été la mule du pape, il y aurait trouvé à redire. Il assurait qu'elle avait tous les défauts du monde; et pour mieux me le persuader, il en attestait l'hôte qui sans doute avait des raisons pour en convenir.

— Hé bien, me dit froidement le maquignon, combien prétendez-vous vendre ce vilain animal-là?

Après l'éloge qu'il en avait fait et l'attestation du seigneur Corcuelo, que je croyais homme sincère et bon connaisseur, j'aurais donné ma mule pour rien : c'est pourquoi je dis au marchand que je m'en rapportais à sa bonne foi; qu'il n'avait qu'à priser la bête en conscience, et que je m'en tiendrais à la prisée. Alors, faisant l'homme d'honneur, il me répondit qu'en intéressant sa conscience, je le prenais par son faible. Ce n'était pas effectivement son fort; car au lieu de faire monter d'estimation à dix ou douze pistoles, comme mon oncle, il n'eut pas honte de la fixer à trois ducats que je reçus avec autant de joie que si j'eusse gagné à ce marché-là.

Après m'être si avantageusement défait de ma mule, l'hôte me mena chez un muletier qui devait partir le lendemain pour Astorga. Ce muletier me dit qu'il partirait avant le jour et qu'il aurait soin de me venir réveiller. Nous convînmes de prix, tant pour le louage d'une mule que pour ma nourriture; et quand tout fut réglé entre nous, je m'en retournai vers l'hôtellerie avec Corcuelo, qui, chemin faisant, se mit à me raconter l'affaire de ce muletier. Il m'apprit tout ce qu'on en disait dans la ville. Enfin il allait de nouveau m'étourdir de son babil importun, si par bonheur un homme assez bien fait ne fût venu l'interrompre en l'abordant avec beaucoup de civilité. Je les laissai ensemble et continuai mon chemin, sans soupçonner que j'eusse la moindre part à leur entretien.

Je demandai à souper dès que je fus dans l'hôtellerie. C'était un jour maigre; on m'accommoda des œufs. Pendant qu'on me les apprêtait, je liai conversation avec l'hôtesse, que je n'avais point encore vue. Elle me parut assez jolie, et je trouvai ses allures si vives, que j'aurais bien jugé, quand son mari ne me l'aurait pas dit, que ce cabaret devait être fort achalandé. Lorsque l'omelette qu'on me faisait fut en état de m'être servie, je m'assis tout seul à une table. Je n'avais pas encore mangé le premier morceau que l'hôte entra, suivi de l'homme qui l'avait arrêté dans la rue. Ce cavalier portait une longue rapière et pouvait bien avoir trente ans. Il s'approcha de moi d'un air empressé :

— Seigneur écolier, me dit-il, je viens d'apprendre que vous êtes le seigneur Gil Blas de Santillane, l'ornement d'Oviédo et le flambeau de la philosophie. Est-il bien possible que vous soyez ce savantissime, ce bel esprit dont la réputation est si grande en ce pays-ci? Vous ne savez pas, continua-t-il en s'adressant à l'hôte et à l'hôtesse, vous ne savez pas ce que vous possédez. Vous avez un trésor dans votre maison. Vous voyez dans ce jeune homme la huitième merveille du monde.

Puis, se tournant de mon côté et me jetant les bras au cou :

— Excusez mes transports, ajouta-t-il, je ne suis point maître de la joie que votre présence me cause.

Je ne pus lui répondre sur-le-champ, parce qu'il me tenait si serré que je n'avais pas la respiration libre, et ce ne fut qu'après que j'eus la tête dégagée de l'embrassade que je lui dis :

— Seigneur cavalier, je ne croyais pas mon nom connu à Pegnaflor.

— Comment, connu? reprit-il sur le même ton. Nous tenons registre de tous les grands personnages qui sont à vingt lieues à la ronde. Vous passez ici pour un prodige et je ne doute pas que l'Espagne ne se trouve un jour aussi vaine de vous avoir produit, que la Grèce d'avoir vu naître ses sages.

Ces paroles furent suivies d'une nouvelle accolade, qu'il me fallut encore essuyer, au hasard d'avoir le sort d'Antée.

Pour peu que j'eusse eu d'expérience, je n'aurais pas été la dupe de ses démonstrations ni de ses hyperboles; j'aurais bien connu à ses flatteries outrées que c'était un de ces parasites que l'on trouve dans toutes les villes, et qui, dès qu'un étranger arrive, s'introduisent auprès de lui pour emplir leur ventre à ses dépens: mais ma jeunesse et ma vanité m'en firent juger tout autrement. Mon admirateur me parut un fort honnête homme et je l'invitai à souper avec moi.

— Ah! très volontiers, s'écria-t-il; je sais trop bon gré à mon étoile de m'avoir fait rencontrer l'illustre Gil Blas de Santillane, pour ne pas jouir de ma bonne fortune le plus longtemps que je pourrai. Je n'ai pas grand appétit, poursuivit-il : je vais me mettre à table pour vous tenir compagnie seulement et je mangerai quelques morceaux par complaisance.

En parlant ainsi, mon panégyriste s'assit vis-à-vis de moi. On lui apporta un couvert. Il se jeta d'abord sur l'omelette avec tant d'avidité, qu'il semblait n'avoir mangé de trois jours. A l'air complaisant dont il s'y prenait, je vis bien qu'elle serait bientôt expédiée. J'en ordonnai une seconde, qui fut faite si promptement, qu'on nous la servit comme nous achevions, ou plutôt comme il achevait de manger la première.

Il buvait aussi fort souvent ; tantôt c'était à ma santé et tantôt à celle de mon père et de ma mère, dont il ne pouvait assez vanter le bonheur d'avoir un fils tel que moi. En même temps, il versait du vin dans mon verre, et m'excitait à lui faire raison. Je ne répondis point mal aux santés qu'il me portait ; ce qui, avec ses flatteries, me mit insensiblement de si belle humeur, que voyant notre seconde omelette à moitié mangée, je demandai à l'hôte s'il n'avait pas de poisson à nous donner. Le seigneur Corcuelo qui, selon toutes les apparences, s'entendait avec le parasite, me répondit :

— J'ai une truite excellente ; mais elle coûtera cher à ceux qui la mangeront : c'est un morceau trop friand pour vous.

— Qu'appelez-vous trop friand ? dit alors mon flatteur d'un ton de voix élevé, vous n'y pensez pas, mon ami. Apprenez que vous n'avez rien de trop bon pour le seigneur Gil Blas de Santillane, qui mérite d'être traité comme un prince.

Je fus bien aise qu'il eût relevé les dernières paroles de l'hôte, et il ne fit en cela que me prévenir. Je m'en sentais offensé, et je dis fièrement à Corcuelo :

— Apportez-nous votre truite et ne vous embarrassez pas du reste.

L'hôte, qui ne demandait pas mieux, se mit à l'apprêter, et ne tarda guère à nous la servir. A la vue de ce nouveau plat, je vis briller une grande joie dans les yeux du parasite, qui fit paraître une nouvelle complaisance, c'est-à-dire qu'il donna sur le poisson comme il avait donné sur les œufs. Il fut pourtant obligé de se rendre, de peur d'accident, car il en avait jusqu'à la gorge.

Enfin, après avoir bu et mangé tout son saoûl, il voulut finir la comédie.

— Seigneur Gil Blas, me dit-il en se levant de table, je suis trop content de la bonne chère que vous m'avez faite, pour vous quitter sans vous donner un avis important, dont vous me paraissez avoir besoin. Soyez désormais sur garde contre les louanges. Défiez-vous des gens que vous ne connaîtrez point. Vous en pourrez rencontrer d'autres qui voudront comme moi se divertir de votre crédulité et peut-être pousser les choses encore plus loin. N'en soyez point la dupe et ne vous croyez point sur la parole la huitième merveille du monde.

En achevant ces mots, il me rit au nez et s'en alla.

Je fus aussi sensible à cette baye que je l'ai été dans la suite aux plus grandes disgrâces qui me sont arrivées. Je ne pouvais me consoler de m'être laissé tromper si grossièrement, ou pour mieux dire, de sentir mon orgueil humilié. « Hé quoi, dis-je, le traître s'est donc joué de moi? Il n'a tantôt abordé mon hôte que pour lui tirer les vers du nez, ou plutôt ils étaient d'intelligence tous deux. Ah, pauvre Gil Blas, meurs de honte d'avoir donné à ces fripons un juste sujet de te tourner en ridicule. Ils vont composer de tout ceci une belle histoire, qui pourra bien aller jusqu'à Oviédo et qui t'y fera beaucoup d'honneur. Tes parents se repentiront sans doute d'avoir tant harangué un sot. Loin de m'exhorter à ne tromper personne, ils devaient me recommander de ne me pas laisser duper. »

Agité de ces pensées mortifiantes, enflammé de dépit, je m'enfermai dans ma chambre et me mis au lit : mais je ne pus dormir et je n'avais pas encore fermé l'œil, lorsque le muletier me vint avertir qu'il n'attendait plus que moi pour partir. Je me levai aussitôt, et pendant que je m'habillais, Corcuelo arriva avec un mémoire de la dépense, dans lequel la truite n'était pas oubliée ; et non seulement il m'en fallut passer par où il voulut, mais j'eus encore le chagrin, en lui livrant mon argent, de m'apercevoir que le bourreau se ressouvenait de mon aventure. Après avoir bien payé un souper dont j'avais fait si désagréablement la digestion, je me rendis chez le muletier avec ma valise, en donnant à tous les diables le parasite, l'hôte et l'hôtellerie.

III. — **De la tentation qu'eut le muletier sur la route; quelle en fut la suite, et comment Gil Blas tomba dans Charybde en voulant éviter Scylla.**

E ne me trouval pas seul avec le muletier. Il y avait deux enfants de famille de Pegnaflor, un petit chantre de Mondognedo qui courait le pays, et un jeune bourgeois d'Astorga, qui s'en retournait chez lui avec une jeune personne qu'il venait d'épouser à Verco. Nous fîmes tous connaissance en peu de temps et chacun eut bientôt dit d'où il venait et où il allait.

La nouvelle mariée, quoique jeune, était si noire et si peu piquante, que je ne prenais pas grand plaisir à la regarder : cependant sa jeunesse et son embonpoint donnèrent dans la vue du muletier, qui résolut de faire une tentative pour obtenir ses bonnes grâces. Il passa la journée à méditer ce beau dessein et il en remit l'exécution à la dernière couchée. Ce fut à Cacabelos. Il nous fit descendre à la première hôtellerie en entrant. Cette maison était plus dans la campagne que dans le bourg et il en connaissait l'hôte pour un homme discret et complaisant.

Il eut le soin de nous faire conduire dans une chambre écartée, où il nous laissa souper tranquillement ; mais sur la fin du repas, nous le vîmes entrer d'un air furieux :

— Par la mort, s'écria-t-il, on m'a volé. J'avais dans un sac de cuir cent pistoles ; il faut que je les retrouve. Je vais chez le juge du bourg qui n'entend pas raillerie là-dessus, et vous allez tous avoir la question, jusqu'à ce que vous ayez confessé le crime et rendu l'argent.

En disant cela d'un air fort naturel, il sortit, et nous demeurâmes dans un extrême étonnement.

Il ne nous vint pas dans l'esprit que ce pouvait être une feinte, parce que nous ne nous connaissions point assez pour pouvoir répondre les uns des autres. Je dirai plus, je soupçonnai le petit chantre d'avoir fait le coup, comme il eut peut-être de moi la même pensée. D'ailleurs, nous étions tous de jeunes sots. Nous ne savions pas quelles formalités s'observent en pareil cas : nous crûmes de bonne foi qu'on commencerait par nous mettre à la gêne. Ainsi, cédant à notre frayeur, nous sortîmes de la chambre fort brusquement.

Les uns gagnent la rue, les autres le jardin ; chacun cherche son salut dans la fuite, et le jeune bourgeois d'Astorga, aussi troublé que nous de l'idée de la question, se sauva comme un autre Enée, sans s'embarrasser de sa femme.

Alors le muletier, à ce que j'appris dans la suite, plus incontinent que ses mulets, ravi de voir que son stratagème produisait l'effet qu'il en avait attendu, alla vanter cette ruse ingénieuse à la bourgeoise et tâcher de profiter de l'occasion ; mais cette Lucrèce des Asturies, à qui la mauvaise mine de son tentateur prêtait de nouvelles forces, fit une vigoureuse résistance et poussa de grands cris.

La patrouille, qui par hasard en ce moment se trouva près de l'hôtellerie qu'elle connaissait pour un lieu digne de son attention, y entra et demanda la cause de ces cris. L'hôte qui chantait dans sa cuisine et feignait de ne rien entendre fut obligé de conduire le commandant et ses archers dans la chambre de la personne qui criait. Ils arrivèrent bien à propos. L'Asturienne n'en pouvait plus.

Le commandant, homme grossier et brutal, ne vit pas plutôt de quoi il s'agissait, qu'il donna cinq ou six coups du bois de sa hallebarde à l'amoureux muletier, en l'apostrophant dans des termes dont la pudeur n'était guère moins blessée que de l'action même qui les lui suggérait.

Ce ne fut pas tout : il se saisit du coupable et le mena devant le juge avec l'accusatrice, qui, malgré le désordre où elle était, voulut aller elle-même demander justice de cet attentat.

Le juge l'écouta, et l'ayant attentivement considérée, jugea que l'accusé était indigne de pardon. Il le fit dépouiller sur-le-champ et fustiger en sa présence : puis il ordonna que le lendemain, si le mari de l'Asturienne ne paraissait point, deux archers, aux frais et dépens du délinquant escorteraient la complaignante jusqu'à la ville d'Astorga.

Pour moi, plus épouvanté peut-être que tous les autres, je gagnai la campagne. Je traversai je ne sais combien de champs et de bruyères, et sautant tous les fossés que je trouvais sur mon passage, j'arrivai enfin auprès d'une forêt. J'allai m'y jeter et me cacher dans le plus épais hallier, lorsque deux hommes à cheval s'offrirent tout à coup au-devant de mes pas. Ils crièrent : « Qui va là? » et comme ma surprise ne me permit pas de répondre sur-le-champ, ils s'approchèrent de moi et me mettant chacun un pistolet sur la gorge, ils me sommèrent de leur apprendre qui j'étais, d'où je venais, où je voulais aller faire dans cette forêt et surtout de ne rien leur déguiser.

A cette manière d'interroger, qui me parut bien valoir la question dont le muletier nous avait fait fête, je leur répondis que j'étais un jeune homme d'Oviédo qui allait à Salamanque : je leur contai même l'alarme qu'on venait de nous donner, et j'avouai que la crainte d'être appliqué à la torture m'avait fait prendre la fuite.

Ils firent un éclat de rire à ce discours, qui marquait ma simplicité, et l'un d'eux me dit : « Rassure-toi, mon ami. Viens avec nous et ne crains rien. Nous allons te mettre en sûreté. » A ces mots, il me fit monter en croupe sur son cheval et nous enfonçâmes dans la forêt.

Je ne savais ce que je devais penser de cette rencontre. Je n'en augurais pourtant rien de sinistre : « Si ces gens-ci, disais-je en moi-même, étaient des voleurs, ils m'auraient volé et peut-être assassiné. Il faut que ce soit de bons gentilshommes de ce pays-ci, qui, me voyant effrayé, ont pitié de moi, et m'emmènent chez eux par charité. » Je ne fus pas longtemps dans l'incertitude.

Après quelques détours que nous fîmes dans un grand silence, nous nous trouvâmes au pied d'une colline où nous descendîmes de cheval. C'est ici que nous demeurons me dit un des cavaliers. J'avais beau regarder de tous côtés, je n'apercevais ni maison ni cabane, pas la moindre apparence d'habitation. Cependant ces deux hommes levèrent une grande trappe de bois couverte de broussailles, qui cachait l'entrée d'une longue allée en pente et souterraine, où les chevaux se jetèrent d'eux-mêmes, comme des animaux qui y étaient accoutumés. Les cavaliers m'y firent entrer avec eux ; puis, baissant la trappe avec des cordes qui y étaient attachées pour cet effet, voilà le digne neveu de mon oncle Perez pris comme un rat dans une ratière.

IV. — Description du souterrain, et quelles choses y vit Gil Blas.

E connus alors avec quelle sorte de gens j'étais, et l'on peut bien juger que cette connaissance m'ôta ma première crainte. Une frayeur plus grande et plus juste vint s'emparer de mes sens. Je crus que j'allais perdre la vie avec mes ducats. Ainsi, me regardant comme une victime qu'on conduit à l'autel, je marchais déjà plus mort que vif entre mes deux conducteurs, qui, sentant bien que je tremblais, m'exhortaient inutilement à ne rien craindre.

Quand nous eûmes fait environ deux cents pas en tournant et en descendant toujours, nous entrâmes dans une écurie qu'éclairaient deux grosses lampes de fer pendues à la voûte. Il y avait une bonne provision de paille et plusieurs tonneaux remplis d'orge. Vingt chevaux y pouvaient être à l'aise ; mais il n'y avait alors que les deux qui venaient d'arriver.

Un vieux nègre, qui paraissait pourtant encore assez vigoureux, se mit à les attacher au râtelier.

Nous sortîmes de l'écurie, et, à la triste lueur de quelques autres lampes qui semblaient n'éclairer ces lieux que pour en montrer l'horreur, nous parvînmes à une cuisine où une vieille femme faisait rôtir des viandes sur un brasier et préparait le souper. La cuisine était ornée des ustensiles nécessaires, et tout auprès on voyait un office pourvu de toutes sortes de provisions.

La cuisinière, il faut que j'en fasse le portrait, était une personne de soixante et quelques années. Elle avait eu dans sa jeunesse les cheveux d'un blond très ardent, car le temps ne les avait pas si bien blanchis qu'ils n'eussent encore quelques nuances de leur première couleur. Outre un teint olivâtre, elle avait un menton pointu et relevé avec des lèvres fort enfoncées ; un grand nez aquilin lui descendait sur la bouche et ses yeux paraissaient d'un très beau rouge pourpré.

— Tenez, dame Léonarde, dit un des cavaliers en me présentant à ce bel ange des ténèbres, voici un jeune garçon que nous vous amenons.

Puis il se tourna de mon côté, et remarquant que j'étais pâle et défait :

— Mon ami, me dit-il, reviens de ta frayeur ; on ne te veut faire aucun mal. Nous avions besoin d'un valet pour soulager notre cuisinière. Nous t'avons rencontré ; cela est heureux pour toi. Tu tiendras ici la place d'un garçon qui s'est laissé mourir depuis quinze jours. C'était un jeune homme d'une complexion délicate. Tu me parais plus robuste que lui, tu ne mourras pas si tôt. Véritablement tu ne reverras plus le soleil, mais en récompense tu feras bonne chère et beau feu. Tu passeras tes jours avec Léonarde, qui est une créature fort humaine ; tu auras toutes tes petites commodités. Je veux te faire voir, ajouta-t-il, que tu n'es pas ici avec des gueux.

En même temps il prit un flambeau et m'ordonna de le suivre.

Il me mena dans une cave, où je vis une infinité de bouteilles et de pots de terre bien bouchés, et qui étaient pleins, disait-il, d'un vin excellent. Ensuite il me fit traverser plusieurs chambres. Dans les unes, il y avait des pièces de toile ; dans les autres, des étoffes de laine et des étoffes de soie. J'aperçus dans une autre de l'or et de l'argent, sans compter beaucoup de vaisselle à diverses armoiries. Après cela je le suivis dans un grand salon, que trois lustres de cuivre éclairaient et qui servait de communication à d'autres chambres. Il me fit là de nouvelles questions. Il me demanda comment je me nommais ; pourquoi j'étais sorti d'Oviédo, et lorsque j'eus satisfait sa curiosité : « Hé bien, Gil Blas, me dit-il, puisque tu n'as quitté ta patrie que pour chercher quelque bon poste, il faut que tu sois né coiffé pour être tombé entre nos mains. Je te l'ai déjà dit ; tu vivras ici dans l'abondance et rouleras sur l'or et sur l'argent. D'ailleurs tu y seras en sûreté. Tel est ce souterrain, que les officiers de la sainte hermandad viendraient cent fois dans cette forêt sans le découvrir. L'entrée n'en est connue que de moi seul et de mes camarades. Peut-être me demanderas-tu comment nous l'avons pu faire sans que les habitants des environs s'en soient aperçus : mais apprends, mon ami, que ce n'est point notre ouvrage, et qu'il est fait depuis longtemps. Après que les Maures se furent rendus maîtres de Grenade, de l'Aragon, et de presque toute l'Espagne, les chrétiens qui ne voulurent point subir le joug des infidèles prirent la fuite, et vinrent se cacher dans ce pays-ci, dans la Biscaye et dans les Asturies, où le vaillant don Pélage s'était retiré. Fugitifs et dispersés par pelotons, ils vivaient dans les montagnes ou dans les bois. Les uns demeuraient dans les cavernes, et les autres firent plusieurs souterrains, du nombre desquels est celui-ci. Ayant ensuite eu le bonheur de chasser d'Espagne leurs ennemis, ils retournèrent dans les villes. Depuis ce temps-là leurs retraites ont servi d'asile aux gens de notre profession. Il est vrai que la sainte hermandad en a découvert et détruit quelques-unes ; mais il en reste encore, et grâce au ciel il y a près de quinze années que j'habite impunément celle-ci. Je m'appelle le capitaine Rolando. Je suis chef de la compagnie, et l'homme que tu as vu avec moi est un de mes cavaliers. »

V. — De l'arrivée de plusieurs autres voleurs dans le souterrain, et de l'agréable conversation qu'ils eurent tous ensemble.

OMME le seigneur Rolando achevait de parler de cette sorte, il parut dans le salon six nouveaux visages. C'était le lieutenant avec cinq hommes de la troupe qui revenaient chargés de butin. Ils apportaient deux mannequins remplis de sucre, de cannelle, de poivre, de figues, d'amandes et de raisins secs. Le lieutenant adressa la parole au capitaine et lui dit qu'il venait d'enlever ces mannequins à un épicier de Benavente, dont il avait aussi pris le mulet. Après qu'il eut rendu compte de son expédition au bureau, les dépouilles de l'épicier furent portées dans l'office. Alors il ne fut plus question que de se réjouir. On dressa dans le salon une grande table et l'on me renvoya dans la cuisine où la dame Léonarde m'instruisit de ce que j'avais à faire. Je cédai à la nécessité, puisque mon mauvais sort le voulait ainsi, et dévorant ma douleur, je me préparai à servir ces honnêtes gens.

Je débutai par le buffet que je parai de tasses d'argent et de plusieurs bouteilles de terre pleines de ce bon vin que le seigneur Rolando m'avait vanté. J'apportai ensuite deux ragoûts, qui ne furent pas plutôt servis que tous les cavaliers se mirent à table. Ils commencèrent à manger avec beaucoup d'appétit ; et moi, debout derrière eux, je me tins prêt à leur verser du vin. Je m'en acquittai de si bonne grâce, quoique je n'eusse jamais fait ce métier-là, que j'eus le bonheur de m'attirer des compliments.

Le capitaine en peu de mots leur conta mon histoire qui les divertit fort. Ensuite il leur parla de moi fort avantageusement ; mais j'étais alors revenu des louanges et j'en pouvais entendre sans péril.

Là-dessus ils me louèrent tous. Ils dirent que je paraissais né pour être leur échanson : que je valais cent fois mieux que mon prédécesseur. Et comme depuis sa mort c'était la signora Léonarda qui avait l'honneur de présenter le nectar à ces dieux infernaux, ils la privèrent de ce glorieux emploi pour m'en revêtir. Ainsi, nouveau Ganymède, je succédai à cette vieille Hébé.

Un grand plat de rôt servi peu de temps après les ragoûts, vint achever de rassasier les voleurs, qui, buvant à proportion qu'ils mangeaient, furent bientôt de belle humeur et firent un beau bruit. Les voilà qui parlent tous à la fois. L'un commence une histoire ; l'autre rapporte un bon mot, un autre crie, un autre chante. Ils ne s'entendent point. Enfin Rolando fatigué d'une scène où il mettait inutilement beaucoup du sien, le prit sur un ton si haut qu'il imposa silence à la compagnie. « Messieurs, leur dit-il, d'un ton de maître, écoutez ce que j'ai à vous proposer. Au lieu de nous étourdir les uns les autres en parlant tous ensemble, ne ferions-nous pas mieux de nous entretenir en personnes raisonnables ? Il me vient une pensée. Depuis que nous sommes associés, nous n'avons pas eu la curiosité de nous demander quelles sont nos familles et par quel enchaînement d'aventures nous avons embrassé notre profession. Cela me paraît toutefois digne d'être su. Faisons-nous cette confidence pour nous divertir. »

Le lieutenant et les autres, comme s'ils avaient eu quelque chose de beau à raconter, acceptèrent avec de grandes démonstrations de joie la proposition du capitaine, qui parla le premier dans ces termes :

« Messieurs, vous saurez que je suis fils unique d'un riche bourgeois de Madrid. Le jour de ma naissance fut célébré dans la famille par des réjouissances infinies. Mon père qui était déjà vieux sentit une joie extrême de se voir un héritier, et ma mère entreprit de me nourrir de son propre lait. Mon aïeul maternel vivait encore en ce temps-là. C'était un bon vieillard qui ne se mêlait plus de rien que de dire son rosaire et de raconter ses exploits guerriers, car il avait longtemps porté les armes et souvent il se vantait d'avoir vu le feu. Je devins insensiblement l'idole de ces trois personnes.

« J'étais sans cesse dans leurs bras. De peur que l'étude ne me fatiguât dans mes premières années, on me les laissa passer dans les amusements les plus puérils. Il ne faut pas, disait mon père, que les enfants s'appliquent sérieusement que le temps n'ait un peu mûri leur esprit. En attendant cette maturité, je n'apprenais ni à lire ni à écrire ; mais je ne perdais pas pour cela mon temps : mon père m'enseignait mille sortes de jeux. Je connaissais parfaitement les cartes ; je savais jouer aux dés, et mon grand père m'apprenait des romances sur les expéditions militaires où il s'était trouvé. Il me chantait tous les jours les mêmes couplets, et lorsque, après avoir répété pendant trois mois dix ou douze vers, je venais à les réciter sans faute, mes parents admiraient ma mémoire.

« Ils ne paraissaient pas moins contents de mon esprit, quand, profitant de la liberté que j'avais de tout dire, j'interrompais leur entretien pour parler à tort et à travers. « Ah, qu'il est joli », s'écriait mon père en me regardant avec des yeux charmés ! Ma mère m'accablait aussitôt de caresses et mon grand-père en pleurait de joie. Je faisais aussi devant eux impunément les actions les plus indécentes : ils me pardonnaient tout : ils m'adoraient. Cependant j'entrais déjà dans ma douzième année, et je n'avais point encore eu de maître.

« On m'en donna un ; mais il reçut en même temps des ordres précis de m'enseigner sans en venir aux voies de fait. On lui permit seulement de me menacer quelquefois, pour m'inspirer un peu de crainte. Cette permission ne fut pas fort salutaire : car, ou je me moquais des menaces de mon précepteur, ou bien, les larmes aux yeux, j'allais me plaindre à ma mère ou à mon aïeul, et je leur faisais accroire qu'il m'avait fort maltraité.

« Le pauvre diable avait beau venir me démentir, il n'en était pas pour cela plus avancé : il passait pour un brutal, et l'on me croyait toujours plutôt que lui. Il arriva même un jour que je m'égratignai moi-même. Puis je me mis à crier, comme si l'on m'eût écorché. Ma mère accourut et chassa le maître sur-le-champ, quoiqu'il protestât et prît le ciel à témoin qu'il ne m'avait pas touché.

« Je me défis ainsi de tous mes précepteurs, jusqu'à ce qu'il vînt s'en présenter un tel qu'il me le fallait. C'était un bachelier d'Alcala. L'excellent maître pour un enfant de famille ! il aimait les femmes, le jeu et le cabaret. Je ne pouvais être en meilleures mains. Il s'attacha d'abord à gagner mon esprit par la douceur. Il y réussit, et par là se fit aimer de mes parents, qui m'abandonnèrent à sa conduite. Ils n'eurent pas sujet de s'en repentir. Il me perfectionna de bonne heure dans la science du monde. A force de me mener avec lui dans tous les lieux qu'il aimait, il m'en inspira si bien le goût, qu'au latin près, je devins un garçon universel. Dès qu'il vit que je n'avais plus besoin de ses préceptes, il alla les offrir ailleurs.

« Si dans mon enfance j'avais vécu au logis fort librement, ce fut bien autre chose quand je commençai à devenir maître de mes actions. Ce fut dans ma famille que je fis l'essai de mon impertinence. Je me moquais à tous moments de mon père et de ma mère. Ils ne faisaient que rire de mes saillies, et plus elles étaient vives, plus ils les trouvaient agréables. Cependant je faisais toutes sortes de débauches avec des jeunes gens de mon humeur : et comme nos parents ne nous donnaient pas assez d'argent pour continuer une vie si délicieuse, chacun dérobait chez lui ce qu'il pouvait prendre, et cela ne suffisant pas encore, nous commençâmes à voler la nuit, ce qui n'était pas un petit supplément. Malheureusement le corrégidor apprit de nos nouvelles. Il voulut nous faire arrêter, mais on nous avertit de son mauvais dessein. Nous eûmes recours à la fuite et nous nous mîmes à exploiter sur les grands chemins. Depuis ce temps-là, messieurs, Dieu m'a fait la grâce de vieillir dans ma profession, malgré les périls qui y sont attachés. »

Le capitaine cessa de parler en cet endroit et le lieutenant, comme de raison, prit la parole après lui : « Messieurs, dit-il, une éducation toute opposée à celle du seigneur Rolando a produit le même effet. Mon père était un boucher de Tolède. Il passait avec justice pour le plus grand brutal de sa communauté, et ma mère n'avait pas un naturel plus doux. Ils me fouettaient dans mon enfance, comme à l'envi l'un de l'autre. J'en recevais tous les jours mille coups. La moindre faute que je commettais était suivie des plus rudes châtiments. J'avais beau demander grâce les larmes aux yeux et protester que je me repentais de ce que j'avais fait, on ne me pardonnait rien, et le plus souvent on me frappait sans raison. Quand mon père me battait, ma mère, comme s'il ne s'en fût pas bien acquitté, se mettait de la partie, au lieu d'intercéder pour moi.

« Ces traitements m'inspirèrent tant d'aversion pour la maison paternelle que je la quittai avant que j'eusse atteint ma quatorzième année. Je pris le chemin d'Aragon et me rendis à Saragosse en demandant l'aumône.

« Là, je me faufilai avec des gueux qui menaient une vie assez heureuse. Ils m'apprirent à contrefaire l'aveugle, à paraître estropié, à mettre sur les jambes des ulcères postiches *et cætera*. Le matin, comme les acteurs qui se préparent à jouer la comédie, nous nous disposions à faire nos personnages. Chacun courait à son poste ; et le soir nous réunissant tous, nous nous réjouissions pendant la nuit aux dépens de ceux qui avaient eu pitié de nous pendant le jour.

« Je m'ennuyai pourtant d'être avec ces misérables, et, voulant vivre avec de plus honnêtes gens, je m'associai avec des chevaliers d'industrie. Ils m'apprirent à faire de bons tours ; mais il nous fallut bientôt sortir de Saragosse, parce que nous nous brouillâmes avec un homme de justice qui nous avait toujours protégés. Chacun prit son parti. Pour moi, qui me sentais de la disposition à faire des coups hardis, j'entrai dans une troupe d'hommes courageux qui faisaient contribuer les voyageurs, et je me suis si bien trouvé de leur façon de vivre que je n'en ai pas voulu chercher d'autre depuis ce temps-là. Je sais donc, Messieurs, très bon gré à mes parents de m'avoir si maltraité ; car s'ils m'avaient élevé un peu plus doucement, je ne serais présentement sans doute qu'un malheureux boucher, au lieu que j'ai l'honneur d'être votre lieutenant. »

« Messieurs, dit alors un jeune voleur qui était assis entre le capitaine et le lieutenant, sans vanité, les histoires que nous venons d'entendre, ne sont pas si composées, ni si curieuses que la mienne ; je suis sûr que vous en conviendrez. Je dois le jour à une paysanne des environs de Séville. Trois semaines après qu'elle m'eut mis au monde (elle était jeune, propre et bonne nourrice) on lui proposa un nourrisson. C'était un enfant de qualité, un fils unique qui venait de naître dans Séville.

« Ma mère accepta volontiers la proposition ; elle alla chercher l'enfant. On le lui confia, et elle ne l'eût pas sitôt apporté dans son village, que, trouvant quelque ressemblance entre lui et moi, cela lui inspira le dessein de me faire passer pour l'enfant de qualité, dans l'espérance qu'un jour je reconnaîtrais bien ce bon office. Mon père qui n'était pas plus scrupuleux qu'un autre paysan, approuva la supercherie. De sorte qu'après nous avoir fait changer de langes, le fils de don Rodrigue de Herrera fut envoyé sous mon nom à une autre nourrice, et ma mère me nourrit le sien.

« Malgré tout ce qu'on peut dire de l'instinct et de la force du sang, les parents du petit gentilhomme prirent aisément le change. Ils n'eurent pas le moindre soupçon du tour qu'on leur avait joué, et jusqu'à l'âge de sept ans je fus toujours dans leurs bras. Leur intention étant de me rendre un cavalier parfait, ils me donnèrent toutes sortes de maîtres ; mais les plus habiles ont quelquefois des élèves qui leur font peu d'honneur. J'étais un de ces heureux écoliers-là ; j'avais peu de dispositions pour les exercices qu'on m'apprenait et encore moins de goût pour les sciences qu'on me voulait enseigner.

« J'aimais beaucoup mieux jouer avec les valets, que j'allais chercher à tous moments dans les cuisines ou dans les écuries. Le jeu ne fut pas toutefois longtemps ma passion dominante. Je n'avais pas dix-sept ans que je m'enivrais tous les jours. J'agaçais aussi toutes les femmes du logis. Je m'attachai principalement à une servante de cuisine, qui me parut mériter mes premiers soins. C'était une grosse jouflue dont l'enjouement et l'embonpoint me plaisaient fort. Je lui faisais l'amour avec si peu de circonspection que don Rodrigue même s'en aperçut. Il m'en reprit aigrement, me reprocha la bassesse de mes inclinations ; et, de peur que la vue de l'objet aimé ne rendît ses remontrances inutiles, il mit ma princesse à la porte.

« Ce procédé me déplut ; je résolus de m'en venger. Je volai les pierreries de la femme de don Rodrigue, et ce vol ne laissait pas d'être assez considérable ; puis, allant chercher ma belle Hélène qui s'était retirée chez une blanchisseuse de ses amies, je l'enlevai en plein midi, afin que personne n'en ignorât. Je passai plus avant : je la menai dans son pays où je l'épousai solennellement, tant pour faire plus de dépit aux Herrera que pour laisser aux enfants de famille un si bel exemple à suivre.

« Trois mois après ce beau mariage j'appris que don Rodrigue était mort. Je ne fus pas insensible à cette nouvelle, car je me rendis promptement à Séville pour demander son bien ; mais j'y trouvai du changement. Ma mère n'était plus, et en mourant elle avait eu l'indiscrétion d'avouer tout en présence du curé de son village et d'autres bons témoins. Le fils de don Rodrigue tenait déjà ma place ou plutôt la sienne, et il venait d'être reconnu avec d'autant plus de joie qu'on était moins satisfait de moi. De manière que n'ayant rien à espérer de ce côté-là et ne me sentant plus de goût pour ma grosse femme, je me joignis à des chevaliers de la fortune, avec qui je commençai mes caravanes.

Le jeune voleur ayant achevé son histoire, un autre dit qu'il était fils d'un marchand de Burgos ; que dans sa jeunesse, poussé d'une dévotion indiscrète, il avait pris l'habit et fait profession dans un ordre fort austère, et apostasié quelques années après. Enfin les huit voleurs parlèrent tour à tour, et lorsque je les eus tous entendus, je ne fus pas surpris de les voir ensemble. Ils changèrent ensuite de discours. Ils mirent sur le tapis divers projets pour la campagne prochaine, et, après avoir formé une résolution, ils se levèrent de table pour s'en aller coucher. Ils allumèrent des bougies et se retirèrent dans leurs chambres. Je suivis le capitaine Rolando dans la sienne, où pendant que je l'aidais à se déshabiller :

— Hé bien, Gil Blas, me dit-il d'un air gai, tu vois de

quelle manière nous vivons. Nous sommes toujours dans la joie. La haine ni l'envie ne se glissent point parmi nous. Nous n'avons jamais ensemble le moindre démêlé. Nous sommes plus unis que des moines. Tu vas, mon enfant, poursuivit-il, mener ici une vie bien agréable ; car je ne te crois pas assez sot pour te faire une peine d'être avec des voleurs. Eh ! voit-on d'autres gens dans le monde ? non, mon ami ; tous les hommes aiment à s'approprier le bien d'autrui ; c'est un sentiment général.

« La manière seule de le faire en est différente. Les conquérants, par exemple, s'emparent des États de leurs voisins. Les personnes de qualité empruntent et ne rendent point. Les banquiers, trésoriers, agents de change, commis et tous les marchands tant gros que petits ne sont pas fort scrupuleux. Pour les gens de justice, je n'en parlerai point ; on n'ignore pas ce qu'ils savent faire. Il faut pourtant avouer qu'ils sont plus humains que nous, car souvent nous ôtons la vie aux innocents et eux, quelquefois, la sauvent même aux coupables. »

VI. — De la tentative que fit Gil Blas pour se sauver, et quel en fut le succès.

APRÈS que le capitaine des voleurs eut ainsi fait l'apologie de sa profession, il se mit au lit, et moi je retournai dans le salon, où je desservis et remis tout en ordre. J'allai ensuite à la cuisine, où Domingo, c'était le nom du vieux nègre, et la dame Léonarde soupaient en m'attendant. Quoique je n'eusse point d'appétit, je ne laissai pas de m'asseoir auprès d'eux. Je ne pouvais manger, et comme je paraissais aussi triste que j'avais sujet de l'être, ces deux figures équivalentes entreprirent de me consoler, ce qu'elles firent d'une manière plus propre à me mettre au désespoir qu'à soulager ma douleur. « Pourquoi vous affligez-vous, mon fils, me dit la vieille ? vous devez plutôt vous réjouir de vous voir ici. Vous êtes jeune et vous paraissez facile. Vous vous seriez bientôt perdu dans le monde. Vous y auriez indubitablement rencontré des libertins qui vous auraient engagé dans toutes sortes de débauches. Au lieu que votre innocence se trouve ici dans un port assuré.

— La dame Léonarde a raison, dit gravement à son tour le vieux nègre, et l'on peut ajouter à cela qu'il n'y a dans le monde que des peines. Rendez grâces au ciel, mon ami, d'être tout d'un coup délivré des périls, des embarras et des afflictions de la vie.

J'essuyai tranquillement ce discours, parce qu'il ne m'eût servi de rien de m'en fâcher. Je ne doute pas même, si je me fusse mis en colère, que je ne leur eusse apprêté à rire à mes dépens. Enfin Domingo, après avoir bien bu et bien mangé, se retira dans son écurie. Léonarde prit aussitôt une lampe et me conduisit dans un caveau qui servait de cimetière aux voleurs qui mouraient de leur mort naturelle, et où je vis un grabat qui avait plus l'air d'un tombeau que d'un lit. « Voilà votre chambre, mon petit poulet, me dit-elle en me passant doucement la main sous le menton. Le garçon dont vous avez le bonheur d'occuper la place y a couché tant qu'il a vécu parmi nous et il y repose encore après sa mort. Il s'est laissé mourir à la fleur de son âge. Ne soyez pas assez simple pour suivre son exemple. »

En achevant ces paroles, elle me donna la lampe et retourna dans sa cuisine. Je posai la lampe à terre et me jetai sur le grabat, moins pour prendre du repos, que pour me livrer tout entier à mes réflexions.

« O Ciel, dis-je, est-il une destinée aussi affreuse que la mienne ? On veut que je renonce à la vue du soleil, et comme si ce n'était pas assez d'être enterré tout vif à dix-huit ans, il faut encore que je sois réduit à servir des voleurs, à passer le jour avec des brigands, et la nuit avec des morts ! »

Ces pensées qui me semblaient très mortifiantes, et qui l'étaient en effet, me faisaient pleurer amèrement. Je maudis cent fois l'envie que mon oncle avait eue de m'envoyer à Salamanque. Je me repentis d'avoir craint la justice de Cacabelos. J'aurais voulu être à la question. Mais considérant que je me consumais en plaintes vaines, je me mis à rêver aux moyens de me sauver, et je me dis en moi-même : « Est-il donc impossible de me tirer d'ici ? les voleurs dorment, la cuisinière et le nègre en feront bientôt autant. Pendant qu'ils seront tous endormis, ne puis-je avec cette lampe trouver l'allée par où je suis descendu dans cet enfer ? Il est vrai que je ne me crois point assez fort pour lever la trappe qui est à l'entrée. Cependant voyons. Je ne veux rien avoir à me reprocher. Mon désespoir me prêtera des forces et j'en viendrai peut-être à bout. »

Je formai donc ce grand dessein. Je me levai quand je jugeai que Léonarde et Domingo reposaient.

Je pris la lampe et sortis du caveau en me recommandant à tous les saints du paradis.

Ce ne fut pas sans peine que je démêlai les détours de ce nouveau labyrinthe. J'arrivai pourtant à la porte de l'écurie et j'aperçus enfin l'allée que je cherchais.

Je marche, je m'avance vers la trappe avec une joie mêlée de crainte, mais, hélas, au milieu de l'allée, je rencontrai une maudite grille de fer bien fermée et dont les barreaux étaient si près l'un de l'autre qu'on y pouvait à peine passer la main.

Je me trouvai bien sot à la vue de ce nouvel obstacle dont je ne m'étais point aperçu en entrant, parce que la grille était alors ouverte. Je ne laissai pas pourtant de tâter les barreaux ; j'examinai la serrure ; je tâchais même de la forcer, lorsque tout à coup je me sentis appliquer vigoureusement entre les deux épaules cinq ou six coups de nerf de bœuf.

Je poussai un cri si perçant que le souterrain en retentit, et regardant aussitôt derrière moi, je vis le vieux nègre en chemise, qui d'une main tenait une lanterne sourde et de l'autre l'instrument de mon supplice. « Ah ah ! dit-il, petit drôle, vous voulez vous sauver ! oh ! ne pensez pas que vous puissiez me surprendre ; je vous ai bien entendu. Vous avez cru trouver la grille ouverte, n'est-ce pas ? Apprenez, mon ami, que vous la trouverez désormais toujours fermée. Quand nous retenons ici quelqu'un malgré lui, il faut qu'il soit plus fin que vous pour nous échapper. »

Cependant au cri que j'avais fait, deux ou trois voleurs se réveillèrent en sursaut, et ne sachant si c'était la sainte hermandad qui venait fondre sur eux, ils se levèrent en appelant à haute voix leurs camarades. Dans un instant ils sont tous sur pied. Ils prennent leurs épées et leurs carabines et s'avancent presque nus jusqu'à l'endroit où j'étais avec Domingo. Mais sitôt qu'ils surent la cause du bruit qu'ils avaient entendu, leur inquiétude se convertit en éclats de rire.

— Comment donc, Gil Blas, me dit le voleur apostat, il n'y a pas six heures que tu es avec nous et tu veux déjà t'en aller ? Il faut que tu aies bien de l'aversion pour la retraite. Hé, que ferais-tu donc si tu étais chartreux ? va te coucher, tu en seras quitte cette fois-ci pour les coups que Domingo t'a donnés ; mais s'il t'arrive jamais de faire un nouvel effort pour te sauver, par saint Barthélemy ! nous t'écorcherons tout vif.

A ces mots il se retira. Les autres voleurs s'en retournèrent aussi dans leurs chambres en riant de tout leur cœur de la tentative que j'avais faite pour leur fausser compagnie. Le vieux nègre, fort satisfait de son expédition, rentra dans son écurie ; et je regagnai mon cimetière, où je passai le reste de la nuit à soupirer et à pleurer.

VII. — De ce que fit Gil Blas, ne pouvant faire mieux.

JE pensai succomber les premiers jours au chagrin qui me dévorait. Je ne faisais que traîner une vie mourante ; mais enfin mon bon génie m'inspira la pensée de dissimuler. J'affectai de paraître moins triste ; je commençai à rire et à chanter, quoique je n'en eusse aucune envie : en un mot je me contraignis si bien que Léonarde et Domingo y furent trompés. Ils crurent que l'oiseau s'accoutumait à la cage. Les voleurs s'imaginèrent la même chose.

Je prenais un air gai en leur versant à boire, et je me mêlais à leur entretien, quand je trouvais occasion d'y placer quelque plaisanterie. Ma liberté, loin de leur déplaire, les divertissait : « Gil Blas, me dit le capitaine, un soir que je faisais le plaisant, tu as bien fait, mon ami, de bannir la mélancolie. Je suis charmé de ton humeur et de ton esprit. On ne connaît pas d'abord les gens. Je ne te croyais pas si spirituel ni si enjoué. »

Les autres me donnèrent aussi mille louanges et m'exhortèrent à persister dans les généreux sentiments que je leur témoignais. Enfin, ils me parurent si contents de moi, que, profitant d'une si bonne disposition : « Messieurs, leur dis-je, permettez que je vous découvre le fond de mon âme. Depuis que je demeure ici, je me sens tout autre que je n'étais auparavant. Vous m'avez défait des préjugés de mon éducation ; j'ai pris insensiblement votre esprit. J'ai du goût pour votre profession ; je meurs d'envie d'avoir l'honneur d'être de vos confrères et de partager avec vous les périls de vos expéditions. »

Toute la compagnie applaudit à ce discours. On loua ma bonne volonté ; puis il fut résolu tout d'une voix qu'on me laisserait servir encore quelque temps pour éprouver ma vocation ; qu'ensuite on me ferait faire mes caravanes ; après quoi on m'accorderait la place honorable que je demandais, et qu'on ne pouvait, disait-on, raisonnablement refuser à un jeune homme qui paraissait d'aussi bonne volonté que moi.

Il fallut donc continuer de me contraindre et d'exercer mon emploi d'échanson. J'en fus très mortifié, car je n'aspirais à devenir voleur que pour avoir la liberté de sortir comme les autres, et j'espérais qu'en faisant des courses avec eux je leur échapperais quelque jour. Cette seule espérance soutenait ma vie.

L'attente néanmoins me paraissait longue et je ne laissai pas d'essayer plus d'une fois de surprendre la vigilance de Domingo ; mais il n'y eut pas moyen. Il était trop sur ses gardes. J'aurais défié cent Orphées de charmer ce Cerbère. Il est vrai aussi que, de peur de me rendre suspect, je ne faisais pas tout ce que j'aurais pu faire pour le tromper. Il m'observait et j'étais obligé d'agir avec beaucoup de circonspection pour ne me pas trahir. Je m'en remettais donc au temps que les voleurs m'avaient prescrit pour me recevoir dans leur troupe, et je l'attendais avec autant d'impatience que si j'eusse dû entrer dans une compagnie de traitants.

Grâces au ciel, six mois après, ce temps arriva. Le seigneur Rolando dit un soir à ses cavaliers : « Messieurs, il faut tenir la parole que nous avons donnée à Gil Blas. Je n'ai pas mauvaise opinion de ce garçon-là. Il me paraît fait pour marcher sur nos traces ; je crois que nous en ferons quelque chose. Je suis d'avis que nous le menions demain avec nous cueillir des lauriers sur les grands chemins. Prenons soin nous-mêmes de le dresser à la gloire. »

Les voleurs furent tous du sentiment de leur capitaine, et pour me faire voir qu'ils me regardaient déjà comme un de leurs compagnons, dès ce moment ils me dispensèrent de les servir. Ils rétablirent la dame Léonarde dans l'emploi qu'on lui avait ôté pour m'en charger. Ils me firent quitter mon habillement, qui consistait en une simple soutanelle fort usée et ils me parèrent de toute la dépouille d'un gentilhomme nouvellement volé. Après cela, je me disposai à faire ma première campagne.

VIII. — Gil Blas accompagne les voleurs et détrousse un moine.

E fut sur la fin d'une nuit du mois de septembre que je sortis du souterrain avec les voleurs. J'étais armé, comme eux, d'une carabine, de deux pistolets, d'une épée et d'une baïonnette, et je montais un assez bon cheval, qu'on avait pris au même gentilhomme dont je portais les habits. Il y avait si longtemps que je vivais dans les ténèbres, que le jour naissant ne manqua pas de m'éblouir ; mais peu à peu mes yeux s'accoutumèrent à le souffrir.

Nous passâmes auprès de Pontferrada, et nous allâmes nous mettre en embuscade dans un petit bois qui bordait le grand chemin de Léon, dans un endroit d'où, sans être vus, nous pouvions voir tous les passants. Là, nous attendions que la fortune nous offrît quelque bon coup à faire, quand nous aperçûmes un religieux de l'ordre de Saint-Dominique, monté, contre l'ordinaire de ces bons pères, sur une mauvaise mule :

— Dieu soit loué ! s'écria le capitaine en riant, voici le chef-d'œuvre de Gil Blas. Il faut qu'il aille détrousser ce moine ; voyons comme il s'y prendra.

Tous les voleurs jugèrent qu'effectivement cette commission me convenait, et ils m'exhortèrent à m'en bien acquitter.

— Messieurs, leur dis-je, vous serez contents : je vais mettre ce père nu comme la main, et vous amener ici sa mule.

— Non, non, dit Rolando, elle n'en vaut pas la peine ; apporte-nous seulement la bourse de Sa Révérence ; c'est tout ce que nous exigeons de toi.

— Je vais donc, repris-je, sous les yeux de mes maitres, faire mon coup d'essai ; j'espère qu'ils m'honoreront de leurs suffrages.

Là-dessus, je sortis du bois et poussai vers le religieux, en priant le ciel de me pardonner l'action que j'allais faire. J'aurais bien voulu m'échapper dès ce moment-là, mais la plupart des voleurs étaient mieux montés que moi ; s'ils m'eussent vu fuir, ils se seraient mis à mes trousses, et m'auraient bientôt rattrapé, ou peut-être auraient-ils fait sur moi une décharge de leurs carabines, dont je me serais fort mal trouvé. Je n'osai donc hasarder une démarche si délicate. Je joignis le père, et lui demandai la bourse en lui présentant le bout d'un pistolet. Il s'arrêta tout court pour me considérer ; et, sans paraître trop effrayé :

— Mon enfant, me dit-il, vous êtes bien jeune ; vous faites de bonne heure un vilain métier.

— Mon père, lui répondis-je, tout vilain qu'il est, je voudrais l'avoir commencé plus tôt.

— Ah ! mon fils, répliqua le bon religieux, qui n'avait garde de comprendre le vrai sens de mes paroles, que dites-vous ? quel aveuglement ! souffrez que je vous représente l'état malheureux...

— Oh ! mon père, interrompis-je avec précipitation, trève de morale, s'il vous plaît, je ne viens point sur les grands chemins pour entendre des sermons : je veux de l'argent.

— De l'argent ! me dit-il d'un air étonné ; vous jugez bien mal de la charité des Espagnols, si vous croyez que les personnes de mon caractère aient besoin d'argent pour voyager en Espagne. Détrompez-vous. On nous reçoit agréablement partout ; on nous loge, on nous nourrit, et l'on ne nous demande pour cela que des prières. Enfin, nous ne portons point d'argent sur la route ; nous nous abandonnons à la Providence.

— Eh ! non, non, lui repartis-je, vous ne vous y aban-

donnez pas ; vous avez toujours de bonnes pistoles pour être plus sûrs de la Providence. Mais, mon père, ajoutai-je, finissons : mes camarades, qui sont dans ce bois, s'impatientent ; jetez tout à l'heure votre bourse à terre, ou bien je vous tue.

A ces mots, que je prononçai d'un air menaçant, le religieux sembla craindre pour sa vie.

— Attendez, me dit-il, je vais donc vous satisfaire, puisqu'il le faut absolument. Je vois bien qu'avec vous autres les figures de rhétorique sont inutiles.

En disant cela, il tira de dessous sa robe une grosse bourse de peau de chamois, qu'il laissa tomber à terre. Alors je lui dis qu'il pouvait continuer son chemin, ce qu'il ne me donna pas la peine de répéter. Il pressa les flancs de sa mule, qui, démentant l'opinion que j'avais d'elle, car je ne la croyais pas meilleure que celle de mon oncle, prit tout à coup un assez bon train. Tandis qu'il s'éloignait, je mis pied à terre. Je ramassai la bourse, qui me parut pesante. Je remontai sur ma bête, et regagnai promptement le bois, où les voleurs, qui avaient toujours eu les yeux sur moi, m'attendaient avec impatience pour me féliciter, comme si la victoire que je venais de remporter m'eût coûté beaucoup. A peine me donnèrent-ils le temps de descendre de cheval, tant ils s'empressaient de m'embrasser.

— Courage, Gil Blas, me dit Rolando, tu viens de faire des merveilles. J'ai eu les yeux sur toi pendant ton expédition ; j'ai observé ta contenance, je te prédis que tu deviendras un excellent voleur de grands chemins.

Le lieutenant et les autres applaudirent à la prédiction, et m'assurèrent que je ne pouvais manquer de l'accomplir quelque jour. Je les remerciai de la haute idée qu'ils avaient de moi, et leur promis de faire tous mes efforts pour la soutenir.

Après qu'ils m'eurent d'autant plus loué que je méritais moins de l'être, il leur prit envie d'examiner le butin dont je revenais chargé.

— Voyons, dirent-ils, voyons ce qu'il y a dans la bourse du religieux.

— Elle doit être bien garnie, continua l'un d'entre eux, car ces bons pères ne voyagent pas en pèlerins.

Le capitaine délia la bourse, l'ouvrit, et en tira deux petites médailles de cuivre, entremêlées d'*agnus Dei*, avec quelques scapulaires. A la vue d'un larcin si nouveau, tous les voleurs éclatèrent en ris immodérés.

— Vive Dieu ! s'écria le lieutenant, nous avons bien de l'obligation à Gil Blas : il vient, pour son coup d'essai, de faire un vol fort salutaire à la compagnie.

Cette plaisanterie en attira d'autres. Ces scélérats, et particulièrement celui qui avait apostasié, commencèrent à s'égayer sur la matière.

Il leur échappa mille traits qu'il ne m'est pas permis de rapporter, et qui marquaient bien le dérèglement de leurs mœurs. Moi seul, je ne riais pas. Il est vrai que les railleurs m'en ôtaient l'envie en se réjouissant ainsi à mes dépens. Chacun me lança son trait, et le capitaine me dit :

— Ma foi, Gil Blas, je te conseille, en ami, de ne te plus jouer aux moines ; ce sont gens trop fins et trop rusés pour toi.

IX. — De l'événement sérieux qui suivit cette aventure.

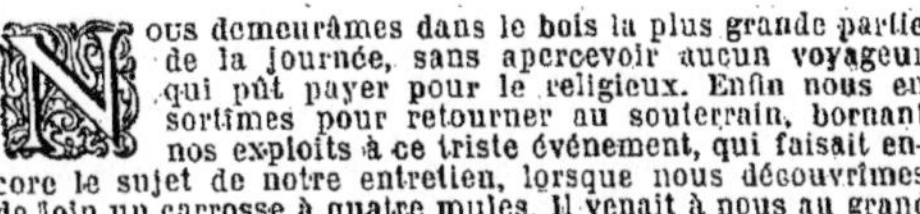

ous demeurâmes dans le bois la plus grande partie de la journée, sans apercevoir aucun voyageur qui pût payer pour le religieux. Enfin nous en sortîmes pour retourner au souterrain, bornant nos exploits à ce triste événement, qui faisait encore le sujet de notre entretien, lorsque nous découvrîmes de loin un carrosse à quatre mules. Il venait à nous au grand trot, et il était accompagné de trois hommes à cheval qui me parurent bien armés et bien disposés à nous recevoir, si nous étions assez hardis pour les insulter. Rolando fit faire halte à la troupe, pour tenir conseil là-dessus, et le résultat fut qu'on attaquerait. Aussitôt il nous rangea de la manière qu'il voulut, et nous marchâmes en bataille au-devant du carrosse. Malgré les applaudissements que j'avais reçus dans le bois, je me sentis saisi d'un grand tremblement, et bientôt il sortit de tout mon corps une sueur froide qui ne me présageait rien de bon. Pour surcroît de bonheur, j'étais au front de la bataille, entre le capitaine et le lieutenant, qui m'avaient placé là pour m'accoutumer au feu tout d'un coup. Rolando, remarquant jusqu'à quel point la nature pâtissait chez moi, me regarda de travers, et me dit d'un air brusque :

— Ecoute, Gil Blas, songe à faire ton devoir ; je t'avertis que, si tu recules, je te casserai la tête d'un coup de pistolet.

J'étais trop persuadé qu'il le ferait comme il le disait, pour négliger l'avertissement ; c'est pourquoi je ne pensai plus qu'à recommander mon âme à Dieu, puisque je n'avais pas moins à craindre d'un côté que de l'autre.

Pendant ce temps-là, le carrosse et les cavaliers s'approchaient. Ils connurent quelle sorte de gens nous étions ;

et, devinant notre dessein à notre contenance, ils s'arrêtèrent à la portée d'une escopette. Ils avaient, aussi bien que nous, des carabines et des pistolets. Tandis qu'ils se préparaient à nous faire face, il sortit du carrosse un homme bien fait et richement vêtu. Il monta sur un cheval de main, dont un des cavaliers tenait la bride, et se mit à la tête des autres. Il n'avait pour armes que son épée et deux pistolets. Encore qu'ils ne fussent que quatre contre neuf, car le cocher demeura sur son siège, ils s'avancèrent vers nous avec une audace qui redoubla mon effroi. Je ne laissai pas pourtant, bien que tremblant de tous mes membres, de me tenir prêt à tirer mon coup ; mais, pour dire les choses comme elles sont, je fermai les yeux et tournai la tête en déchargeant ma carabine ; et, de la manière que je tirai, je ne dois point avoir ce coup-là sur la conscience.

Je ne ferai point un détail de l'action : quoique présent, je ne voyais rien ; et ma peur, en me troublant l'imagination, me cachait l'horreur du spectacle même qui m'effrayait. Tout ce que je sais, c'est qu'après un grand bruit de mousquetades, j'entendis mes compagnons crier à pleine tête : *Victoire ! victoire !* A cette acclamation, la terreur qui s'était emparée de mes sens se dissipa, et j'aperçus sur le champ de bataille les quatre cavaliers étendus sans vie. De notre côté, nous n'eûmes qu'un homme de tué : ce fut l'apostat, qui n'eut, en cette occasion, que ce qu'il méritait pour son apostasie et pour ses mauvaises plaisanteries sur les scapulaires. Un de nos cavaliers reçut une balle à la rotule du genou droit. Le lieutenant fut aussi blessé, mais fort légèrement, le coup n'ayant fait qu'effleurer la peau.

Le seigneur Rolando courut d'abord à la portière du carrosse. Il y avait dedans une dame de vingt-quatre à vingt-cinq ans, qui lui parut très belle, malgré le triste état où il la voyait. Elle s'était évanouie pendant le combat, et son évanouissement durait encore. Tandis qu'il s'occupait à la considérer, nous songeâmes, nous autres, au butin. Nous commençâmes par nous assurer des chevaux des cavaliers tués, car ces animaux, épouvantés du bruit des coups, s'étaient un peu écartés après avoir perdu leurs guides. Pour les mules, elles n'avaient pas branlé, quoique, durant l'action, le cocher eût quitté son siège pour se sauver. Nous mîmes pied à terre pour les dételer, et nous les chargeâmes de plusieurs malles que nous trouvâmes attachées devant et derrière le carrosse. Cela fait, on prit, par ordre du capitaine, la dame qui n'avait point encore rappelé ses esprits, et on la mit à cheval entre les mains d'un voleur des plus robustes et des mieux montés ; puis, laissant sur le grand chemin le carrosse et les morts dépouillés, nous emmenâmes avec nous la dame, les mules et les chevaux.

X. — De quelle manière en usèrent les voleurs avec la dame.

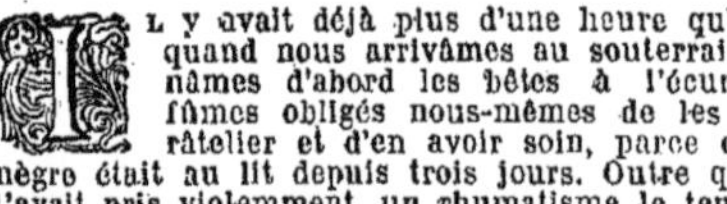

IL y avait déjà plus d'une heure qu'il était nuit quand nous arrivâmes au souterrain. Nous menâmes d'abord les bêtes à l'écurie, où nous fûmes obligés nous-mêmes de les attacher au râtelier et d'en avoir soin, parce que le vieux nègre était au lit depuis trois jours. Outre que la goutte l'avait pris violemment, un rhumatisme le tenait entrepris de tous ses membres. Il ne lui restait rien de libre que la langue qu'il employait à témoigner son impatience par d'horribles blasphèmes. Nous laissâmes ce misérable jurer et blasphémer, et nous allâmes à la cuisine, où nous donnâmes toute notre attention à la dame, qui paraissait environnée des ombres de la mort.

Nous n'épargnâmes rien pour la tirer de son évanouissement, et nous eûmes le bonheur d'en venir à bout. Mais quand elle eut repris l'usage de ses sens et qu'elle se vit entre les bras de plusieurs hommes qui lui étaient inconnus, elle sentit son malheur, elle en frémit. Tout ce que la douleur et le désespoir ensemble peuvent avoir de plus affreux parut peint dans ses yeux, qu'elle leva au ciel, comme pour se plaindre à lui des indignités dont elle était menacée ; puis, cédant tout à coup à ces images épouvantables, elle retombe en défaillance, sa paupière se referme, et les voleurs s'imaginent que la mort va leur enlever leur proie.

Alors le capitaine, jugeant plus à propos de l'abandonner à elle-même que de la tourmenter par de nouveaux secours, la fit porter sur le lit de Léonarde, où on la laissa toute seule, au hasard de ce qu'il en pouvait arriver.

Nous passâmes dans le salon, où l'un des voleurs qui avait été chirurgien, visita les blessures du lieutenant et du cavalier, et les frotta de baume. L'opération faite, on voulut voir ce qu'il y avait dans les malles. Les unes se trouvèrent remplies de dentelles et de linge, les autres d'habits ; mais la dernière qu'on ouvrit renfermait quelques sacs pleins de pistoles, ce qui réjouit infiniment messieurs les intéressés.

Après cet examen, la cuisinière dressa le buffet, mit le couvert et servit. Nous nous entretînmes d'abord de la grande victoire que nous avions remportée. Sur quoi Rolando m'adressant la parole :

— Avoue, Gil Blas, me dit-il, avoue, mon enfant, que tu as eu grand'peur.

Je répondis que j'en demeurais d'accord de bonne foi ; mais que je me battrais comme un paladin quand j'aurais fait seulement deux ou trois campagnes.

Là-dessus toute la compagnie prit mon parti, en disant qu'on devait me le pardonner ; que l'action avait été vive ; et que, pour un jeune homme qui n'avait jamais vu le feu, je ne m'étais point mal tiré d'affaire.

La conversation tomba ensuite sur les mules et les chevaux que nous venions d'amener au souterrain. Il fut arrêté que, le lendemain, avant le jour, nous partirions tous pour les aller vendre à Mansilla, où probablement on n'aurait point encore entendu parler de notre expédition. Ayant pris cette résolution, nous achevâmes de souper ; puis nous retournâmes à la cuisine pour voir la dame, que nous trouvâmes dans la même situation ; nous crûmes qu'elle ne passerait pas la nuit.

Néanmoins, quoiqu'elle parût à peine jouir d'un reste de vie, quelques voleurs ne laissèrent pas de jeter sur elle un œil profane, et de témoigner une brutale envie, qu'ils auraient satisfaite, si Rolando ne les en eût empêchés, en leur représentant qu'ils devaient du moins attendre que la dame fût sortie de cet accablement de tristesse qui lui était tout sentiment.

Le respect qu'ils avaient pour leur capitaine retint leur incontinence ; sans cela rien ne pouvait sauver la dame ; sa mort même n'aurait peut-être pas mis son honneur en sûreté.

Nous laissâmes encore cette malheureuse femme dans l'état où elle était. Rolando se contenta de charger Léonarde d'en avoir soin, et chacun se retira dans sa chambre. Pour moi, lorsque je fus couché, au lieu de me livrer au sommeil, je ne fis que m'occuper du malheur de la dame. Je ne pouvais, sans frémir, me peindre les horreurs qui l'attendaient, et je m'en sentais aussi vivement touché que si le sang ou l'amitié m'eût attaché à elle. Enfin, après avoir bien plaint sa destinée, je rêvai aux moyens de préserver son honneur du péril dont il était menacé, et de me tirer en même temps du souterrain. Je songeai que le vieux nègre ne pouvait se remuer, et que, depuis son indisposition, la cuisinière avait la clef de la grille. Cette pensée m'échauffa l'imagination, et me fit concevoir un projet que je digérai bien ; puis j'en commençai sur-le-champ l'exécution de la manière suivante :

XI. — Gil Blas s'évade du souterrain.

JE feignis d'avoir la colique. Je poussai d'abord des plaintes et des gémissements ; ensuite, élevant la voix, je jetai de grands cris. Les voleurs se réveillent et sont bientôt auprès de moi. Ils me demandent ce qui m'oblige à crier ainsi. Je répondis que j'avais une colique horrible, et, pour mieux le leur persuader, je me mis à grincer des dents, à faire des grimaces et des contorsions effroyables, et à m'agiter d'une étrange façon.

Après cela, je devins tout à coup tranquille, comme si mes douleurs m'eussent donné quelque relâche ; un instant après, je me remis à faire des bonds sur mon grabat et à me tordre les bras. En un mot, je jouai si bien mon rôle, que les voleurs, tout fins qu'ils étaient, s'y laissèrent tromper, et crurent qu'en effet je sentais des tranchées violentes.

Mais en faisant si bien mon personnage, je fus tourmenté d'une étrange façon ; car dès que mes charitables confrères s'imaginèrent que je souffrais, les voilà tous qui s'empressent à me soulager : l'un m'apporte une bouteille d'eau-de-vie et m'en fait avaler la moitié ; l'autre me donne, malgré moi, un lavement d'huile d'amandes douces ; un autre va chauffer une serviette et vient me l'appliquer toute brûlante sur le ventre. J'avais beau crier miséricorde ; ils imputaient mes cris à ma colique, et continuaient à me faire souffrir des maux véritables, en voulant m'en ôter un que je n'avais point.

Enfin, ne pouvant plus y résister, je fus obligé de leur dire que je ne sentais plus de tranchées, et que je les conjurais de me donner quartier. Ils cessèrent de me fatiguer de leurs remèdes, et je me gardai bien de me plaindre davantage, de peur d'éprouver encore leur secours.

Cette scène dura près de trois heures. Après quoi les voleurs, jugeant que le jour ne pouvait pas être fort éloigné, se préparèrent à partir pour Mansilla. Je fis alors un nouveau lazzi, je voulus me lever pour leur faire croire que j'avais grande envie de les accompagner ; mais ils m'en empêchèrent.

« Non, non, Gil Blas, me dit le seigneur Rolando ; demeure ici, mon fils : ta colique pourrait te reprendre. Tu viendras une autre fois avec nous ; pour aujourd'hui, tu n'es pas en état de nous suivre ; repose-toi toute la journée, tu as besoin de repos ».

Je ne crus pas devoir insister fort sur cela, de crainte qu'on ne se rendît à mes instances ; je parus seulement très mortifié de ne pouvoir être de la partie ; ce que je fis d'un air si naturel, qu'ils sortirent tous du souterrain sans avoir le moindre soupçon de mon projet. Après leur départ, que j'avais tâché de hâter par mes vœux, je me dis à moi-même :

« Oh ça! Gil Blas, c'est à présent qu'il faut avoir de la résolution. Arme-toi de courage pour achever ce que tu as si heureusement commencé; la chose me paraît aisée : Domingo n'est point en état de s'opposer à ton entreprise, et Léonarde ne peut t'empêcher de l'exécuter; saisis cette occasion de t'échapper, tu n'en trouveras jamais peut-être une plus favorable. »

Ces réflexions me remplirent de confiance. Je me levai. Je pris mon épée et mes pistolets, et j'allai d'abord à la cuisine; mais avant que d'y entrer, comme j'entendis parler Léonarde, je m'arrêtai pour l'écouter. Elle parlait à la dame inconnue, qui avait repris ses esprits, et qui, considérant toute son infortune, pleurait alors et se désespérait.

« Pleurez, ma fille, lui disait la vieille, fondez en larmes; n'épargnez point les soupirs, cela vous soulagera. Votre saisissement était dangereux; mais il n'y a plus rien à craindre, puisque vous versez des pleurs. Votre douleur s'apaisera peu à peu, et vous vous accoutumerez à vivre ici avec nos messieurs, qui sont d'honnêtes gens. Vous serez mieux traitée qu'une princesse; et ils auront pour vous mille complaisances. Il y a des femmes qui voudraient être à votre place. »

Je ne donnai pas le temps à Léonarde d'en dire davantage. J'entrai; et, lui mettant un pistolet sur la gorge, je la pressai d'un air menaçant de me remettre la clef de la grille. Elle fut troublée de mon action; et, quoique très avancée dans sa carrière, elle se sentit encore assez attachée à la vie pour n'oser me refuser ce que je lui demandais. Lorsque j'eus la clef entre les mains, j'adressai la parole à la dame affligée :

« Madame, lui dis-je, le ciel vous envoie un libérateur; levez-vous pour me suivre; je vais vous mener où il vous plaira que je vous conduise. »

La dame ne fut pas sourde à ma voix, et mes paroles firent tant d'impression sur son esprit, que, rappelant tout ce qui lui restait de forces, elle se leva, vint se jeter à mes pieds, et me conjura de conserver son honneur. Je la relevai, et l'assurai qu'elle pouvait compter sur moi.

Ensuite, je pris des cordes que j'aperçus dans la cuisine; et, à l'aide de la dame, je liai Léonarde aux pieds d'une grosse table, en lui protestant que je la tuerais si elle poussait le moindre cri. La bonne Léonarde, persuadée que je n'y manquerais pas si elle osait me contredire, prit le parti de me laisser faire tout ce que je voulus. J'allumai la bougie et j'allai avec l'inconnue à la chambre où étaient les pièces d'or et d'argent. Je mis dans mes poches autant de pistoles et doubles pistoles qu'il y en put tenir; et pour obliger la dame à s'en charger aussi, je lui représentai qu'elle ne faisait que reprendre son bien, ce qu'elle fit sans scrupule.

Quand nous en eûmes une bonne provision, nous marchâmes vers l'écurie où j'entrai seul avec mes pistolets en état. Je comptais bien que le vieux nègre, malgré sa goutte et son rhumatisme, ne me laisserait pas tranquillement seller et brider mon cheval; et j'étais dans la résolution de le guérir radicalement de tous ses maux s'il s'avisait de vouloir faire le méchant : mais, par bonheur, il était alors si accablé des douleurs qu'il avait souffertes et de celles qu'il souffrait encore, que je tirai mon cheval de l'écurie sans même qu'il parût s'en apercevoir.

La dame m'attendait à la porte. Nous enfilâmes promptement l'allée par où l'on sortait du souterrain. Nous arrivons à la grille, nous l'ouvrons, et nous parvenons enfin à la trappe. Nous eûmes beaucoup de peine à la lever, ou plutôt, pour en venir à bout, nous eûmes besoin de la force nouvelle que nous prêta l'envie de nous sauver.

Le jour commençait à paraître lorsque nous nous vîmes hors de cet abîme. Nous songeâmes aussitôt à nous en éloigner. Je me jetai en selle; la dame monta derrière moi, et, suivant au galop le premier sentier qui se présenta, nous sortîmes bientôt de la forêt. Nous entrâmes dans une plaine coupée de plusieurs routes; nous en prîmes une au hasard. Je mourais de peur qu'elle ne nous conduisît à Mansilla et que nous ne rencontrassions Rolando et ses camarades, ce qui pouvait fort bien nous arriver. Heureusement ma crainte fut vaine. Nous arrivâmes à la ville d'Astorga sur les deux heures après midi. J'aperçus des gens qui nous regardaient avec une extrême attention, comme si c'eût été pour eux un spectacle nouveau de voir une femme à cheval derrière un homme. Nous descendîmes à la première hôtellerie, où j'ordonnai d'abord qu'on mît à la broche une perdrix et un lapereau. Pendant qu'on exécutait mon ordre, et qu'on nous préparait à dîner, je conduisis la dame à une chambre, où nous commençâmes à nous entretenir; ce que nous n'avions pu faire en chemin, parce que nous étions venus trop vite. Elle me témoigna combien elle était sensible au service que je venais de lui rendre, et me dit qu'après une action si généreuse elle ne pouvait se persuader que je fusse un compagnon des brigands à qui je l'avais arrachée. Je lui contai mon histoire pour la confirmer dans la bonne opinion qu'elle avait conçue de moi. Par là je l'engageai à me donner sa confiance et à m'apprendre ses malheurs, qu'elle me raconta comme je vais le dire dans le chapitre suivant.

XII. — Histoire de dona Mencia de Mosquera.

Je suis née à Valladolid, et je m'appelle doña Mencia de Mosquera. Don Martin, mon père, après avoir consumé presque tout son patrimoine dans le service, fut tué en Portugal, à la tête d'un régiment qu'il commandait. Il me laissa si peu de bien, que j'étais un assez mauvais parti, quoique je fusse fille unique. Je ne manquai pas toutefois d'amants, malgré la médiocrité de ma fortune. Plusieurs cavaliers des plus considérables d'Espagne me recherchèrent en mariage. Celui qui s'attira mon attention fut don Alvar de Mello. Véritablement il était mieux fait que ses rivaux; mais des qualités plus solides me déterminèrent en sa faveur. Il avait de l'esprit, de la discrétion, de la valeur et de la probité. D'ailleurs, il pouvait passer pour l'homme du monde le plus galant. Fallait-il donner une fête, rien n'était mieux entendu; et s'il paraissait dans les joutes, il y faisait toujours admirer sa force et son adresse. Je le préférai donc à tous les autres, et je l'épousai.

« Peu de jours après notre mariage, il rencontra dans un endroit écarté don André de Baësa, qui avait été l'un de ses rivaux. Ils se piquèrent l'un l'autre, et mirent l'épée à la main. Il en coûta la vie à don André. Comme il était neveu du corrégidor de Valladolid, homme violent et mortel ennemi de la maison de Mello, don Alvar crut ne pouvoir assez tôt sortir de la ville. Il revint promptement au logis, où, pendant qu'on lui préparait un cheval, il me conta ce qui venait de lui arriver.

« Ma chère Mencia, me dit-il ensuite, il faut nous sépa-
« rer, c'est une nécessité. Vous connaissez le corrégidor :
« ne nous flattons point, il va me poursuivre vivement.
« Vous n'ignorez pas quel est son crédit; je ne serai pas
« en sûreté dans le royaume ».

« Il était si pénétré de sa douleur et plus encore de celle dont il me voyait saisie, qu'il n'en put dire davantage. Je lui fis prendre de l'or et quelques pierreries; puis il me tendit les bras, et nous ne fîmes, pendant un quart d'heure, que confondre nos soupirs et nos larmes.

« Enfin on vint l'avertir que le cheval était prêt. Il s'arrache d'auprès de moi; il part, et me laisse dans un état qu'on ne saurait exprimer : heureuse si l'excès de mon affliction m'eût fait alors mourir! Que ma mort m'aurait épargné de peines et d'ennuis!

« Quelques heures après que don Alvar fut parti, le corrégidor apprit sa fuite. Il le fit poursuivre par tous les alguazils de Valladolid, et n'épargna rien pour l'avoir en sa puissance. Mon époux toutefois trompa son ressentiment et sut se mettre en sûreté; de manière que le juge se voyant réduit à borner sa vengeance à la seule satisfaction d'ôter les biens à un homme dont il aurait voulu verser le sang, il n'y travailla pas en vain. Tout ce que don Alvar pouvait avoir de fortune fut confisqué.

« Je demeurai dans une situation très affligeante; j'avais à peine de quoi subsister. Je commençai à mener une vie retirée, n'ayant qu'une femme pour tout domestique. Je passais les jours à pleurer, non une indigence que je supportais patiemment, mais l'absence d'un époux chéri, dont je ne recevais aucune nouvelle.

« Il m'avait pourtant promis, dans nos tristes adieux, qu'il aurait soin de m'informer de son sort, dans quelque endroit du monde où sa mauvaise étoile pût le conduire. Cependant sept années s'écoulèrent sans que j'entendisse parler de lui. L'incertitude où j'étais de sa destinée me causait une profonde tristesse. Enfin j'appris qu'en combattant pour le roi de Portugal, dans le royaume de Fez, il avait perdu la vie dans une bataille. Un homme revenu depuis peu d'Afrique me fit ce rapport, en m'assurant qu'il avait parfaitement connu don Alvar de Mello; qu'il avait servi dans l'armée portugaise avec lui, et qu'il l'avait vu périr dans l'action. Il ajoutait à cela d'autres circonstances encore qui achevèrent de me persuader que mon époux n'était plus : ce rapport ne servit qu'à fortifier ma douleur et qu'à me faire prendre la résolution de ne jamais me remarier.

« Dans ce temps-là, don Ambrosio Mesio Carrillo, marquis de la Guardia, vint à Valladolid. C'était un de ces vieux seigneurs qui, par leurs manières galantes et polies, font oublier leur âge, et savent encore plaire aux femmes. Un jour, on lui conta par hasard l'histoire de don Alvar; et, sur le portrait qu'on lui fit de moi, il eut envie de me voir. Pour satisfaire sa curiosité, il gagna une de mes parentes, qui, d'accord avec lui, m'attira chez elle. Il s'y trouva.

« Il me vit, et je lui plus, malgré l'impression de douleur qu'on remarquait sur mon visage; mais peut-être ne fut-il touché que de mon air triste et languissant qui le prévenait en faveur de ma fidélité. Ma mélancolie peut-être fit naître son amour. Aussi bien il me dit plus d'une fois qu'il me regardait comme un prodige de constance, et même qu'il enviait le sort de mon mari, quelque déplorable qu'il fût d'ailleurs. En un mot, il fut frappé de ma vue, et il n'eut pas besoin de me voir une seconde fois pour former la résolution de m'épouser.

« Il choisit l'entremise de ma parente pour me faire agréer son dessein. Elle me vint trouver, et me représenta que mon époux ayant achevé son destin dans le royaume de Fez, comme on nous l'avait rapporté, il n'était pas raisonnable d'ensevelir plus longtemps mes charmes; que j'avais assez pleuré un homme avec qui je n'avais été uni que quelques moments, et que je devais profiter de l'occasion qui se présentait; que je serais la plus heureuse femme du monde.

« Là-dessus elle me vanta la noblesse du vieux marquis, ses grands biens et son bon caractère; mais elle eut beau s'étendre avec éloquence sur tous les avantages qu'il possédait, elle ne put me persuader. Ce n'est pas que je doutasse de la mort de don Alvar, ni que la crainte de le revoir tout à coup, lorsque j'y penserais le moins, m'arrêtât. Le peu de penchant, ou plutôt la répugnance que je me sentais pour un second mariage, après tous les malheurs du premier, faisait le seul obstacle que ma parente eût à lever. Aussi ne se rebuta-t-elle point : au contraire, son zèle pour don Ambrosio en redoubla. Elle engagea toute ma famille dans les intérêts de ce vieux seigneur. Mes parents commencèrent à me presser d'accepter un parti si avantageux : j'en étais à tout moment obsédée, importunée, tourmentée. Il est vrai que ma misère, qui devenait de jour en jour plus grande, ne contribua pas peu à laisser vaincre ma résistance; il ne fallait pas moins que l'affreuse nécessité où j'étais pour m'y déterminer.

« Je ne pus donc m'en défendre; je cédai à leurs pressantes instances, et j'épousai le marquis de la Guardia, qui, dès le lendemain de mes noces, m'emmena dans un très beau château qu'il a auprès de Burgos, entre Grajal et Rodillas. Il conçut pour moi un amour violent : je remarquais dans toutes ses actions une envie de me plaire : il s'étudiait à prévenir mes moindres désirs. Jamais époux n'a eu tant d'égards pour une femme, et jamais amant n'a fait voir tant de complaisance pour une maîtresse. J'admirais un homme d'un caractère si aimable, et je me consolais en quelque façon de la perte de don Alvar, puisque enfin je faisais le bonheur d'un seigneur tel que le marquis. Je l'aurais passionnément aimé, malgré la disproportion de nos âges, si j'eusse été capable d'aimer quelqu'un après don Alvar. Mais les cœurs constants ne sauraient avoir qu'une passion. Le souvenir de mon premier époux rendait inutiles tous les soins que le second prenait pour me plaire. Je ne pouvais donc payer sa tendresse que de purs sentiments de reconnaissance.

« J'étais dans cette disposition, quand, prenant l'air un jour à une fenêtre de mon appartement, j'aperçus dans le jardin une manière de paysan qui me regardait avec attention. Je crus que c'était un garçon jardinier. Je pris peu garde à lui; mais le lendemain m'étant remise à la fenêtre, je le vis au même endroit, et il me parut fort attaché à me considérer. Cela me frappa. Je l'envisageai à mon tour; et, après l'avoir observé quelque temps, il me sembla reconnaître les traits du malheureux don Alvar. Cette ressemblance excita dans tous mes sens un trouble inconcevable : je poussai un grand cri.

« J'étais alors, par bonheur, seule avec Inès, celle mes femmes qui avait le plus de part à ma confiance. Je lui dis le soupçon qui agitait mes esprits. Elle ne fit qu'en rire, et elle s'imagina qu'une légère ressemblance avait trompé mes yeux.

« — Rassurez-vous, madame, me dit-elle, et ne pensez pas que vous ayez vu votre premier époux. Quelle apparence y a-t-il qu'il soit ici sous une forme de paysan? est-il même croyable qu'il vive encore? Je vais, ajouta-t-elle, pour vous mettre l'esprit en repos, descendre au jardin et parler à ce villageois; je saurai quel homme c'est, et je reviendrai dans un moment vous l'apprendre. »

« Inès alla donc au jardin; et peu de temps après je la vis rentrer dans mon appartement fort émue.

« — Madame, dit-elle, votre soupçon n'est que trop bien éclairci : c'est don Alvar lui-même que vous venez de voir; il s'est découvert d'abord, et il vous demande un entretien secret. »

« Comme je pouvais à l'heure même recevoir don Alvar, parce que le marquis était à Burgos, je chargeai ma suivante de me l'amener dans mon cabinet par un escalier dérobé. Je ne vous jugez bien que j'étais dans une terrible agitation. Je ne pus soutenir la vue d'un homme qui était en droit de m'accabler de reproches : je m'évanouis dès qu'il se présenta devant moi.

« Ils me secoururent promptement, Inès et lui; et quand ils m'eurent fait revenir de mon évanouissement, don Alvar me dit :

« — Madame, remettez-vous, de grâce; que ma présence ne soit pas un supplice pour vous; je n'ai pas dessein de vous faire la moindre peine. Je ne viens point en époux furieux vous demander compte de la foi jurée, et vous faire un crime du second engagement que vous avez contracté. Je n'ignore pas que c'est l'ouvrage de votre famille, je suis instruit de toutes les persécutions que vous avez souffertes à ce sujet. D'ailleurs on a répandu dans Valladolid le bruit de ma mort, et vous l'avez cru avec d'autant plus de fondement, qu'aucune lettre de ma part ne vous assurait du contraire. Enfin, je sais de quelle manière vous avez vécu depuis notre cruelle séparation, et que la nécessité, plutôt que l'amour, vous a jetée dans les bras du marquis.

« — Ah! seigneur, interrompis-je en pleurant, pourquoi voulez-vous excuser votre épouse? elle est coupable puisque vous vivez. Que ne suis-je encore dans la misérable situation où j'étais avant que d'épouser don Ambrosio! Funeste hyménée! hélas! j'aurais du moins, dans ma misère, la consolation de vous revoir sans rougir.

« — Ma chère Mencia, reprit don Alvar d'un air qui marquait jusqu'à quel point il était pénétré de mes larmes, je ne me plains pas de vous; et, bien loin de vous reprocher l'état brillant où je vous retrouve, je jure que j'en rends grâces au ciel. Depuis le jour de mon départ de Valladolid, j'ai toujours eu la fortune contraire : ma vie n'a été qu'un enchaînement d'infortunes; et, pour comble de malheurs, je n'ai pu vous donner de mes nouvelles. Trop sûr de votre amour, je me représentais sans cesse la situation où ma fatale tendresse vous avait réduite; je me peignais doña Mencia dans les pleurs : vous faisiez le plus grand de mes maux. Quelquefois, je l'avouerai, je me suis reproché comme un crime le bonheur de vous avoir plu. J'ai souhaité que vous eussiez eu du penchant pour quelqu'un de mes rivaux, puisque la préférence que vous m'aviez donnée sur eux vous coûtait si cher. Cependant, après sept années de souffrances, plus épris de vous que jamais, j'ai voulu vous revoir. Je n'ai pu résister à cette envie, et la fin d'un long esclavage m'ayant permis de la satisfaire, j'ai été sous ce déguisement à Valladolid, au hasard d'être découvert. Là, j'ai tout appris. Je suis venu ensuite à ce château, et j'ai trouvé moyen de m'introduire chez le jardinier, qui m'a retenu pour travailler dans les jardins. Voilà de quelle manière je me suis conduit pour parvenir à vous parler secrètement. Mais ne vous imaginez pas que j'aie le dessein de troubler, par mon séjour ici, la félicité dont vous jouissez. Je vous aime plus que moi-même; je respecte votre repos, et je vais, après cet entretien, achever loin de vous de tristes jours que je vous sacrifie.

« — Non, don Alvar, non, m'écriai-je à ces paroles, le ciel ne vous a point amené ici pour rien, et je ne souffrirai pas que vous me quittiez une seconde fois; je veux partir avec vous; il n'y a que la mort qui puisse désormais nous séparer.

« — Croyez-moi, reprit-il, vivez avec don Ambrosio; ne vous associez point à mes malheurs; laissez-m'en soutenir tout le poids.

« Il me dit encore d'autres choses semblables; mais plus il paraissait vouloir s'immoler à mon bonheur, moins je me sentais disposée à y consentir. Lorsqu'il me vit ferme dans la résolution de le suivre, il changea tout à coup de ton; et prenant un air plus content :

« — Madame, me dit-il, est-il possible que vous soyez dans les sentiments où vous paraissez être? Ah! puisque vous m'aimez encore assez pour préférer ma misère à la prospérité où vous vous trouvez, allons donc demeurer à Bétancos, dans le fond du royaume de Galice. J'ai là une retraite assurée. Si mes disgrâces m'ont ôté tous mes biens, elles ne m'ont point fait perdre tous mes amis; il m'en reste encore de fidèles, qui m'ont mis en état de vous enlever. J'ai fait faire un carrosse à Zamora par leur secours; j'ai acheté des mules et des chevaux, et je suis accompagné de trois Galiciens des plus résolus. Ils sont armés de carabines et de pistolets, et ils attendent mes ordres dans le village de Rodillas.

« — Profitons, ajouta-t-il, de l'absence de don Ambrosio. Je vais faire venir le carrosse jusqu'à la porte de ce château, et nous partirons dans le moment. »

« J'y consentis.

« Don Alvar vola vers Rodillas, et revint en peu de temps, avec ses trois cavaliers, m'enlever au milieu de mes femmes, qui, ne sachant que penser de cet enlèvement, se sauvèrent fort effrayées. Inès seule était au fait; mais elle refusa de lier son sort au mien, parce qu'elle aimait un valet de chambre de don Ambrosio : ce qui prouve bien que l'attachement de nos plus zélés domestiques n'est point à l'épreuve de l'amour.

« Je montai donc en carrosse avec don Alvar, n'emportant que mes habits et quelques pierreries que j'avais avant mon second mariage; car je ne voulus rien prendre de ce que le marquis m'avait donné en m'épousant.

« Nous prîmes la route du royaume de Galice, sans savoir si nous serions assez heureux pour y arriver. Nous avions sujet de craindre que don Ambrosio, à son retour, ne se mît sur nos traces avec un grand nombre de personnes, et ne nous joignît. Cependant nous marchâmes pendant deux jours sans voir paraître à nos trousses aucun cavalier. Nous espérions que la troisième journée se passerait de même, et déjà nous nous entretenions fort tranquillement. Don Alvar me contait la triste aventure qui avait donné lieu au bruit de sa mort, et comment, après cinq années d'esclavage, il avait recouvré la liberté, quand nous rencontrâmes hier sur le chemin de Léon les voleurs avec qui vous étiez. C'est lui qu'ils ont tué avec tous ses gens, et c'est lui qui fait couler les pleurs que vous me voyez répandre en ce moment. »

——o——

XIII. — De quelle manière désagréable Gil Blas et la dame furent interrompus.

DONA Mencia fondit en larmes après avoir achevé ce récit. Bien loin d'entreprendre de la consoler par des discours dans le goût de Sénèque, je la laissai donner un libre cours à ses soupirs; je pleurai même aussi, tant il est naturel de s'intéresser pour les malheureux, et particulièrement pour une belle personne affligée! J'allais lui demander quel parti elle voulait prendre dans la conjoncture où elle se trouvait, et peut-être allait-elle me consulter là-dessus, si notre conversation n'eût pas été interrompue : mais nous entendîmes dans l'hôtellerie un grand bruit, qui, malgré nous, attira notre attention. Ce bruit était causé par l'arrivée du corrégidor, suivi de deux alguazils (1) et de plusieurs archers. Ils vinrent dans la chambre où nous étions. Un jeune cavalier, qui les accompagnait, s'approcha de moi le premier, et se mit à regarder de près mon habit. Il n'eut pas besoin de l'examiner longtemps.

« Par saint Jacques, s'écria-t-il, voilà mon pourpoint! c'est lui-même; il n'est pas plus difficile à reconnaître que mon cheval. Vous pouvez arrêter ce galant sur ma parole; je ne crains pas de m'exposer à lui faire réparation d'honneur : je suis sûr que c'est un de ces voleurs qui ont une retraite inconnue en ce pays-ci. »

A ce discours, qui m'apprenait que ce cavalier était le gentilhomme volé dont j'avais par malheur toute la dépouille, je demeurai surpris, confus, déconcerté. Le corrégidor, que sa charge obligeait plutôt à tirer une mauvaise conséquence de mon embarras qu'à l'expliquer favorablement, jugea que l'accusation n'était pas mal fondée; et présumant que la dame pouvait être complice, il nous fit emprisonner tous deux séparément.

Ce juge n'était pas de ceux qui ont le regard terrible; il avait l'air doux et riant. Dieu sait s'il en valait mieux pour cela!

Sitôt que je fus en prison, il y vint avec ses deux furets, c'est-à-dire ses alguazils; ils entrèrent d'un air joyeux; il semblait qu'ils eussent un pressentiment qu'ils allaient faire une bonne affaire. Ils n'oublièrent pas leur bonne coutume : ils commencèrent par me fouiller.

Quelle aubaine pour ces messieurs!

Ils n'avaient jamais peut-être fait un si bon coup. A chaque poignée de pistoles qu'ils tiraient, je voyais leurs yeux étinceler de joie. Le corrégidor surtout paraissait hors de lui-même.

« Mon enfant, me disait-il d'un ton de voix plein de douceur, nous faisons notre charge : mais ne crains rien; si tu n'es pas coupable, on ne te fera point de mal. »

Cependant ils vidèrent tout doucement mes poches, et me prirent même ce que les voleurs avaient respecté, je veux dire les quarante ducats de mon oncle. Ils n'en demeurèrent pas là : leurs mains avides et infatigables me parcoururent depuis la tête jusqu'aux pieds; ils me tournèrent de tous côtés, et me dépouillèrent pour voir si je n'avais point d'argent entre la peau et la chemise. Je crois qu'ils m'auraient volontiers ouvert le ventre pour voir s'il n'y en avait point dedans. Après qu'ils eurent si bien fait leur charge, le corrégidor m'interrogea. Je lui contai ingénument tout ce qui m'était arrivé. Il fit écrire ma déposition; puis il sortit avec ses gens et mes espèces, me laissant tout nu sur la paille.

« O vie humaine! m'écriai-je quand je me vis seul et dans cet état, que tu es remplie d'aventures bizarres et de contre-temps! Depuis que je suis sorti d'Oviédo, je n'éprouve que des disgrâces : à peine suis-je hors d'un péril, que je retombe dans un autre. En arrivant dans cette ville, j'étais bien éloigné de penser que j'y ferais sitôt connaissance avec le corrégidor. »

En faisant ces réflexions inutiles, je remis le maudit pourpoint et le reste de l'habillement qui m'avait porté malheur; puis, m'exhortant moi-même à prendre courage :

« Allons, dis-je, Gil Blas, aie de la fermeté; songe qu'après ce temps il en viendra peut-être un plus heureux. Te sied-il bien de désespérer dans une prison ordinaire, après avoir fait un si pénible essai de patience dans le souterrain? Mais, hélas! ajoutai-je tristement, je m'abuse. Comment pourrai-je sortir d'ici? On vient de m'en ôter les moyens, puisqu'un prisonnier sans argent est un oiseau à qui l'on a coupé les ailes. »

Au lieu de la perdrix et du lapereau que j'avais fait mettre à la broche, on m'apporta un petit pain bis avec une cruche d'eau, et on me laissa ronger mon frein dans mon cachot.

J'y demeurai quinze jours entiers sans voir personne que le concierge, qui avait soin de venir tous les matins renouveler ma provision. Dès que je le voyais, j'affectais de lui parler, je tâchais de lier conversation avec lui pour me désennuyer un peu : mais ce personnage ne répondait

rien à tout ce que je lui disais; il ne me fut pas possible d'en tirer une parole; il entrait même et sortait le plus souvent sans me regarder. Le seizième jour, le corrégidor parut et me dit :

« Enfin, mon ami, tes peines sont finies; tu peux t'abandonner à la joie; je viens t'annoncer une agréable nouvelle. J'ai fait conduire à Burgos la dame qui était avec toi; je l'ai interrogée avant son départ, et ses réponses sont à ta décharge. Tu seras élargi dès aujourd'hui, pourvu que le muletier qui tu es venu de Peñaflor à Cacabelos, comme tu me l'as dit, confirme ta déposition. Il est dans Astorga. Je l'ai envoyé chercher; je l'attends : s'il convient de l'aventure de la question, je te mettrai sur-le-champ en liberté. »

Ces paroles me réjouirent. Dès ce moment je me crus hors d'affaire. Je remerciai le juge de la bonne et brève justice qu'il voulait me rendre; et je n'avais pas encore achevé mon compliment que le muletier, conduit par deux archers, arriva. Je le reconnus aussitôt : mais le bourreau de muletier, qui sans doute avait vendu ma valise avec tout ce qui était dedans, craignant d'être obligé de restituer l'argent qu'il en avait touché s'il avouait qu'il me reconnaissait, dit effrontément qu'il ne savait qui j'étais, et qu'il ne m'avait jamais vu.

« Ah! traître, m'écriai-je, confesse plutôt que tu as vendu mes hardes, et rends témoignage à la vérité. Regarde-moi bien : je suis un de ces jeunes gens à qui tu fis si grand'peur dans le bourg de Cacabelos. »

Le muletier répondit d'un air froid que je lui parlais d'une chose dont il n'avait aucune connaissance; et, comme il soutint jusqu'au bout que je lui étais inconnu, mon élargissement fut remis à une autre fois.

« Mon enfant, me dit le corrégidor, tu vois bien que le muletier ne convient pas de ce que tu as déposé; ainsi je ne puis te rendre la liberté, quelque envie que j'en aie. »

Il fallut m'armer d'une nouvelle patience, me résoudre à jeûner encore au pain et à l'eau, et à voir le silencieux concierge. Quand je songeais que je ne pouvais me tirer des griffes de la justice, bien que je n'eusse pas commis le moindre crime, cette pensée me mettait au désespoir, je regrettais le souterrain.

« Dans le fond, disais-je, j'y avais moins de désagréments que dans ce cachot : je faisais bonne chère avec les voleurs, je m'entretenais avec eux agréablement, et je vivais dans la douce espérance de m'échapper; au lieu que, malgré mon innocence, je serai peut-être trop heureux de sortir d'ici pour aller aux galères. »

XIV. — Par quel hasard Gil Blas sortit enfin de prison et où il alla.

TANDIS que je passais les jours à m'égayer dans mes réflexions, mes aventures, telles que je les avais dictées dans ma déposition, se répandirent dans la ville. Plusieurs personnes me voulurent voir par curiosité. Ils venaient l'un après l'autre se présenter à une petite fenêtre par où le jour entrait dans ma prison, et lorsqu'ils m'avaient considéré quelque temps, ils s'en allaient. Je fus surpris de cette nouveauté.

Depuis que j'étais prisonnier, je n'avais pas vu un seul homme se montrer à cette fenêtre, qui donnait sur une cour où régnaient le silence et l'horreur. Je compris par là que je faisais du bruit dans la ville; mais je ne savais si j'en devais concevoir un bon ou un mauvais présage.

Un de ceux qui s'offrirent des premiers à ma vue fut le petit chantre de Mondoñedo, qui avait aussi bien que moi craint la question et pris la fuite. Je le reconnus et il ne feignit point de me méconnaître. Nous nous saluâmes de part et d'autre; puis nous nous engageâmes dans un long entretien. Je fus obligé de faire un nouveau détail de mes aventures, ce qui produisit deux effets dans l'esprit de mes auditeurs : je les fis rire, et je m'attirai leur pitié. De son côté, le chantre me conta ce qui s'était passé dans l'hôtellerie de Cacabelos, entre le muletier et la jeune femme, après qu'une terreur panique nous en eut écartés; en un mot il m'apprit tout ce que j'en ai dit ci-devant. Ensuite, prenant congé de moi, il me promit que, sans perdre de temps, il allait travailler à ma délivrance. Alors toutes les personnes qui étaient venues là comme lui par curiosité me témoignèrent que mon malheur excitait leur compassion; ils m'assurèrent même qu'ils se joindraient au petit chantre, et feraient tout leur possible pour me procurer la liberté.

Ils tinrent effectivement leur promesse. Ils parlèrent en ma faveur au corrégidor, qui, ne doutant plus de mon innocence, surtout lorsque le chantre lui eut conté ce qu'il savait, vint trois semaines après dans ma prison.

« Gil Blas, me dit-il, je pourrais encore te retenir ici, si j'étais un juge plus sévère; mais je ne veux pas traîner les choses en longueur : va, tu es libre, tu peux sortir quand il te plaira. Mais, dis-moi, poursuivit-il, si l'on te menait dans la forêt où est le souterrain, ne pourrais-tu pas le découvrir?

— Non, seigneur, lui répondis-je : comme je n'y suis

entré que la nuit, et que j'en suis sorti avant le jour, il me serait impossible de reconnaître l'endroit où il est. »

Là-dessus le juge se retira, en disant qu'il allait ordonner au concierge de m'ouvrir les portes. En effet, un moment après le geôlier vint dans mon cachot avec un de ses guichetiers qui portait un paquet de toile. Ils m'ôtèrent tous deux, d'un air grave et sans me dire un seul mot, mon pourpoint et mon haut-de-chausses, qui étaient d'un drap fin et presque neuf; puis, m'ayant revêtu d'une vieille souquenille, ils me mirent dehors par les épaules.

La confusion que j'avais de me voir si mal équipé modérait la joie qu'ont ordinairement les prisonniers de recouvrer leur liberté. J'étais tenté de sortir de la ville à l'heure même, pour me soustraire aux yeux du peuple, dont je ne soutenais les regards qu'avec peine. Ma reconnaissance pourtant l'emporta sur ma honte : j'allai remercier le petit chantre, à qui j'avais tant d'obligation. Il ne put s'empêcher de rire lorsqu'il m'aperçut.

« Comme vous voilà! me dit-il : je ne vous ai pas reconnu d'abord sous cet habillement; la justice, à ce que je vois, vous en a donné de toutes les façons.

— Je ne me plains pas de la justice, lui répondis-je; elle est très équitable; je voudrais seulement que tous ses officiers fussent d'honnêtes gens : ils devaient du moins me laisser mon habit; il me semble que je ne l'avais pas mal payé.

— J'en conviens, reprit-il, mais on vous observera que ce sont des formalités qui s'observent. Eh! vous imaginez-vous, par exemple, que votre cheval ait été rendu à son premier maître? Non pas, s'il vous plaît; il est actuellement dans les écuries du greffier, où il a été déposé comme une preuve du vol : je ne crois pas que le pauvre gentilhomme en retire seulement la croupière. Mais changeons de discours, continua-t-il. Quel est votre dessein? Que prétendez-vous faire présentement?

— J'ai envie, lui dis-je, de prendre le chemin de Burgos : j'irai trouver la dame dont je suis le libérateur; elle me donnera quelques pistoles; j'achèterai une soutanelle neuve, et me rendrai à Salamanque, où je tâcherai de mettre mon latin à profit. Tout ce qui m'embarrasse, c'est que je ne suis point encore à Burgos : il faut vivre sur la route; vous n'ignorez pas qu'on fait fort mauvaise chère quand on voyage sans argent.

— Je vous entends, répliqua-t-il, et je vous offre ma bourse : elle est un peu plate à la vérité; mais vous savez qu'un chantre n'est pas un évêque. »

En même temps il la tira, et me la mit entre les mains de si bonne grâce, que je ne pus me défendre de la retenir telle qu'elle était. Je le remerciai comme s'il m'eût donné tout l'or du monde, et je lui fis mille protestations de service qui n'ont jamais eu d'effet. Après cela, je le quittai et sortis de la ville sans aller voir les autres personnes qui avaient contribué à mon élargissement; je me contentai de leur donner en moi-même mille bénédictions.

Le petit chantre avait eu raison de ne pas vanter sa bourse; j'y trouvai très peu d'espèces, et quelles espèces encore! de la menue monnaie : par bonheur, j'étais accoutumé depuis deux mois à une vie très frugale, et il me restait encore quelques réaux lorsque j'arrivai au bourg de Ponte de Mula, qui n'est pas éloigné de Burgos. Je m'y arrêtai pour demander des nouvelles de doña Mencia. J'entrai dans une hôtellerie dont l'hôtesse était une petite femme sèche, vive et hagarde. Je m'aperçus d'abord, à la mauvaise mine qu'elle me fit, que ma souquenille n'était guère de son goût; ce que je lui pardonnai volontiers. Je m'assis à une table. Je mangeai du pain et du fromage, et bus quelques coups d'un vin détestable qu'on m'apporta.

Pendant ce repas, qui s'accordait assez avec mon habillement, je voulus entrer en conversation avec l'hôtesse, qui me fit assez connaître, par une grimace dédaigneuse, qu'elle méprisait mon entretien. Je la priai de me dire si elle connaissait le marquis de la Guardia, si son château était éloigné du bourg, et surtout si elle savait ce que la marquise sa femme pouvait être devenue.

« Vous demandez bien des choses », me répondit-elle d'un air plein de fierté. Elle m'apprit pourtant, quoique de fort mauvaise grâce, que le château de don Ambrosio n'était qu'à une petite lieue de Ponte de Mula.

Après que j'eus achevé de boire et de manger, comme il était nuit, je témoignai que je souhaitais de me reposer, et je demandai une chambre.

« A vous une chambre! me dit l'hôtesse en me lançant un regard où le mépris était peint; je n'ai point de chambre pour les gens qui font leur souper d'un morceau de fromage. Tous mes lits sont retenus. J'attends des cavaliers d'importance qui doivent venir loger ici ce soir. Tout ce que je puis faire pour votre service, c'est de vous mettre dans ma grange : ce ne sera pas, je pense, la première fois que vous aurez couché sur la paille. »

Elle ne croyait pas si bien dire qu'elle disait. Je ne répliquai point à son discours, et je me déterminai sagement à gagner le pailler, sur lequel je m'endormis bientôt, comme un homme qui depuis longtemps était fait à la fatigue.

——o——

XV. — De la réception que dona Mencia fit à Gil Blas.

JE ne fus pas paresseux à me lever le lendemain matin. J'allai compter avec l'hôtesse, qui était déjà sur pied, et qui me parut un peu moins fière et de meilleure humeur que le soir précédent; ce que j'attribuai à la présence de trois honnêtes archers de la sainte Hermandad, qui s'entretenaient avec elle d'une façon très familière. Ils avaient couché dans l'hôtellerie; et c'était sans doute pour ces cavaliers d'importance que tous les lits avaient été retenus.

Je demandai dans le bourg le chemin du château où je voulais me rendre. Je m'adressais par hasard à un homme du caractère de mon hôte de Peñaflor. Il ne se contenta pas de répondre à la question que je lui faisais; il m'apprit que don Ambrosio était mort depuis trois semaines, et que la marquise sa femme était retirée dans un couvent de Burgos, qu'il me nomma. Je marchai aussitôt vers cette ville, au lieu de suivre la route du château, comme j'en avais eu dessein auparavant, et je volai d'abord au monastère où demeurait doña Mencia. Je priai la tourière de dire à cette dame qu'un jeune homme nouvellement sorti des prisons d'Astorga souhaitait de lui parler. La tourière alla sur-le-champ faire ce que je désirais. Elle revint un moment après, et me fit entrer dans un parloir où je ne fus pas longtemps sans voir paraître en grand deuil, à la grille, la veuve de don Ambrosio.

— Soyez le bienvenu, me dit cette dame d'un air gracieux. Il y a quatre jours que j'ai écrit à une personne d'Astorga. Je lui mandais de vous aller trouver de ma part, et de vous dire que je vous priais instamment de me venir chercher au sortir de votre prison. Je ne doutais pas qu'on vous élargît bientôt; les choses que j'avais dites au corrégidor à votre décharge suffisaient pour cela. Aussi m'a-t-on fait réponse que vous aviez recouvré la liberté, mais qu'on ne savait ce que vous étiez devenu. Je craignais de ne plus vous revoir, et d'être privée du plaisir de vous témoigner ma reconnaissance, ce qui m'aurait bien mortifiée. Consolez-vous, ajouta-t-elle en remarquant la honte que j'avais de me présenter à ses yeux sous un misérable habillement; que l'état où je vous vois ne vous fasse point de peine! Après le service important que vous m'avez rendu, je serais la plus ingrate de toutes les femmes si je ne faisais rien pour vous. Je prétends vous tirer de la mauvaise situation où vous êtes; je le dois, et je le puis. J'ai des biens assez considérables pour pouvoir m'acquitter envers vous sans m'incommoder.

« Vous savez, continua-t-elle, mes aventures jusqu'au jour où nous fûmes emprisonnés tous deux : je vais vous conter ce qui m'est arrivé depuis ce temps-là. Lorsque le corrégidor d'Astorga m'eut fait conduire à Burgos, après avoir entendu de ma bouche un fidèle récit de mon histoire, je me rendis au château d'Ambrosio. Mon retour y causa une extrême surprise; mais on me dit que je revenais trop tard; que le marquis, frappé de ma fuite comme d'un coup de foudre, était tombé malade, et que les médecins désespéraient de sa vie. Ce fut pour moi un nouveau sujet de me plaindre de la rigueur de ma destinée. Cependant je le fis avertir que je venais d'arriver. Puis j'entrai dans sa chambre, et courus me jeter à genoux au chevet de son lit, le visage couvert de larmes, et le cœur pressé de la plus vive douleur.

« — Qui vous ramène ici? me dit-il dès qu'il m'aperçut : venez-vous contempler votre ouvrage? Ne vous suffit-il pas de m'ôter la vie? Faut-il, pour vous contenter, que vos yeux soient témoins de ma mort?

« — Seigneur, lui répondis-je, Inès a dû vous dire que je fuyais avec mon premier époux; et sans le triste accident qui me l'a fait perdre, vous ne m'auriez jamais revue. »

« En même temps je lui appris que don Alvar avait été tué par des voleurs, qu'ensuite on m'avait menée dans un souterrain. Je racontai tout le reste; et lorsque j'eus achevé de parler, don Ambrosio me tendit la main.

« — C'est assez, me dit-il tendrement, je cesse de me plaindre de vous. D'ailleurs en dois-je en effet vous faire des reproches? Vous retrouvez un époux chéri; vous m'abandonnez pour le suivre; puis-je blâmer cette conduite? Non, madame, j'aurais tort d'en murmurer. Aussi n'ai-je pas voulu qu'on vous poursuivît, quoique ma mort soit attachée au malheur de vous perdre. Je respectais dans votre ravisseur ses droits sacrés et le penchant même que vous aviez pour lui. Enfin je vous fais justice, et par votre retour ici vous regagnez toute ma tendresse. Oui, chère Mencia, votre présence me comble de joie; mais, hélas! je n'en jouirai pas longtemps. Je sens approcher ma dernière heure. A peine m'êtes-vous rendue, qu'il faut vous dire un éternel adieu. »

« A ces paroles touchantes, mes pleurs redoublèrent. Je ressentis et fis éclater une affection immodérée. Don Alvar, que j'adorais, m'a fait verser moins de larmes. Don Ambrosio n'avait pas un faux pressentiment de sa mort; il mourut le lendemain, et je demeurai maîtresse du bien considérable dont il m'avait avantagée en m'épousant. Je n'en prétends pas faire un mauvais usage. On ne me verra point, quoique je sois jeune encore, passer dans les bras d'un troisième époux. Outre que cela ne convient, ce me semble, qu'à des femmes sans pudeur et sans délicatesse, je vous dirai que je n'ai pas de goût pour le monde; je veux finir mes jours dans ce couvent, et en devenir une bienfaitrice. »

Tel fut le discours que me tint doña Mencia. Puis elle tira de dessous sa robe une bourse qu'elle me mit entre les mains, en me disant :

— Voilà cent ducats que je vous donne seulement pour vous faire habiller. Revenez me voir après cela; je n'ai pas dessein de borner ma reconnaissance à si peu de chose.

Je rendis mille grâces à la dame, et lui jurai que je ne sortirais point de Burgos sans prendre congé d'elle. Ensuite de ce serment que je n'avais pas envie de violer, j'allai chercher une hôtellerie. J'entrai dans la première que je rencontrai. Je demandai une chambre; et, pour prévenir la mauvaise opinion que ma souquenille pouvait encore donner de moi, je dis à l'hôte que, tel qu'il me voyait, j'étais en état de bien payer mon gîte. A ces mots, l'hôte appelé Majuelo, grand railleur de son naturel, me parcourant des yeux depuis le haut jusqu'en bas, me répondit d'un air froid et malin qu'il n'avait pas besoin de cette assurance pour être persuadé que je ferais beaucoup de dépense chez lui; qu'au travers de mon habillement il démêlait en moi quelque chose de noble, et qu'enfin il ne doutait pas que je ne fusse un gentilhomme fort aisé. Je vis bien que le traître me raillait; et, pour mettre fin tout à coup à ses plaisanteries, je lui montrai ma bourse. Je comptai même devant lui mes ducats sur une table, et je m'aperçus que mes espèces le disposaient à juger de moi plus favorablement. Je le priai de me faire venir un tailleur.

— Il vaut mieux, me dit-il, envoyer chercher un fripier : il vous apportera toutes sortes d'habits, et vous serez habillé sur-le-champ.

J'approuvai ce conseil et résolus de le suivre, mais comme le jour était prêt à se fermer, je remis l'emplette au lendemain, et je ne songeai qu'à bien souper, pour me dédommager des mauvais repas que j'avais faits depuis ma sortie du souterrain.

XVI. — De quelle façon s'habilla Gil Blas, du nouveau présent qu'il reçut de la dame, et dans quel équipage il partit de Burgos.

ON me servit une copieuse fricassée de pieds de mouton, que je mangeai presque tout entière. Je bus à proportion; puis je me couchai. J'avais un assez bon lit, et j'espérais qu'un profond sommeil ne tarderait guère à s'emparer de mes sens. Je ne pus toutefois fermer l'œil; je ne fis que rêver à l'habit que je devais prendre.

— Que faut-il que je fasse? disais-je; suivrai-je mon premier dessein? Achèterai-je une soutanelle pour aller à Salamanque chercher une place de précepteur? Pourquoi m'habiller en licencié? Ai-je envie de me consacrer à l'état ecclésiastique? Y suis-je entraîné par mon penchant? Non, je me sens même des inclinations très opposées à ce parti-là. Je veux porter l'épée, et tâcher de faire fortune dans le monde. Ce fut à quoi je m'arrêtai.

Je me résolus à prendre un habit de cavalier, persuadé que, sous cette forme, je ne pouvais manquer de parvenir à quelque poste honnête et lucratif. Dans cette flatteuse opinion, j'attendis le jour avec la dernière impatience, et ses premiers rayons ne frappèrent pas plutôt mes yeux que je me levai. Je fis tant de bruit dans l'hôtellerie que je réveillai tous ceux qui dormaient. J'appelai les valets qui étaient encore au lit, et qui ne répondirent à ma voix qu'en me chargeant de malédictions. Ils furent pourtant obligés de se lever, et je ne leur donnai point de repos qu'ils ne m'eussent fait venir un fripier. J'en vis bientôt paraître un qu'on m'amena. Il était suivi de deux garçons qui portaient chacun un gros paquet de toile verte. Il me salua fort civilement, et me dit :

— Seigneur cavalier, vous êtes bien heureux qu'on se soit adressé à moi plutôt qu'à un autre. Je ne veux point ici décrier mes confrères; à Dieu ne plaise que je fasse le moindre tort à leur réputation! mais, entre nous, il n'y en a pas un qui ait de la conscience; ils sont tous plus durs que des juifs. Je suis le seul fripier qui ait de la morale. Je me borne à un profit raisonnable; je me contente de la livre pour sou, je veux dire, du sou pour livre. Grâces au ciel, j'exerce rondement ma profession.

Le fripier, après ce préambule, que je pris sottement au pied de la lettre, dit à ses garçons de défaire leurs paquets. On me montra des habits en toutes sortes de couleurs. On m'en fit voir plusieurs de drap tout uni. Je les rejetai avec mépris, parce que les trouvai trop modestes; mais ils m'en

firent essayer un qui semblait avoir été fait pour ma taille, et qui m'éblouit, quoiqu'il fût un peu passé. C'était un pourpoint à manches tailladées, avec un haut-de-chausses et un manteau, le tout de velours bleu et brodé d'or. Je m'attachai à celui-là, et je le marchandai. Le fripier, qui s'aperçut qu'il me plaisait, me dit que j'avais le goût délicat.

— Vive Dieu! s'écria-t-il, on voit bien que vous vous y connaissez. Apprenez que cet habit a été fait pour un des plus grands seigneurs du royaume, et qu'il n'a pas été porté trois fois. Examinez-en le velours; il n'y en a point de plus beau; et pour la broderie, avouez que rien n'est mieux travaillé.

— Combien, lui dis-je, voulez-vous le vendre?

— Soixante ducats, répondit-il; je les ai refusés, ou je ne suis pas honnête homme.

L'alternative était convaincante. J'en offris quarante-cinq; et il en valait peut-être la moitié.

— Seigneur gentilhomme, reprit froidement le fripier, je ne surfais point; je n'ai qu'un mot. Tenez, continua-t-il en me présentant les habits que j'avais rebutés, prenez ceux-ci; je vous en ferai meilleur marché.

Il ne faisait qu'irriter par là l'envie que j'avais d'acheter celui que je marchandais; et comme je m'imaginai qu'il ne voulait rien rabattre, je lui comptai soixante ducats. Quand il vit que je les donnais si facilement, je crois que, malgré sa morale, il fut bien fâché de n'en avoir pas demandé davantage. Assez satisfait pourtant d'avoir gagné la livre pour sou, il sortit avec ses garçons, que je n'avais pas oubliés.

J'avais donc un manteau, un pourpoint et un haut-de-chausses fort propres. Il fallut songer au reste de l'habillement; ce qui m'occupa toute la matinée. J'achetai du linge, un chapeau, des bas de soie, des souliers et une épée; après quoi je m'habillai. Quel plaisir j'avais de me voir si bien équipé! Mes yeux ne pouvaient, pour ainsi dire, se rassasier de mon ajustement. Jamais paon n'a regardé son plumage avec plus de complaisance. Dès ce jour-là, je fis une seconde visite à doña Mencia, qui me reçut encore d'un air très gracieux. Elle me remercia de nouveau du service que je lui avais rendu. Là-dessus, grands compliments de part et d'autre. Puis, me souhaitant toutes sortes de prospérités, elle me dit adieu, et se retira sans me donner rien autre chose qu'une bague de trente pistoles, qu'elle me pria de garder pour me souvenir d'elle.

Je demeurai bien sot avec ma bague; j'avais compté sur un présent plus considérable. Ainsi, peu content de la générosité de la dame, je regagnai mon hôtellerie en rêvant; mais, comme j'y entrais, il y arriva un homme qui marchait sur mes pas et qui tout à coup se débarrassant de son manteau qu'il avait sur le nez, laissa voir un gros sac qu'il portait sous l'aisselle. A l'apparition du sac, qui avait tout l'air d'être tout plein d'espèces, j'ouvris de grands yeux, aussi bien que quelques personnes qui étaient présentes; et je crus entendre la voix d'un séraphin, lorsque cet homme me dit, en posant le sac sur une table :

« Seigneur Gil Blas, voilà ce que Mme la marquise vous envoie. »

Je fis de profondes révérences au porteur, je l'accablai de civilités; et, dès qu'il fut hors de l'hôtellerie, je me jetai sur le sac, comme un faucon sur sa proie, et l'emportai dans ma chambre. Je le déliai sans perdre de temps, et j'y trouvai mille ducats. J'achevais de les compter, quand l'hôte, qui avait entendu les paroles du porteur, entra pour savoir ce qu'il y avait dans le sac. La vue de mes espèces, étalées sur une table, le frappa vivement.

« Comment diable! s'écria-t-il, voilà bien de l'argent! Il faut, poursuivit-il en souriant d'un air malicieux, que vous sachiez tirer bon parti des femmes. Il n'y a pas vingt-quatre heures que vous êtes à Burgos, et vous avez déjà des marquises sous contribution! »

Ce discours ne me déplut point; je fus tenté de laisser Majuelo dans son erreur; je sentais qu'elle me faisait plaisir. Je ne m'étonne pas si les jeunes gens aiment à passer pour hommes à bonnes fortunes. Cependant l'innocence de mes mœurs l'emporta sur ma vanité. Je désabusai mon hôte. Je lui contai l'histoire de doña Mencia, qu'il écouta fort attentivement. Je lui dis ensuite l'état de mes affaires; et, comme il paraissait entrer dans mes intérêts, je le priai de m'aider de ses conseils. Il rêva quelques moments; puis il me dit d'un air sérieux :

« Seigneur Gil Blas, j'ai de l'inclination pour vous; et puisque vous avez assez de confiance en moi pour me parler à cœur ouvert, je vais vous dire sans flatterie à quoi je vous crois propre. Vous me semblez né pour la cour; je vous conseille d'y aller, et de vous attacher à quelque grand seigneur; mais tâchez de vous mêler de ses affaires, ou d'entrer dans ses plaisirs; autrement, vous perdrez votre temps chez lui. Je connais les grands : ils comptent pour rien le zèle et l'attachement d'un honnête homme; ils ne se soucient que des personnes qui leur sont nécessaires. Vous avez encore une ressource, continua-t-il; vous êtes jeune, bien fait, et quand vous n'auriez pas d'esprit, c'est plus qu'il n'en faut pour entêter une riche veuve ou quelque jolie femme mal mariée. Si l'amour ruine des hommes qui ont du bien il en fait souvent subsister d'autres qui n'en ont pas. Je suis donc d'avis que vous alliez à Madrid; mais il ne faut pas que vous y paraissiez sans suite. On juge, là comme ailleurs, sur les apparences, et vous n'y serez considéré qu'à proportion de la figure qu'on vous verra faire. Je veux vous donner un valet, un domestique fidèle, un garçon sage, en un mot, un homme de ma main. Achetez deux mules, l'une pour vous, l'autre pour lui; et partez le plus tôt qu'il vous sera possible. »

Ce conseil était trop de mon goût pour ne pas le suivre. Dès le lendemain j'achetai deux belles mules, et j'arrêtai le valet dont on m'avait parlé. C'était un garçon de trente ans, qui avait l'air simple et dévot. Il me dit qu'il était du royaume de Galice, et qu'il se nommait Ambroise de Lamela. Ce qui me parut singulier, c'est qu'au lieu de ressembler aux autres domestiques, qui sont ordinairement fort intéressés, celui-ci ne se souciait point de gagner de bons gages; il me témoigna même qu'il était homme à se contenter de ce que je voudrais bien avoir la bonté de lui donner. J'achetai aussi des bottines, avec une valise pour serrer mon linge et mes ducats. Ensuite je satisfis mon hôte : et, le jour suivant, je partis de Burgos avant l'aurore pour aller à Madrid.

XVII. — Qui fait voir qu'on ne doit pas trop compter sur la prospérité.

Nous couchâmes à Duegnas la première journée; et nous arrivâmes la seconde à Valladolid, sur les quatre heures après midi. Nous descendîmes à une hôtellerie qui me semblait devoir être une des meilleures de la ville. Je laissai le soin des mules à mon valet, et montai dans une chambre où je fis porter ma valise par un garçon du logis. Comme je me sentais un peu fatigué, je me jetai sur mon lit sans ôter mes bottines, et je m'endormis insensiblement. Il était presque nuit lorsque je me réveillai. J'appelai Ambroise. Il ne se trouva point dans l'hôtellerie; mais il y arriva bientôt. Je lui demandai d'où il venait : il me répondit d'un air pieux qu'il sortait d'une église, où il était allé remercier le ciel de nous avoir préservé de tout mauvais accident depuis Burgos jusqu'à Valladolid. J'approuvai son action; ensuite je lui ordonnai de faire mettre à la broche un poulet pour mon souper.

Dans le temps que je lui donnais cet ordre, mon hôte entra dans ma chambre un flambeau à la main. Il éclairait une dame qui me parut plus belle que jeune, et très richement vêtue. Elle s'appuyait sur un vieil écuyer, et un petit Maure lui portait la queue. Je ne fus pas peu surpris quand cette dame, après m'avoir fait une profonde révérence, me demanda si par hasard je n'étais point le seigneur Gil Blas de Santillane. Je n'eus pas sitôt répondu que oui, qu'elle quitta la main de son écuyer pour venir m'embrasser avec un transport de joie qui redoubla mon étonnement.

« Le ciel, s'écria-t-elle, soit à jamais béni de cette aventure! C'est vous, seigneur cavalier, c'est vous que je cherche. »

A ce début, je me ressouvins du parasite de Peñaflor, et j'allais soupçonner la dame d'être une franche aventurière; mais ce qu'elle ajouta m'en fit juger plus avantageusement.

« Je suis, poursuivit-elle, cousine germaine de doña Mencia de Mosquera, qui vous a tant d'obligations. J'ai reçu ce matin une lettre de sa part. Elle me mande qu'ayant appris que vous alliez à Madrid, elle me prie de vous bien régaler, si vous passez par ici. Il y a deux heures que je parcours toute la ville. Je vais d'hôtellerie en hôtellerie m'informer des étrangers qui y sont; et j'ai jugé, sur le portrait que votre hôte m'a fait de vous, que vous pouviez être le libérateur de ma cousine.

« Ah! puisque je vous ai rencontré, continue-t-elle, je veux vous faire voir combien je suis sensible aux services qu'on rend à ma famille, et tout particulièrement à ma chère cousine. Vous viendrez, s'il vous plaît, dès ce moment loger chez moi; vous y serez plus commodément qu'ici. »

Je voulus me défendre, et représenter à la dame que je pourrais l'incommoder chez elle : mais il n'y eut pas moyen de résister à ses instances. Il y avait à la porte de l'hôtellerie un carrosse qui nous attendait. Elle prit soin elle-même de faire mettre ma valise dedans, parce qu'il y avait, disait-elle, bien des fripons à Valladolid; ce qui n'était que trop véritable. Enfin je montai en carrosse avec elle et son vieil écuyer, et je me laissai de cette manière enlever de l'hôtellerie au grand déplaisir de l'hôte, qui se voyait par là sevré de la dépense qu'il avait compté que je ferais chez lui avec la dame, l'écuyer et le petit Maure.

Notre carrosse, après avoir quelque temps roulé, s'arrêta. Nous en descendîmes pour entrer dans une assez grande maison et, nous montâmes dans un appartement qui n'était pas malpropre, et que vingt ou trente bougies éclairaient. Il y avait là plusieurs domestiques à qui la dame demanda d'abord si don Raphaël était arrivé; ils répondirent que non. Alors m'adressant la parole :

« Seigneur Gil Blas, me dit-elle, j'attends mon frère qui doit revenir ce soir d'un château que nous avons à deux lieues d'ici. Quelle agréable surprise pour lui de trouver dans sa maison un homme à qui toute notre famille est si redevable! »

Dans le moment qu'elle achevait de parler ainsi, nous entendîmes du bruit, et nous apprîmes en même temps qu'il était causé par l'arrivée de don Raphaël. Ce cavalier parut bientôt. Je vis un jeune homme de belle taille et de fort bon air.

« Je suis ravie de votre retour, mon frère, lui dit la dame; vous m'aiderez à bien recevoir le seigneur Gil Blas de Santillane. Nous ne saurions assez reconnaître ce qu'il a fait pour doña Mencia, notre parente. Tenez, ajouta-t-elle en lui présentant une lettre, lisez ce qu'elle m'écrit. »

Don Raphaël ouvrit le billet, et lut tout haut ces mots :

« Ma Chère Camille, le seigneur Gil Blas de Santillane, qui m'a sauvé l'honneur et la vie, vient de partir pour la cour. Il passera sans doute par Valladolid. Je vous conjure par le sang, et plus encore par l'amitié qui nous unit, de le régaler et de le retenir quelque temps chez vous. Je me flatte que vous me donnerez cette satisfaction, et que mon libérateur recevra de vous et de don Raphaël, mon cousin, toutes sortes de bons traitements. A Burgos. Votre affectionnée cousine, DONA MENCIA. »

« Comment! s'écria don Raphaël, après avoir lu la lettre, c'est à ce cavalier que ma parente doit l'honneur et la vie? Ah! je rends grâce au ciel de cette heureuse rencontre. »

En parlant de cette sorte, il s'approcha de moi; et me serrant étroitement entre ses bras :

« Quelle joie, poursuivit-il, j'ai de voir ici le seigneur Gil Blas de Santillane! Il n'était pas besoin que ma cousine la marquise nous recommandât de vous régaler; elle n'avait seulement qu'à nous mander que vous deviez passer par Valladolid : cela suffisait. Nous savons bien, ma sœur Camille et moi, comme il en faut user avec un homme qui a rendu le plus grand service du monde à la personne de notre famille que nous aimons le plus tendrement. »

Je répondis le mieux qu'il me fut possible à ces discours, qui furent suivis de beaucoup d'autres semblables, et entremêlés de mille caresses. Après quoi, s'apercevant que j'avais encore mes bottines, il me les fit ôter par ses valets.

Nous passâmes ensuite dans une chambre où l'on avait servi. Nous nous mîmes à table, le cavalier, la dame et moi. Ils me dirent cent choses obligeantes pendant le souper. Il ne m'échappait pas un seul mot qu'ils ne relevassent comme un trait admirable; et il fallait voir l'attention qu'ils avaient tous deux à me présenter de tous les mets. Don Raphaël buvait souvent à la santé de doña Mencia. Je suivais son exemple; et il me semblait quelquefois que Camille, qui trinquait avec nous, me lançait des regards qui signifiaient quelque chose. Je crus même remarquer qu'elle prenait son temps pour cela, comme si elle eût craint que son frère ne s'en aperçût. Il n'en fallut pas davantage pour me persuader que la dame en tenait, et je me flattai de profiter de cette découverte, pour peu que je demeurasse à Valladolid. Cette espérance fut cause que je me rendis sans peine à la prière qu'ils me firent de vouloir bien passer quelques jours chez eux. Ils me remercièrent de ma complaisance : et la joie qu'en témoigna Camille me confirma dans l'opinion que j'avais qu'elle me trouvait fort à son gré.

Don Raphaël, me voyant déterminé à faire quelque séjour chez lui, me proposa de me mener à son château. Il m'en fit une description magnifique, et me parla des plaisirs qu'il prétendait m'y donner. « Tantôt, disait-il, nous prendrons le divertissement de la chasse, tantôt celui de la pêche; et si vous aimez la promenade, nous avons des bois et des jardins délicieux. D'ailleurs nous aurons bonne compagnie : j'espère que vous ne vous ennuierez point. »

J'acceptai la proposition, et il fut résolu que nous irions à ce beau château dès le jour suivant. Nous nous levâmes de table en formant un si agréable dessein. Don Raphaël me parut transporté de joie. « Seigneur Gil Blas, dit-il en m'embrassant, je vous laisse avec ma sœur. Je vais de ce pas donner les ordres nécessaires, et faire avertir toutes les personnes que je veux mettre de la partie. »

A ces paroles, il sortit de la chambre où nous étions; et je continuai de m'entretenir avec la dame, qui ne démentit point par ses discours les douces œillades qu'elle m'avait jetées. Elle me prit par la main, et regardant ma bague :

« Vous avez là, dit-elle, un diamant assez joli; mais il est bien petit. Vous connaissez-vous en pierreries? »

Je répondis que non.

« J'en suis fâchée, reprit-elle; car vous me diriez ce que vaut celle-ci. »

En achevant ces mots, elle me montra un gros rubis qu'elle avait au doigt; et, pendant que je le considérais, elle me dit :

« Un de mes oncles, qui a été gouverneur dans les habitations que les Espagnols ont aux îles Philippines, m'a donné ce rubis. Les joailliers de Valladolid l'estiment trois cents pistoles.

« — Je le croirais bien, lui dis-je; je le trouve parfaitement beau.

« — Puisqu'il vous plaît, répliqua-t-elle, je veux faire un troc avec vous. »

Aussitôt elle prit ma bague, et me mit la sienne au petit doigt. Après ce troc, qui me parut une manière galante de faire un présent, Camille me serra la main et me regarda d'un air tendre; puis tout à coup, rompant l'entretien, elle me donna le bonsoir, et se retira toute confuse, comme si elle eût eu honte de me faire trop connaître ses sentiments.

Quoique galant des plus novices, je sentis tout ce que cette retraite précipitée avait d'obligeant pour moi; et je jugeai que je ne passerais point le temps mal à la campagne. Plein de cette idée flatteuse et de l'état brillant de mes affaires, je m'enfermai dans la chambre où je devais coucher, après avoir dit à mon valet de venir me réveiller de bonne heure le lendemain. Au lieu de songer à me reposer, je m'abandonnai aux réflexions agréables que ma valise, qui était sur une table, et mon rubis m'inspirèrent.

« Grâce au ciel, disais-je, si j'ai été malheureux, je ne le suis plus. Mille ducats d'un côté une bague de trois cents pistoles de l'autre : me voilà pour longtemps en fonds. Majuelo ne m'a point flatté, je le vois bien : j'enflammerai mille femmes à Madrid, puisque j'ai plu si facilement à Camille. »

Les bontés de cette généreuse dame se présentaient à mon esprit avec tous leurs charmes, et je goûtais aussi par avance les divertissements que don Raphaël me préparait dans son château. Cependant, parmi tant d'images de plaisir, le sommeil ne laissa pas de venir répandre sur moi ses pavots. Dès que je me sentis assoupi, je me déshabillai et me couchai.

Le lendemain matin, lorsque je me réveillai, je m'aperçus qu'il était déjà tard. Je fus assez surpris de ne pas voir paraître mon valet, après l'ordre qu'il avait reçu de moi.

« Ambroise, dis-je en moi-même, mon fidèle Ambroise est à l'église, ou bien il est aujourd'hui fort paresseux. »

Mais je perdis bientôt cette opinion de lui pour en prendre une plus mauvaise; car m'étant levé, et ne voyant plus ma valise, je le soupçonnai de l'avoir volée pendant la nuit. Pour éclaircir mes soupçons, j'ouvris la porte de ma chambre, et j'appelai l'hypocrite à plusieurs reprises. Il vint à ma voix un vieillard qui me dit:

« Que souhaitez-vous, seigneur? tous vos gens sont sortis de ma maison avant le jour.

— Comment, de votre maison? m'écriai-je: est-ce que je ne suis pas ici chez don Raphaël?

— Je ne sais ce que c'est que ce cavalier, me répondit-il, vous êtes dans un hôtel garni, et j'en suis l'hôte. Hier au soir, une heure avant votre arrivée, la dame qui a soupé avec vous vint ici, arrêta cet appartement pour un grand seigneur, disait-elle, qui voyage *incognito*. Elle m'a même payé d'avance. »

Je fus alors au fait. Je sus ce que je devais penser de Camille et de don Raphaël; et je compris que mon valet, ayant une entière connaissance de mes affaires, m'avait vendu à ces fourbes. Au lieu de n'imputer qu'à moi ce triste incident, et de songer qu'il ne me serait point arrivé si je n'eusse pas eu l'indiscrétion de m'ouvrir à Majuelo sans nécessité, je m'en pris à la fortune innocente, et maudis cent fois mon étoile. Le maître de l'hôtel garni, à qui je contai l'aventure, qu'il savait peut-être aussi bien que moi, se montra sensible à ma douleur. Il me plaignit, et me témoigna qu'il était très mortifié que cette scène se fût passée chez lui : mais je crois, malgré ses démonstrations, qu'il n'avait pas moins de part à cette fourberie que mon hôte de Burgos, à qui j'ai toujours attribué l'honneur de l'invention.

XVIII. — Quel parti prit Gil Blas après l'aventure de l'hôtel garni.

Lorsque j'eus, fort inutilement, bien déploré mon malheur, je fis réflexion qu'au lieu de céder à mon chagrin, je devais plutôt me roidir contre mon mauvais sort. Je rappelai mon courage, et, pour me consoler, je disais en m'habillant : « Je suis encore trop heureux que les fripons n'aient pas emporté mes habits et quelques ducats que j'ai dans mes poches. » Je leur tenais compte de cette discrétion. Ils avaient même été assez généreux pour me laisser mes bottines, que je donnai à l'hôte pour un tiers de ce qu'elles m'avaient coûté. Enfin je sortis de l'hôtel garni sans avoir, Dieu merci, besoin de personne pour porter mes hardes. La première chose que je fis fut d'aller voir si mes mules ne seraient pas dans l'hôtellerie où j'étais descendu le jour précédent. Je jugeais bien qu'Ambroise ne les y avait pas laissées; et plût au ciel que j'eusse toujours jugé aussi sainement de lui! J'appris que, dès le soir même, il avait eu soin de les en retirer. Ainsi, comptant de ne plus les revoir, non plus que ma chère valise, je marchais tristement dans les rues en rêvant à ce que je devais faire. Je fus tenté de retourner à Burgos pour avoir encore une fois

recours à doña Mencia; mais, considérant que ce serait abuser des bontés de cette dame, et que d'ailleurs je passerais pour une bête, j'abandonnai cette pensée. Je jurai bien aussi que dans la suite je serais en garde contre les femmes : je me serais alors défié de la chaste Suzanne. Je jetais de temps en temps les yeux sur ma bague; et, quand je venais à songer que c'était un présent de Camille, j'en soupirais de douleur. « Hélas! me disais-je en moi-même, je ne me connais point en rubis; mais je connais les gens qui les troquent. Je ne crois pas qu'il soit nécessaire que j'aille chez un joaillier pour être persuadé que je suis un sot. »

Je ne laissai pas toutefois de vouloir m'éclaircir de ce que valait ma bague, et je l'allai montrer à un lapidaire, qui l'estima trois ducats. A cette estimation, quoiqu'elle ne m'étonnât point, je donnai au diable la nièce du gouverneur des îles Philippines, ou plutôt je ne fis que lui en renouveler le don. Comme je sortais de chez le lapidaire, il passa près de moi un jeune homme qui s'arrêta pour me considérer. Je ne le remis pas d'abord, bien que je le connusse parfaitement. « Comment donc, Gil Blas, me dit-il, feignez-vous d'ignorer qui je suis? ou deux années ont-elles si fort changé le fils du barbier Nunez, que vous le méconnaissiez? Ressouvenez-vous de Fabrice, votre compatriote et votre compagnon d'école. Nous avons si souvent disputé chez le docteur Godinez sur les universaux et sur les degrés métaphysiques. »

Je le reconnus avant qu'il eût achevé ces paroles, et nous nous embrassâmes tous deux avec cordialité.

« Eh! mon ami, reprit-il ensuite, que je suis ravi de te rencontrer! Je ne puis t'exprimer la joie que j'en ressens... Mais, poursuivit-il d'un air surpris, dans quel état t'offres-tu à ma vue? Vive Dieu! te voilà vêtu comme un prince! Une belle épée, des bas de soie, un pourpoint et un manteau de velours, relevés d'une broderie d'argent! Malepeste! cela sent diablement les bonnes fortunes. Je vais te parier que quelque vieille dame libérale te fait part de ses largesses.

— Tu te trompes, lui dis-je, mes affaires ne sont pas si florissantes que tu te l'imagines.

— A d'autres, répliqua-t-il, à d'autres! tu veux faire le discret. Et ce beau rubis que je vous vois au doigt, monsieur Gil Blas, d'où vous vient-il, s'il vous plaît?

— Il me vient, lui repartis-je d'une franche friponne, Fabrice, mon cher Fabrice, bien loin d'être la coqueluche des femmes de Valladolid, apprends, mon ami, que j'en suis la dupe. »

Je prononçai ces dernières paroles si tristement, que Fabrice vit bien qu'on m'avait joué quelque tour. Il me pressa de lui dire pourquoi je me plaignais ainsi du beau sexe. Je me résolus sans peine à contenter sa curiosité; mais, comme j'avais un assez long récit à faire, et que d'ailleurs nous ne voulions pas nous séparer sitôt, nous entrâmes dans un cabaret pour nous entretenir plus commodément. Là, je lui contai, en déjeunant, tout ce qui m'était arrivé depuis ma sortie d'Oviédo. Il trouva mes aventures assez bizarres; et après m'avoir témoigné qu'il prenait beaucoup de part à la fâcheuse situation où j'étais, il me dit:

« Il faut se consoler, mon enfant, de tous les malheurs de la vie : c'est par là qu'une âme forte et courageuse se distingue des âmes faibles. Un homme d'esprit est-il dans la misère, il attend avec patience un temps plus heureux. Jamais, comme dit Cicéron, il ne doit se laisser abattre jusqu'à ne se plus souvenir qu'il est homme. Pour moi, je suis de ce caractère-là : mes disgrâces ne m'accablent point; je suis toujours au-dessus de la mauvaise fortune. Par exemple, j'aimais une fille de famille d'Oviédo, j'en étais aimé : je la demandai en mariage à son père : il me la refusa.

« Un autre en serait mort de douleur; moi, admirant la force de mon esprit, j'enlevai la petite personne. Elle était vive, étourdie, coquette; le plaisir, par conséquent, la déterminait toujours au préjudice du devoir. Je la promenai pendant six mois dans le royaume de Galice : de là, comme je l'avais mise dans le goût de voyager, elle eut envie d'aller en Portugal; mais elle prit un autre compagnon de voyage. Autre sujet de désespoir.

« Je ne succombai point encore sous le poids de ce nouveau malheur; et, plus sage que Ménélas, au lieu de m'armer contre le Pâris qui m'avait soufflé mon Hélène, je lui sus bon gré de m'en avoir défait. Après cela, ne voulant plus retourner dans les Asturies, pour éviter toute discussion avec la justice, je m'avançai dans le royaume de Léon, dépensant de ville en ville l'argent qui me restait de l'enlèvement de mon infante; car nous avions tous deux fait notre main en partant d'Oviédo, et nous n'étions pas mal nippés; mais tout ce que j'avais possédé se dissipa bientôt.

« J'arrivai à Palencia avec un seul ducat, sur quoi je fus obligé d'acheter une paire de souliers. Le reste ne me mena pas bien loin. Ma situation devint embarrassante; je commençais déjà même à faire diète : il fallut promptement prendre un parti. Je résolus de me mettre dans le service. Je me plaçai d'abord chez un gros marchand de drap, qui avait un fils libertin. J'y trouvai un asile contre l'abstinence, et en même temps un grand embarras. Le père m'ordonna d'épier son fils; le fils me pria de l'aider à tromper son père : il fallait opter. Je préférai la prière au commandement, et cette préférence me fit donner mon congé.

« Je passai ensuite au service d'un vieux peintre, qui voulut, par amitié, m'enseigner les principes de son art; mais, en me les montrant, il me laissait mourir de faim. Cela me dégoûta de la peinture et du séjour de Palencia. Je vins à Valladolid, où, par le plus grand bonheur du monde, j'entrai dans la maison d'un administrateur de l'hôpital : j'y demeure encore, et je suis charmé de ma condition. Le seigneur Manuel Ordonnez, mon maître, est un homme d'une piété profonde, un homme de bien, car il marche toujours les yeux baissés avec un gros rosaire à la main. On dit que dès sa jeunesse, n'ayant en vue que le bien des pauvres, il s'y est attaché avec un zèle infatigable.

« Aussi ses soins ne sont-ils pas demeurés sans récompense : tout lui a prospéré. Quelle bénédiction! en faisant les affaires des pauvres, il s'est enrichi. »

Quand Fabrice m'eut tenu ce discours, je lui dis :

« Je suis bien aise que tu sois satisfait de ton sort; mais, entre nous, tu pourrais, ce me semble faire un plus beau rôle dans le monde que celui de valet : un sujet de ton mérite peut prendre un vol plus élevé.

— Tu n'y penses pas, Gil Blas, me répondit-il. Sache que, pour un homme de mon humeur, il n'y a point de situation plus agréable que la mienne.

« Le métier de laquais est pénible, je l'avoue, pour un imbécile; mais il n'a que des charmes pour un garçon d'esprit. Un génie supérieur qui se met en condition ne fait pas son service matériellement comme un nigaud. Il entre dans une maison pour commander plutôt que pour servir. Il commence par étudier son maître : il se prête à ses défauts, gagne sa confiance, et le mène ensuite par le nez. C'est ainsi que je me suis conduit chez mon administrateur. Je connus d'abord le pèlerin : je m'aperçus qu'il voulait passer pour un saint personnage : je feignis d'en être la dupe, cela ne coûte rien. Je fis plus, je le copiai; et, jouant devant lui le même rôle qu'il fait devant les autres, je trompai le trompeur, et je suis devenu peu à peu son factotum. J'espère que quelque jour je pourrai, sous ses auspices, me mêler des affaires des pauvres. Je ferai peut-être fortune aussi, car je me sens autant d'amour que lui pour leur bien.

— Voilà de belles espérances, repris-je, mon cher Fabrice; et je t'en félicite. Pour moi, je reviens à mon premier dessein. Je vais convertir mon habit brodé en soutanelle, me rendre à Salamanque, et là, me rangeant sous les drapeaux de l'université, remplir l'emploi de précepteur.

— Beau projet! s'écria Fabrice; l'agréable imagination! Quelle folie de vouloir, à ton âge, te faire pédant! Sais-tu bien, malheureux, à quoi tu t'engages en prenant ce parti? Sitôt que tu seras placé, toute la maison t'observera; les moindres actions seront scrupuleusement examinées. Il faudra que tu te contraignes sans cesse, que tu te pares d'un extérieur hypocrite, et paraisses posséder toutes les vertus. Tu n'auras presque pas un moment à donner à tes plaisirs. Censeur éternel de ton écolier, tu passeras les journées à lui enseigner le latin, et à le reprendre quand il dira ou fera des choses contre la bienséance; ce qui ne te donnera pas peu d'occupation.

« Après tant de peine et de contrainte, quel sera le fruit de tes soins? Si le petit gentilhomme est un mauvais sujet, on dira que tu l'auras mal élevé; et ses parents te renverront sans récompense, peut-être même sans te payer les appointements qui te seront dus. Ne me parle donc point d'un poste de précepteur; c'est un bénéfice à charge d'âmes. Mais parle-moi de l'emploi d'un laquais; c'est un bénéfice simple, qui n'engage à rien.

« Un maître a-t-il des vices, le génie supérieur qui le sert les flatte, et souvent même les fait tourner à son profit. Un valet vit sans inquiétude dans une bonne maison. Après avoir bu et mangé tout son saoul, il s'endort tranquillement comme un enfant de famille, sans s'embarrasser du boucher ni du boulanger.

« Je ne finirais point, mon enfant, poursuivit-il, si je voulais dire tous les avantages des valets. Crois-moi, Gil Blas, perds pour jamais l'envie d'être précepteur, et suis mon exemple.

— Oui; mais, Fabrice, lui repartis-je, on ne trouve pas tous les jours des administrateurs; et si je me résolvais à servir, je voudrais du moins n'être pas mal placé.

— Oh! tu as raison, me dit-il, et j'en fais mon affaire. Je te réponds d'une bonne condition, quand ce ne serait que pour arracher un galant homme à l'université. »

La prochaine misère dont j'étais menacé, et l'air satisfait qu'avait Fabrice me persuadant encore plus que ses raisons, je me déterminai à me mettre dans le service. Là-dessus nous sortîmes du cabaret, et mon compatriote me dit :

« Je vais de ce pas te conduire chez un homme à qui s'adressent la plupart des laquais qui sont sur le pavé; il a des grisons qui l'informent de tout ce qui se passe dans les familles. Il sait où l'on a besoin de valets, et il tient un registre exact, non seulement des places vacantes, mais même des bonnes et des mauvaises qualités des maî-

tres. C'est un homme qui a été frère dans je ne sais quel couvent religieux. Enfin c'est lui qui m'a placé. »

En nous entretenant d'un bureau d'adresses si singulier, le fils du barbier Nunez me mena dans un cul-de-sac. Nous entrâmes dans une petite maison, où nous trouvâmes un homme de cinquante et quelques années, qui écrivait sur une table. Nous le saluâmes, assez respectueusement même; mais, soit qu'il fût fier de son naturel, soit que, n'ayant coutume de voir que des laquais et des cochers, il eût pris l'habitude de recevoir son monde cavalièrement, il ne se leva point; il se contenta de nous faire une légère inclination de tête. Il me regarda pourtant avec une attention particulière.

Je vis bien qu'il était surpris qu'un jeune homme en habit de velours broché voulût devenir laquais; il avait plutôt lieu de penser que je venais lui en demander un. Il ne put toutefois douter longtemps de mon intention, puisque Fabrice lui dit d'abord :

« Seigneur Arias de Londona, vous voulez bien que je vous présente le meilleur de mes amis? C'est un garçon de famille, que ses malheurs réduisent à la nécessité de servir. Enseignez-lui, de grâce, une bonne condition, et comptez sur sa reconnaissance.

— Messieurs répondit froidement Arias, voilà comme vous êtes tous, vous autres; avant qu'on vous place, vous faites les plus belles promesses du monde : êtes-vous bien placés, vous ne vous en souvenez plus.

— Comment donc! reprit Fabrice, vous plaignez-vous de moi? N'ai-je pas bien fait les choses?

— Vous auriez pu faire encore mieux, repartit Arias : votre condition vaut un emploi de commis, et vous m'avez payé comme si je vous eusse mis chez un auteur. »

Je pris alors la parole, et dis au seigneur Arias que, pour lui faire connaître que je n'étais pas un ingrat, je voulais que la reconnaissance précédât le service. En même temps je tirai de mes poches deux ducats que je lui donnai, avec promesse de n'en pas demeurer là, si je me voyais dans une bonne maison.

Il parut content de mes manières.

« J'aime, dit-il, qu'on en use de la sorte avec moi. Il y a, continua-t-il, d'excellents postes vacants; je vais vous les nommer, et vous choisirez celui qui vous plaira. »

En achevant ces paroles, il mit ses lunettes, ouvrit un registre qui était sur la table, tourna quelques feuillets, et commença de lire dans ces termes :

« Il faut un laquais au capitaine Torbellino, homme emporté, brutal et fantasque; il gronde sans cesse, jure, frappe, et le plus souvent estropie ses domestiques.

— Passons à un autre, m'écriai-je à ce portrait; ce capitaine-là n'est pas de mon goût. »

Ma vivacité fit sourire Arias qui poursuivit ainsi sa lecture :

« Doña Manuela de Sandoval, douairière surannée, hargneuse et bizarre, est actuellement sans laquais; elle n'en a qu'un d'ordinaire, encore ne le peut-elle garder un jour entier. Il y a dans la maison, depuis dix ans, un habit qui sert à tous les valets qui entrent, de quelque taille qu'ils soient : on peut dire qu'ils ne font que l'essayer, et qu'il est encore tout neuf, quoique deux mille laquais l'aient porté... Il manque un valet au docteur Alvar Fañez. C'est un médecin chimiste. Il nourrit bien ses domestiques, les entretient proprement, leur donne même de gros gages; mais il fait sur eux l'épreuve de ses remèdes. Il y a souvent des places de laquais à remplir chez cet homme-là.

— Oh! je le crois bien, interrompit Fabrice en riant. Vive Dieu! vous nous enseignez là de bonnes conditions!

— Patience, dit Arias de Londona; nous ne sommes pas au bout; il y a de quoi vous contenter. »

Là-dessus il continua de lire de cette sorte :

« Doña Alfonsa de Solis, vieille dévote qui passe les deux tiers de la journée dans l'église, et veut que son valet y soit toujours auprès d'elle, n'a point de valet depuis trois semaines... Le licencié Sedillo, vieux chanoine du chapitre de cette ville, chassa hier au soir son valet.

— Halte-là, seigneur Arias de Londona, s'écria Fabrice à cet endroit, nous nous en tenons à ce dernier poste. Le licencié Sedillo est des amis de mon maître, et je le connais parfaitement. Je sais qu'il a pour gouvernante une vieille béate, qu'on nomme la dame Jacinte, et qui dispose de tout chez lui. C'est une des meilleures maisons de Valladolid : on y vit doucement, et l'on y fait très bonne chère. D'ailleurs, le chanoine est un homme infirme, un vieux goutteux qui fera bientôt son testament; il y a un legs à espérer. La charmante perspective pour un valet!... Gil Blas, ajouta-t-il en se tournant de mon côté, ne perdons point de temps, mon ami; allons tout à l'heure chez le licencié. Je veux te présenter moi-même, et te servir de répondant. »

À ces mots, de crainte de manquer une si belle occasion, nous prîmes brusquement congé du seigneur Arias, qui m'assura, pour mon argent, que, si cette condition m'échappait, je pouvais compter qu'il m'en ferait trouver une aussi bonne.

———o———

LIVRE DEUXIEME

I. — Fabrice mène et fait recevoir Gil Blas chez le licencié Sedillo. Dans quel état était ce chanoine. Portrait de sa gouvernante.

Nous avions si grand peur d'arriver trop tard chez le vieux licencié, que nous ne fîmes qu'un saut du cul-de-sac à sa maison. Nous en trouvâmes la porte fermée : nous frappâmes. Une fille de dix ans, que la gouvernante faisait passer pour sa nièce en dépit de la médisance, vint ouvrir : et comme nous lui demandions si l'on pouvait parler au chanoine, la dame Jacinte parut.

C'était une personne déjà parvenue à l'âge de discrétion, mais belle encore; et j'admirai particulièrement la fraîcheur de son teint. Elle portait une longue robe d'une étoffe de laine la plus commune, avec une large ceinture de cuir, d'où pendait un trousseau de clefs, et de l'autre un chapelet à gros grains. D'abord que nous l'aperçûmes, nous la saluâmes avec beaucoup de respect; elle nous rendit le salut fort civilement mais d'un air modeste et les yeux baissés.

« J'ai appris, lui dit mon camarade, qu'il faut un honnête garçon au seigneur licencié Sedillo, et je viens lui en présenter un dont j'espère qu'il sera content. »

La gouvernante leva des yeux à ces paroles, me regarda fixement; et, ne pouvant accorder ma broderie avec le discours de Fabrice, elle demanda si c'était moi qui recherchais la place vacante.

« Oui, lui dit le fils de Nunez, c'est ce jeune homme. Tel que vous le voyez, il lui est arrivé des disgrâces qui l'obligent à se mettre en condition; il se consolera de ses malheurs, ajouta-t-il d'un ton doucereux, s'il a le bonheur d'entrer dans cette maison, et de vivre avec la vertueuse Jacinte, qui mériterait d'être la gouvernante du patriarche des Indes. »

A ces mots, la vieille béate cessa de me regarder, pour considérer le gracieux personnage qui lui parlait; et frappée de ses traits, qu'elle crut ne lui être pas inconnus :

« J'ai une idée confuse de vous avoir vu, lui dit-elle; aidez-moi à la débrouiller.

— Chaste Jacinte, lui répondit Fabrice, il m'est bien glorieux de m'être attiré vos regards. Je suis venu deux fois dans cette maison avec mon maître le seigneur Manuel Ordonnez, administrateur de l'hôpital.

— Eh! justement, répliqua la gouvernante, je m'en souviens et je vous remets. Ah! puisque vous appartenez au seigneur Ordonnez, il faut que vous soyez un garçon de bien et d'honneur. Votre condition fait votre éloge, et ce jeune homme ne saurait avoir un meilleur répondant que vous. Venez, poursuivit-elle, je vais vous faire parler au seigneur Sedillo. Je crois qu'il sera bien aise d'avoir un garçon de votre main. »

Nous suivîmes la dame Jacinte. Le chanoine était logé plus bas, et son appartement consistait en quatre pièces de plain-pied, bien boisées. Elle nous pria d'attendre un moment dans la première, et nous y laissa pour passer dans la seconde, où était le licencié. Après y avoir demeuré quelque temps en particulier avec lui pour le mettre au fait, elle vint nous dire que nous pouvions entrer. Nous aperçûmes le vieux podagre enfoncé dans un fauteuil, un oreiller sous la tête, des coussins sous les bras, et les jambes appuyées sur un gros carreau plein de duvet.

Nous nous approchâmes de lui sans ménager les révérences; et Fabrice, portant encore la parole, ne se contenta pas de redire ce qu'il avait dit à la gouvernante; il se mit à vanter mon mérite, et s'étendit principalement sur l'honneur que je m'étais acquis chez le docteur Godinez dans les disputes de philosophie : comme s'il eût fallu que je fusse un grand philosophe pour devenir valet d'un chanoine! Cependant, par le bel éloge qu'il fit de moi, il ne laissa pas de jeter de la poudre aux yeux du licencié, qui remarquant d'ailleurs que je ne déplaisais pas à la dame Jacinte, dit à mon répondant :

« L'ami, je reçois à mon service le garçon que tu m'amènes; il me revient assez, et je juge favorablement de ses mœurs, puisqu'il m'est présenté par un domestique du seigneur Ordonnez. »

D'abord que Fabrice vit que j'étais arrêté, il fit une grande révérence au chanoine, une autre encore plus profonde à la gouvernante, et se retira fort satisfait, après m'avoir dit tout bas que nous nous reverrions, et que je n'avais qu'à rester là. Dès qu'il fut sorti, le licencié me demanda comment je m'appelais, pourquoi j'avais quitté ma patrie; et par ses questions il m'engagea, devant la dame Jacinte, à raconter mon histoire. Je les divertis tous deux, surtout par le récit de ma dernière aventure.

Camille et don Raphaël leur donnèrent une si forte envie de rire, qu'il en pensa coûter la vie au vieux goutteux : car, comme il riait de toute sa force, il lui prit une toux si violente, que je crus qu'il allait passer. Il n'avait

pas encore fait son testament; jugez si la gouvernante fut alarmée! Je la vis tremblante, éperdue, courir au secours du bonhomme, et, faisant tout ce qu'on fait pour soulager les enfants qui toussent, lui frotter le front et lui taper le dos.

Ce ne fut pourtant qu'une fausse alarme : le vieillard cessa de tousser, et sa gouvernante de le tourmenter. Alors je voulus achever mon récit; mais la dame Jacinte, craignant une seconde toux, s'y opposa. Elle m'emmena même de la chambre du chanoine dans une garde-robe, où parmi plusieurs habits était celui de mon prédécesseur. Elle me le fit prendre, et mit à sa place le mien, que je n'étais pas fâché de conserver, dans l'espérance qu'il me servirait encore. Nous allâmes ensuite tous deux préparer le dîner.

Je ne parus pas neuf dans l'art de faire la cuisine. Il est vrai que j'en avais fait l'heureux apprentissage sous la dame Léonarde, qui pouvait passer pour une bonne cuisinière : elle n'était pas toutefois comparable à la dame Jacinte. Celle-ci l'emportait peut-être sur le cuisinier même de l'archevêque de Tolède. Elle excellait en tout. On trouvait ses bisques exquises, tant elle savait bien choisir et mêler les sucs des viandes qu'elle y faisait entrer; et les hachis étaient assaisonnés d'une manière qui les rendait très agréables au goût.

Quand le dîner fut prêt, nous retournâmes à la chambre du chanoine, où, pendant que je dressais une table auprès de son fauteuil, la gouvernante passa sous le menton du vieillard une serviette, et la lui attacha aux épaules. Un moment après, je servis un potage qu'on aurait pu présenter au plus fameux directeur de Madrid, et deux entrées qui auraient eu de quoi piquer la sensualité d'un vice-roi, si la dame Jacinte n'y eût pas épargné les épices, de peur d'irriter la goutte du licencié.

A la vue de ces bons plats, mon vieux maître, que je croyais perclus de tous ses membres, me montra qu'il n'avait pas encore entièrement perdu l'usage de ses bras. Il s'en aida pour se débarrasser de son oreiller et de ses coussins, et se disposa gaiement à manger. Quoique la main lui tremblât, elle ne refusa pas le service : il la faisait aller et venir assez librement, de façon pourtant qu'il répandait sur la nappe et sur sa serviette la moitié de ce qu'il portait à sa bouche. J'ôtai la bisque, lorsqu'il n'en voulut plus, et j'apportai une perdrix flanquée de deux cailles rôties que la dame Jacinte lui dépeça.

Elle avait aussi soin de lui faire boire de temps en temps de grands coups de vin un peu trempé, dans une coupe d'argent large et profonde qu'elle lui tenait comme à un enfant de quinze mois. Il s'acharna sur les entrées, et ne fit pas moins d'honneur aux petits plats. Quand il se fut bien empiffré, la béate lui détacha sa serviette, lui remit son oreiller et ses coussins; puis, le laissant dans son fauteuil goûter tranquillement le repos qu'on prend d'ordinaire après le dîner, nous desservîmes, et nous allâmes manger à notre tour.

Voilà de quelle manière dînait tous les jours notre chanoine, qui était peut-être le plus grand mangeur du chapitre. Mais il soupait plus légèrement : il se contentait d'un poulet ou d'un lapin, avec quelques compotes de fruits. Je faisais bonne chère dans cette maison : j'y menais une vie très douce. Je n'y avais qu'un désagrément; c'est qu'il me fallait veiller mon maître et passer la nuit comme une garde-malade. Outre une rétention d'urine qui l'obligeait à demander dix fois par heure son pot de chambre, il était sujet à suer; et, quand cela arrivait, il fallait lui changer de chemise.

« Gil Blas, me dit-il dès la seconde nuit, tu as de l'adresse et de l'activité; je prévois que je m'accommoderai bien de ton service. Je te recommande seulement d'avoir de la complaisance pour la dame Jacinte, et de faire docilement tout ce qu'elle te dira, comme si je te l'ordonnais moi-même : c'est une fille qui me sert depuis quinze années avec un zèle tout particulier; elle a un soin de ma personne que je ne puis assez reconnaître.

« Aussi, je te l'avoue, elle m'est plus chère que toute ma famille. J'ai chassé de chez moi, pour l'amour d'elle, mon neveu le fils de ma propre sœur; et j'ai bien fait, il n'avait aucune considération pour cette pauvre fille; et bien loin de rendre justice à l'attachement sincère qu'elle a pour moi, l'insolent la traitait de fausse dévote; car aujourd'hui la vertu ne paraît qu'hypocrisie aux jeunes gens. Grâces au ciel, je me suis défait de ce maraud-là. Je préfère aux droits du sang l'affection qu'on me témoigne, et je ne me laisse prendre seulement que par le bien qu'on me fait.

— Vous avez raison, monsieur, dis-je alors au licencié, la reconnaissance doit avoir plus de force sur nous que les lois de la nature.

— Sans doute, reprit-il, et mon testament fera bien voir que je ne me soucie guère de mes parents. Ma gouvernante y aura bonne part, et tu n'y seras point oublié, si tu continues comme tu commences à me servir. Le valet que j'ai mis dehors hier a perdu par sa faute un bon legs. Si le misérable ne m'eût obligé, par ses manières, à lui donner congé, je l'aurais enrichi; mais c'était un orgueilleux qui manquait de respect à la dame Jacinte, un paresseux qui craignait la peine. Il n'aimait point à me veiller, et c'était pour lui une chose bien fatigante que de passer les nuits à me soulager.

— Ah! le malheureux! m'écriai-je comme si le génie de Fabrice m'eût inspiré, il ne méritait pas d'être auprès d'un si honnête homme que vous. Un garçon qui a le bonheur de vous appartenir doit avoir un zèle infatigable; il doit se faire un plaisir de son devoir, et ne se pas croire occupé, lors même qu'il sue sang et eau pour vous. »

Je m'aperçus que ces paroles plurent fort au licencié. Il ne fut pas moins content de l'assurance que je lui donnai d'être toujours parfaitement soumis aux volontés de la dame Jacinte. Voulant donc passer pour un valet que la fatigue ne pouvait rebuter, je faisais mon service de la meilleure grâce qu'il m'était possible. Je ne me plaignais point d'être toutes les nuits sur pied. Je ne laissais pas pourtant de trouver cela très désagréable; et, sans le legs dont je repaissais mon espérance, je me serais bientôt dégoûté de ma condition; je n'y aurais pu résister; il est vrai que je me reposais quelques heures pendant le jour. La gouvernante, je lui dois cette justice, avait beaucoup d'égards pour moi; ce qu'il fallait attribuer au soin que je prenais de gagner ses bonnes grâces par des manières complaisantes et respectueuses. Étais-je à table avec elle et sa nièce, qu'on appelait Inésille, je leur changeais d'assiette, je leur versais à boire, j'avais une attention toute particulière à les servir. Je m'insinuai par là dans leur amitié.

Un jour que la dame Jacinte était sortie pour aller à la provision me voyant seul avec Inésille, je commençai à l'entretenir. Je lui demandai si son père et sa mère vivaient encore.

— Oh! que non, me répondit-elle : il y a bien longtemps, bien longtemps qu'ils sont morts; car ma bonne tante me l'a dit, et je ne les ai jamais vus.

Je crus pieusement la petite fille, quoique sa réponse ne fût pas catégorique; et je la mis si bien en train de parler, qu'elle m'en dit plus que je n'en voulais savoir. Elle m'apprit, ou plutôt je compris par les naïvetés qui lui échappèrent, que sa bonne tante avait un bon ami qui demeurait aussi près d'un vieux chanoine dont il administrait le temporel, et que, ces heureux domestiques comptaient d'assembler les dépouilles de leurs maîtres par une hyménée dont ils goûtaient les douceurs par avance.

J'ai déjà dit que la dame Jacinte, bien qu'un peu surannée, avait encore de la fraîcheur. Il est vrai qu'elle n'épargnait rien, pour se conserver : outre qu'elle prenait tous les matins un clystère, elle avalait pendant le jour, en se couchant, d'excellents coulis. De plus, elle dormait tranquillement la nuit tandis que je veillais mon maître. Mais ce qui peut-être contribuait encore plus que toutes ces choses à lui rendre le teint frais, c'était, à ce que me dit Inésille, une fontaine qu'elle avait à chaque jambe.

II. — De quelle manière le chanoine, étant tombé malade, fut traité; ce qu'il en arriva, et ce qu'il laissa, par testament, à Gil Blas.

JE servis pendant trois mois le licencié Sedillo, sans me plaindre des mauvaises nuits qu'il me faisait passer. Au bout de ce temps-là il tomba malade : la fièvre le prit; et avec le mal qu'elle lui causait, il sentit irriter sa goutte. Pour la première fois de sa vie, qui avait été longue, il eut recours aux médecins. Il demanda le docteur Sangrado, que tout Valladolid regardait comme un Hippocrate.

La dame Jacinte aurait mieux aimé que le chanoine eût commencé par faire son testament; elle lui en toucha même quelques mots : mais, outre qu'il ne se croyait pas encore proche de sa fin, il avait de l'opiniâtreté dans certaines choses. J'allai donc chercher le docteur Sangrado; je l'amenai au logis.

C'était un grand homme sec et pâle, et qui, depuis quarante ans pour le moins, occupait le ciseau des Parques. Ce savant médecin avait l'extérieur grave; il pesait ses discours, et donnait de la noblesse à ses expressions. Ses raisonnements paraissaient géométriques, et ses opinions fort singulières.

Après avoir observé mon maître, il lui dit d'un air doctoral :

— Il s'agit ici de suppléer au défaut de la transpiration arrêtée. D'autres, à ma place, ordonneraient sans doute des remèdes salins, urineux, volatils, et qui, pour la plupart, participent du soufre et du mercure; mais les purgatifs et les sudorifiques sont des drogues pernicieuses et inventées par des charlatans : toutes les préparations chimiques ne semblent faites que pour nuire. J'emploie des moyens plus simples et plus sûrs. A quelle nourriture, continua-t-il, êtes-vous accoutumé?

— Je mange ordinairement, répondit le chanoine, des bisques et des viandes succulentes.

— Des bisques et des viandes succulentes! s'écria le docteur avec surprise. Ah! vraiment, je ne m'étonne plus si vous êtes malade! Les mets délicieux sont des plaisirs empoisonnés : ce sont des pièges que la volupté tend aux hommes pour les faire périr plus sûrement. Il faut que vous renonciez aux aliments de bon goût; les plus fades sont les meilleurs pour la santé. Comme le sang est insipide, il veut des mets qui tiennent de sa nature. Et buvez-vous du vin? ajouta-t-il.

— Oui, dit le licencié, du vin trempé.

— Oh! trempé tant qu'il vous plaira, reprit le médecin. Quel dérèglement! voilà un régime épouvantable. Il y a longtemps que vous devriez être mort. Quel âge avez-vous?

— J'entre dans ma soixante-neuvième année, répondit le chanoine.

— Justement, répliqua le médecin; une vieillesse anticipée est toujours le fruit de l'intempérance. Si vous n'eussiez bu que de l'eau claire toute votre vie, et que vous vous fussiez contenté d'une nourriture simple, de pommes cuites, par exemple, de pois ou de fèves, vous ne seriez pas présentement tourmenté de la goutte, et tous vos membres feraient encore facilement leurs fonctions. Je ne désespère pas toutefois de vous remettre sur pied, pourvu que vous vous abandonniez à mes ordonnances.

Le licencié, tout friand qu'il était, promit de lui obéir en toutes choses. Alors Sangrado m'envoya chercher un chirurgien qu'il me nomma, et fit tirer à mon maître six bonnes cuvettes de sang, pour commencer à suppléer au défaut de la transpiration. Puis il dit au chirurgien :

— Maître Martin Onez, revenez dans trois heures en faire autant, et demain vous recommencerez. C'est une erreur de penser que le sang soit nécessaire à la conservation de la vie; on ne peut trop saigner un malade. Comme il n'est obligé à aucun mouvement ou exercice considérable, et qu'il n'a rien à faire que de ne point mourir, il ne lui faut pas plus de sang pour vivre qu'à un homme endormi : la vie, dans tous les deux, ne consiste que dans le pouls et dans la respiration.

Le bon chanoine, s'imaginant qu'un si grand médecin ne pouvait faire de faux raisonnements, se laissa saigner sans résistance. Lorsque le docteur eut ordonné de fréquentes et copieuses saignées, il dit qu'il fallait aussi donner au chanoine de l'eau chaude à tout moment, assurant que l'eau bue en abondance pouvait passer pour le véritable spécifique contre toutes sortes de maladies. Il sortit ensuite, en disant d'un air de confiance à la dame Jacinte et à moi qu'il répondait de la vie du malade, si on le traitait de la manière qu'il venait de prescrire. La gouvernante, qui jugeait peut-être autrement que lui de sa méthode, protesta qu'on la suivrait avec exactitude. En effet, nous mîmes promptement de l'eau chauffer; et, comme le médecin nous avait recommandé sur toutes choses de ne la point épargner, nous en fîmes d'abord boire à mon maître deux ou trois pintes à longs traits. Une heure après nous réitérâmes; puis, retournant encore de temps en temps à la charge, nous versâmes dans son estomac un déluge d'eau. D'un autre côté, le chirurgien nous secondant par la quantité de sang qu'il tirait, nous réduisîmes, en moins de deux jours, le vieux chanoine à l'extrémité.

Ce bon ecclésiastique, n'en pouvant plus, comme je voulais lui faire avaler encore un grand verre du spécifique, me dit d'une voix faible :

— Arrête, Gil Blas; ne m'en donne pas davantage, mon ami. Je vois bien qu'il faut mourir, malgré la vertu de l'eau, et, quoiqu'il me reste à peine une goutte de sang, je ne m'en porte pas mieux pour cela : ce qui prouve bien que le médecin le plus habile du monde ne saurait prolonger nos jours, quand leur terme fatal est arrivé. Il faut donc que je me prépare à partir pour l'autre monde; va me chercher un notaire; je veux faire mon testament.

A ces derniers mots, que je n'étais pas fâché d'entendre, j'affectai de paraître fort triste : ce que tout héritier ne manque pas de faire en pareil cas; et, cachant l'envie que j'avais de m'acquitter de la commission qu'il me donnait :

— Eh! mais, monsieur, lui dis-je, vous n'êtes pas si bas, Dieu merci, que vous ne puissiez vous relever.

— Non, non, repartit-il, mon enfant, c'en est fait; je sens que la goutte remonte et que la mort s'approche; hâte-toi d'aller où je te dis.

Je m'aperçus effectivement qu'il changeait à vue d'œil; et la chose me parut si pressante, que je sortis vite pour faire ce qu'il m'ordonnait, laissant auprès de lui la dame Jacinte, qui craignait encore plus que moi qu'il ne mourût sans tester. J'entrai dans la maison du premier notaire dont on m'enseigna la demeure, et, le trouvant chez lui :

— Monsieur, lui dis-je, le licencié Sedillo, mon maître, tire à sa fin; il veut faire écrire ses dernières volontés; il n'y a pas un moment à perdre.

Le notaire était un petit vieillard gai, qui se plaisait à railler : il me demanda quel médecin voyait le chanoine. Je lui répondis que c'était le docteur Sangrado. A ce nom, prenant brusquement son manteau et son chapeau :

— Vive Dieu! s'écria-t-il, partons donc en diligence; car ce docteur est si expéditif, qu'il ne donne pas le temps aux malades d'appeler des notaires. Cet homme-là m'a bien soufflé des testaments.

En parlant de la sorte, il s'empressa de sortir avec moi; et, pendant que nous marchions tous deux à grands pas pour prévenir l'agonie, je lui dis :

— Monsieur, vous savez qu'un testateur mourant manque souvent de mémoire; si par hasard mon maître vient à m'oublier, je vous prie de le faire souvenir de mon zèle.

— Je le veux bien, mon enfant, me répondit le notaire, tu peux compter là-dessus. Il est juste qu'un maître récompense un domestique qui l'a bien servi. Je l'exhorterai même à te donner quelque chose de considérable, pour peu qu'il soit disposé à reconnaître les services.

Le licencié, quand nous arrivâmes dans sa chambre, avait encore tout son bon sens. La dame Jacinte, le visage baigné de pleurs de commande, était auprès de lui. Elle venait de jouer mon rôle, et de préparer le bonhomme à lui faire beaucoup de bien. Nous laissâmes le notaire seul avec mon maître, et passâmes, elle et moi, dans l'antichambre, où nous rencontrâmes le chirurgien, que le médecin envoyait pour faire une nouvelle et dernière saignée. Nous l'arrêtâmes.

— Attendez, maître Martin, lui dit la gouvernante; vous ne sauriez entrer présentement dans la chambre du seigneur Sedillo. Il va dicter ses dernières volontés à un notaire qui est avec lui; vous le saignerez tout à votre aise quand il aura fait son testament.

Nous avions grand'peur, la béate et moi, que le licencié ne mourût en testant; mais, par bonheur, l'acte qui causait notre inquiétude se fit. Nous vîmes sortir le notaire, qui, me trouvant sur son passage, me frappa sur l'épaule et me dit en souriant :

— On n'a point oublié Gil Blas.

À ces mots je ressentis une joie toutes des plus vives; et je sus si bon gré à mon maître de s'être souvenu de moi, que je me promis de bien prier Dieu pour lui après sa mort qui ne manqua pas d'arriver bientôt; car, le chirurgien l'ayant encore saigné, le pauvre vieillard, qui n'était déjà que trop affaibli, expira presque dans le moment. Comme il rendait les derniers soupirs, le médecin parut, et demeura un peu sot, malgré l'habitude qu'il avait de dépêcher ses malades. Cependant, loin d'imputer la mort du chanoine à la boisson et aux saignées, il sortit en disant d'un air froid qu'on ne lui avait pas tiré assez de sang ni fait boire assez d'eau chaude. L'exécuteur de la haute médecine, je veux dire le chirurgien, voyant aussi qu'on n'avait pas besoin de son ministère, suivit le docteur Sangrado, l'un et l'autre disant que dès le premier jour ils avaient condamné le licencié. Effectivement, ils ne se trompaient presque jamais, quand ils portaient un pareil jugement.

Sitôt que nous vîmes le patron sans vie, nous fîmes, la dame Jacinte, Inésille et moi, un concert de cris funèbres qui fut entendu de tout le voisinage! La béate surtout, qui avait le plus grand sujet de se réjouir, poussait des accents si plaintifs, qu'elle semblait être la personne du monde la plus touchée. La chambre, en un instant, se remplit de gens, moins attirés par la compassion que par la curiosité.

Les parents du défunt n'eurent pas plutôt vent de sa mort, qu'ils vinrent fondre au logis, et faire mettre les scellés partout. Ils trouvèrent la gouvernante si affligée, qu'ils crurent d'abord que le chanoine n'avait point fait de testament : mais ils apprirent bientôt, à leur grand regret, qu'il y en avait un, revêtu de toutes les formalités nécessaires.

Lorsqu'on vint à l'ouvrir, et qu'ils virent que le testateur avait disposé de ses meilleurs effets en faveur de la dame Jacinte et de la petite fille, ils firent son oraison funèbre dans des termes peu honorables à sa mémoire. Ils apostrophèrent en même temps la béate, et firent aussi quelque mention de moi. Il faut avouer que je le méritais bien. Le licencié, — devant Dieu soit son âme! — pour m'engager à me souvenir de lui toute ma vie, s'expliquait ainsi pour mon compte par un article de son testament :

« Item, puisque Gil Blas est un garçon qui a déjà de la
« littérature, pour achever de le rendre savant, je lui
« laisse une bibliothèque, tous mes livres et mes manuscrits,
« sans aucune exception. »

J'ignorais où pouvait être cette prétendue bibliothèque; je ne m'étais point aperçu qu'il y en eût dans la maison. Je savais seulement qu'il y avait quelques papiers, avec cinq ou six volumes, sur deux petits ais de sapin dans le cabinet de mon maître : c'était là mon legs. Encore les livres ne me pouvaient-ils d'être d'une grande utilité : l'un avait pour titre *le Cuisinier parfait*; l'autre traitait de l'indigestion et de la manière de la guérir; et les autres étaient les quatre *parties* du bréviaire, que les vers avaient à demi rongées. À l'égard des manuscrits, le plus curieux contenait toutes les pièces d'un procès que le chanoine avait eu autrefois pour sa prébende. Après avoir examiné mon legs avec plus d'attention qu'il n'en méritait, je l'abandonnai aux parents qui me l'avaient tant envié. Je leur remis même l'habit dont j'étais revêtu, et je repris le mien, bornant à mes gages le fruit de mes services. J'allai chercher ensuite une autre maison. Pour la dame Jacinte, outre des sommes qui lui avaient été léguées, elle eut encore de bonnes nippes, qu'à l'aide de son bon ami elle avait détournées pendant la maladie du licencié.

III. — Gil Blas s'engage au service du docteur Sangrado, et devient un célèbre médecin.

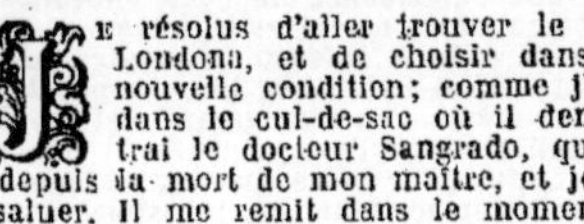

E résolus d'aller trouver le seigneur Arias de Londona, et de choisir dans son registre une nouvelle condition; comme j'étais près d'entrer dans le cul-de-sac où il demeurait, je rencontrai le docteur Sangrado, que je n'avais point vu depuis la mort de mon maître, et je pris la liberté de le saluer. Il me remit dans le moment, quoique j'eusse changé d'habit; et témoignant quelque joie de me voir :

« Éh! te voilà, mon enfant, me dit-il, je pensais à toi tout à l'heure. J'ai besoin d'un bon garçon pour me servir, et je songeais que tu serais bien mon fait, si tu savais lire et écrire.

— Monsieur, lui répondis-je, sur ce pied-là je suis donc votre affaire, car je sais l'un et l'autre.

— Cela étant, reprit-il, tu es l'homme qu'il me faut. Viens chez moi, tu n'y auras que de l'agrément; je te traiterai avec distinction. Je ne te donnerai point de gages; mais rien ne te manquera. J'aurai soin de t'entretenir proprement, et je t'enseignerai le grand art de guérir toutes les maladies. En un mot, tu seras plutôt mon élève que mon valet. »

J'acceptai la proposition du docteur, dans l'espérance que je pourrais, sous un si savant maître, me rendre illustre dans la médecine. Il me mena chez lui sur-le-champ, pour m'installer dans l'emploi qu'il me destinait; et cet emploi consistait à écrire le nom et la demeure des malades qui l'envoyaient chercher pendant qu'il était en ville.

Il y avait pour cet effet au logis un registre, dans lequel une vieille servante, qu'il avait pour tout domestique, marquait les adresses; mais, outre qu'elle ne savait point l'orthographe, elle écrivait si mal, qu'on ne pouvait le plus souvent déchiffrer son écriture. Il me chargea du soin de tenir ce livre, qu'on pouvait justement appeler un registre mortuaire, puisque les gens dont je prenais les noms mouraient presque tous.

J'inscrivais, pour ainsi parler, les personnes qui voulaient partir pour l'autre monde, comme un commis, dans un bureau de voiture publique, écrit le nom de ceux qui retiennent des places. J'avais souvent la plume à la main, parce qu'il n'y avait point, en ce temps-là, de médecin à Valladolid plus accrédité que le docteur Sangrado. Il s'était mis en réputation dans le public par un verbiage spécieux, soutenu d'un air imposant, et par quelques cures heureuses qui lui avaient fait plus d'honneur qu'il ne méritait.

Il ne manquait pas de pratique, ni par conséquent de bien. Il n'en faisait pas toutefois meilleure chère : on vivait chez lui très frugalement. Nous ne mangions d'ordinaire que des pois, des fèves, des pommes cuites, ou du fromage. Il disait que ces aliments étaient les plus convenables à l'estomac, comme étant les plus propres à la trituration, c'est-à-dire à être broyés plus aisément. Néanmoins, bien qu'il les crût de facile digestion, il ne voulait point qu'on s'en rassasiât; en quoi, certes, il se montrait fort raisonnable. Mais s'il nous défendait à la servante et à moi, de manger beaucoup, en récompense il nous permettait de boire de l'eau à discrétion. Bien loin de nous prescrire des bornes là-dessus, il nous disait quelquefois :

« Buvez, mes enfants, la santé consiste dans la souplesse et l'humectation des parties. Buvez de l'eau abondamment; c'est un dissolvant universel; l'eau fond tous les sels. Le cours du sang est-il ralenti, elle le précipite; est-il trop rapide, elle en arrête l'impétuosité. »

Notre docteur était de si bonne foi sur cela, qu'il ne buvait jamais lui-même que de l'eau, bien qu'il fût dans un âge avancé. Il définissait la vieillesse une phtisie naturelle qui nous dessèche et nous consume; et, sur cette définition, il déplorait l'ignorance de ceux qui nomment le vin le lait des vieillards. Il soutenait que le vin les use et les détruit, et disait fort éloquemment que cette liqueur funeste est pour eux, comme pour tout le monde, un ami qui trahit et un plaisir qui trompe.

Malgré ces doctes raisonnements, après avoir été huit jours dans cette maison, il me prit un cours de ventre, et je commençai à sentir de grands maux d'estomac, que j'eus la témérité d'attribuer au dissolvant universel et à la mauvaise nourriture que je prenais. Je m'en plaignis à mon maître, dans la pensée qu'il pourrait se relâcher et me donner un peu de vin à mes repas; mais il était trop ennemi de cette liqueur pour me l'accorder.

« Quand tu auras formé l'habitude de boire de l'eau, me dit-il, tu en connaîtras l'excellence; au reste, poursuivit-il, si tu te sens quelque dégoût pour l'eau pure, il y a des secours innocents pour soutenir l'estomac contre la fadeur des boissons aqueuses. La sauge, par exemple, et la véronique, leur donnent un goût délectable; et, si tu veux des rendre encore plus délicieuses, tu n'as qu'à y mêler de la fleur d'œillet, du romarin ou du coquelicot. »

Il avait beau me vanter l'eau et m'enseigner le secret d'en composer des breuvages exquis, j'en buvais avec tant de modération, que, s'en étant aperçu, il me dit:

« Eh! vraiment, Gil Blas, je ne m'étonne point si tu ne jouis pas d'une parfaite santé: tu ne bois pas assez, mon ami. L'eau prise en petite quantité ne sert qu'à développer les parties de la bile, et qu'à leur donner plus d'activité; au lieu qu'il les faut noyer dans un délayant copieux. Ne crains pas, mon cher enfant, que l'abondance de l'eau affaiblisse ou refroidisse ton estomac : loin de toi cette terreur panique que tu te fais peut-être de la boisson fréquente! Je te garantis de l'événement; et, si tu ne me trouves pas bon pour t'en répondre, Celse même t'en sera garant. Cet oracle latin fait un éloge admirable de l'eau; ensuite il dit en termes exprès que ceux qui, pour boire du vin, s'excusent sur la faiblesse de leur estomac, font une injustice manifeste à ce viscère, et cherchent à couvrir leur sensualité. »

Comme j'aurais eu mauvaise grâce à me montrer indocile en entrant dans la carrière de la médecine, je fis semblant d'être persuadé qu'il avait raison; j'avouerai même que je le crus effectivement. Je continuai donc à boire de l'eau, sur la garantie de Celse, ou plutôt je commençai à noyer la bile en buvant copieusement de cette liqueur, et quoique de jour en jour je m'en sentisse plus incommodé, le préjugé l'emportait sur l'expérience. J'avais, comme l'on voit, une heureuse disposition à devenir médecin. Je ne pus pourtant résister toujours à la violence de mes maux, qui s'accrurent à un point, que je pris enfin la résolution de sortir de chez le docteur Sangrado. Mais il me chargea d'un nouvel emploi qui me fit changer de sentiment.

« Écoute, me dit-il un jour, je ne suis point de ces maîtres durs et ingrats, qui laissent vieillir leurs domestiques dans la servitude avant que de les récompenser. Je suis content de toi, je t'aime; et, sans attendre que tu m'aies servi plus longtemps, j'ai pris la résolution de faire ta fortune dès aujourd'hui; je veux tout à l'heure te découvrir le fin de l'art salutaire que je professe depuis tant d'années.

« Les autres médecins en font consister la connaissance dans mille sciences pénibles; et moi, je prétends t'abréger un chemin si long, et t'épargner la peine d'étudier la physique, la pharmacie, la botanique et l'anatomie. Sache, mon ami, qu'il ne faut que saigner et faire boire de l'eau chaude : voilà le secret de guérir toutes les maladies du monde. Oui, ce simple secret que je te révèle, et que la nature, impénétrable à mes confrères, n'a pu dérober à mes observations, est renfermé dans ces deux points : dans la saignée et dans la boisson fréquente.

« Je n'ai plus rien à t'apprendre, tu sais la médecine à fond; et, profitant du fruit de ma longue expérience, tu deviens tout d'un coup aussi habile que moi. Tu peux, continua-t-il, me soulager présentement; tu tiendras le matin notre registre, et l'après-midi tu sortiras pour aller voir une partie de mes malades. Tandis que j'aurai soin de la noblesse et du clergé, tu iras pour moi dans les maisons du tiers-état où l'on m'appellera; et, lorsque tu auras travaillé quelque temps, je te ferai agréger à notre corps. Tu es savant, Gil Blas, avant que d'être médecin, au lieu que les autres sont longtemps médecins et la plupart toute leur vie, avant que d'être savants. »

Je remerciai le docteur de m'avoir si promptement rendu capable de lui servir de substitut; et pour reconnaître les bontés qu'il avait pour moi, je l'assurai que je suivrais toute ma vie ses opinions, quand même elles seraient contraires à celles d'Hippocrate. Cette assurance pourtant n'était pas tout à fait sincère. Je désapprouvais son sentiment sur l'eau, et je me proposais de boire du vin tous les jours en allant voir mes malades. Je pendis au croc, une seconde fois, mon habit brodé pour en prendre un de mon maître, et me donner l'air d'un médecin.

Après quoi, je me disposai à exercer la médecine aux dépens de qui il appartiendrait. Je débutai par un alguazil qui avait une pleurésie : j'ordonnai qu'on le saignât sans miséricorde, et qu'on ne lui plaignît point l'eau. J'entrai ensuite chez un pâtissier à qui la goutte faisait pousser de grands cris. Je ne ménageai pas plus son sang que celui de l'alguazil, et j'ordonnai qu'on lui fît boire de l'eau de moment en moment. Je reçus douze réaux pour mes ordonnances; ce qui me fit prendre tant de goût à la profession, que je ne demandai plus que plaies et bosses.

En sortant de la maison du pâtissier, je rencontrai Fabrice, que je n'avais point vu depuis la mort du licencié Sédillo. Il me regarda longtemps avec surprise; puis il se mit à rire de toute sa force, en se tenant les côtés. Ce n'était pas sans raison : j'avais un manteau qui traînait à terre, avec un pourpoint et un haut-de-chausses quatre fois plus longs et plus larges qu'il ne fallait. Je pouvais passer pour une figure originale et grotesque. Je le laissai s'épanouir la rate, non sans être tenté de suivre son exemple; mais je me contraignis, pour garder le *decorum* dans la rue, et mieux contrefaire le médecin, qui n'est pas un animal risible. Si mon air ridicule avait excité les ris de Fabrice, mon sérieux les redoubla; et lorsqu'il s'en fut bien donné :

« Vive Dieu! Gil Blas, me dit-il, te voilà plaisamment équipé. Qui diable t'a déguisé de la sorte?

— Tout beau, mon ami, lui répondis-je, tout beau! respecte un nouvel Hippocrate! apprends que je suis le substitut du docteur Sangrado, qui est le plus fameux médecin de Valladolid. Je demeure chez lui depuis trois semaines. Il m'a montré la médecine à fond; et, comme il ne peut fournir à tous les malades qui le demandent, j'en vois une partie pour le soulager. Il va dans les grandes maisons, et moi dans les petites.

— Fort bien, reprit Fabrice; c'est-à-dire qu'il t'abandonne le sang du peuple, et se réserve celui des personnes de qualité. Je te félicite de ton partage; il vaut mieux avoir affaire à une populace qu'au grand monde. Vive un médecin de faubourg! ses fautes sont moins en vue, et ses assassinats ne font point de bruit. Oui, mon enfant, ajouta-t-il, ton sort me paraît digne d'envie; et, pour parler comme Alexandre, si je n'étais pas Fabrice, je voudrais être Gil Blas. »

Pour faire voir au fils du barbier Nunez qu'il n'avait pas tort de vanter le bonheur de ma condition présente, je lui montrai les réaux de l'alguazil et du pâtissier; puis nous entrâmes dans un cabaret pour en boire une partie. On nous apporta d'assez bon vin, que l'envie d'en goûter me fit trouver encore meilleur qu'il n'était. J'en bus à longs traits; et, n'en déplaise à l'oracle latin, à mesure que j'en versais dans mon estomac, je sentais que ce viscère ne me savait pas mauvais gré des injustices que je lui faisais. Nous demeurâmes longtemps dans ce cabaret, Fabrice et moi; nous y rîmes bien aux dépens de nos maîtres, comme cela se pratique entre valets. Ensuite, voyant que la nuit approchait, nous nous séparâmes, après nous être mutuellement promis que le jour suivant, l'après-dîner, nous nous retrouverions au même lieu.

IV. — Gil Blas continue d'exercer la médecine avec autant de succès que de capacité. Aventure de la bague retrouvée.

Je ne fus pas sitôt au logis, que le docteur Sangrado y arriva. Je lui parlai des malades que j'avais vus, et lui remis entre les mains huit réaux qui me restaient des douze que j'avais reçus pour mes ordonnances. Huit réaux, me dit-il après les avoir comptés, c'est peu de chose pour deux visites; mais il faut tout prendre. Aussi les prit-il presque tous. Il en garda six, et me donnant les deux autres :

« Tiens, Gil Blas, poursuivit-il, voilà pour commencer à te faire un fonds; de plus, je veux faire avec toi une convention qui te sera bien utile; je t'abandonne le quart de ce que tu m'apporteras. Tu seras bientôt riche, mon ami; car il y aura, s'il plaît à Dieu, bien des maladies cette année. »

J'avais lieu d'être content de mon partage, puisque ayant dessein de retenir toujours le quart de ce que je recevrais en ville, et touchant encore le quart du reste, c'était, si l'arithmétique est une science certaine, près de la moitié du tout qui me revenait. Cela m'inspira une nouvelle ardeur pour la médecine. Le lendemain, dès que j'eus dîné, je repris mon habit de substitut, et me remis en campagne.

Je visitai plusieurs malades que j'avais inscrits, et je les traitai tous de la même manière, bien qu'ils eussent des maux différents. Jusque-là les choses s'étaient passées sans bruit, et personne, grâce au ciel, ne s'était encore révolté contre mes ordonnances; mais, quelque excellente que soit la pratique d'un médecin, elle ne saurait manquer de censeurs ni d'envieux.

J'entrai chez un marchand épicier qui avait un fils hydropique. J'y trouvai un petit médecin brun, qu'on nommait le docteur Cuchillo, et qu'un parent du maître de la maison venait d'amener pour voir le malade. Je fis de profondes révérences à tout le monde, et particulièrement au personnage que je jugeai qu'on avait appelé pour le consulter sur la maladie dont il s'agissait. Il me salua d'un air grave; puis, m'ayant envisagé quelques moments avec beaucoup d'attention : « Seigneur docteur, me dit-il, je vous prie d'excuser ma curiosité. Je croyais connaître tous les médecins de Valladolid, mes confrères, et cependant je vous avoue que vos traits me sont inconnus. Il faut que depuis très peu de temps vous soyez venu vous établir dans cette ville. »

Je répondis que j'étais un jeune praticien, et que je ne travaillais encore que sous les auspices du docteur Sangrado. « Je vous félicite, reprit-il poliment, d'avoir embrassé la méthode d'un si grand homme. Je ne doute point que vous ne soyez déjà très-habile, quoique vous paraissiez bien jeune. » Il dit cela d'un air si naturel, que je ne savais s'il avait parlé sérieusement, ou s'il s'était moqué de moi; et je rêvais à ce que je devais lui répliquer, lorsque l'épicier, prenant ce moment pour parler, nous dit :

« Messieurs, je suis persuadé que vous savez parfaitement l'un et l'autre l'art de la médecine : examinez, s'il vous plaît, mon fils, et ordonnez ce que vous jugerez à propos qu'on fasse pour le guérir. »

Là-dessus le petit médecin se mit à observer le malade; et, après m'avoir fait remarquer tous les symptômes qui découvraient la nature de la maladie, il me demanda de quelle manière je pensais qu'on dût le traiter.

« Je suis d'avis, répondis-je, qu'on le saigne tous les jours, et qu'on lui fasse boire de l'eau chaude abondamment. »

A ces paroles, le petit médecin me dit en souriant d'un air plein de malice :

« Et vous croyez que ces remèdes lui sauveront la vie?

— N'en doutez pas, m'écriai-je d'un ton ferme; vous verrez le malade guérir à vue d'œil; ils doivent produire cet effet, puisque ce sont des spécifiques contre toutes sortes de maladies. Demandez au seigneur Sangrado!

— Sur ce pied-là, reprit-il, Celse a grand tort d'assurer que, pour guérir plus facilement un hydropique, il est à propos de lui faire souffrir la soif et la faim.

— Oh! Celse, lui repartis-je, n'est pas mon oracle; il se trompait comme un autre, et quelquefois je me sais bon gré d'aller contre ses opinions; je m'en trouve fort bien.

— Je reconnais à vos discours, me dit Cuchillo, la pratique sûre et satisfaisante dont le docteur Sangrado veut insinuer la méthode aux jeunes praticiens. La saignée et la boisson font sa médecine universelle. Je ne suis pas surpris si tant d'honnêtes gens périssent entre ses mains...

— N'en venons point aux invectives, interrompis-je assez brusquement : un homme de votre profession a bonne grâce, vraiment, de faire de pareils reproches! Allez, allez, monsieur le docteur, sans saigner et sans faire boire de l'eau chaude, on envoie bien des malades en l'autre monde; et vous en avez peut-être vous-même expédié plus qu'un autre. Si vous en voulez au seigneur Sangrado, écrivez contre lui; il vous répondra, et nous verrons de quel côté seront les rieurs.

— Par saint Jacques et par saint Denis! interrompit-il à son tour avec emportement, vous ne connaissez guère le docteur Cuchillo. Sachez que j'ai bec et ongles, et que je ne crains nullement Sangrado, qui, malgré sa présomption et sa vanité, n'est qu'un original. »

La figure du petit médecin me mit en colère. Je lui répliquai avec aigreur; il me repartit de la même sorte, et bientôt nous en vînmes aux gourmades. Nous eûmes le temps de nous donner quelques coups de poing, et nous arracher l'un à l'autre une poignée de cheveux, avant que l'épicier et son parent pussent nous séparer. Lorsqu'ils en furent venus à bout, ils me payèrent ma visite, et retinrent mon antagoniste, qui leur parut apparemment plus habile que moi.

Après cette aventure, peu s'en fallut qu'il ne m'en arrivât une autre. J'allai voir un gros chantre qui avait la fièvre. Sitôt qu'il m'entendit parler d'eau chaude, il se montra si récalcitrant contre ce spécifique, qu'il se mit à jurer. Il me dit un million d'injures, et me menaça même de me jeter par les fenêtres, si je ne me hâtais de sortir de chez lui. Je ne me le fis pas dire deux fois; je me retirai promptement, et, ne voulant plus voir de malades ce jour-là, je gagnai l'hôtellerie où j'avais donné rendez-vous à Fabrice. Il y était déjà. Comme nous nous trouvâmes en humeur de boire, nous fîmes la débauche, et nous en retournâmes chez nos maîtres en bon état, c'est-à-dire entre deux vins. Le docteur Sangrado ne s'aperçut point de mon ivresse, parce que je lui racontai avec tant d'action le démêlé que j'avais eu avec ce petit docteur, qu'il prit ma vivacité pour un effet de l'émotion qu'il me restait encore de mon combat. D'ailleurs, il entrait pour son compte dans le rapport que je lui faisais; et, se sentant piqué contre Cuchillo :

« Tu as bien fait, Gil Blas, me dit-il, de défendre l'honneur de nos remèdes contre ce petit avorton de la Faculté. Il prétend donc qu'on ne doit pas permettre les boissons aqueuses aux hydropiques? l'ignorant! Je soutiens, moi, qu'il faut leur en accorder l'usage.

Il ne me soupçonna donc point d'avoir bu, tant il était en colère; car, pour l'aigrir encore davantage contre le petit docteur, j'avais mis dans mon rapport quelques circonstances de mon cru. Cependant, tout occupé qu'il était de ce que je venais de lui dire, il ne laissa pas de s'apercevoir que je buvais ce soir-là plus d'eau qu'à l'ordinaire.

Effectivement le vin m'avait fort altéré. Tout autre que Sangrado se serait défié de la soif qui me pressait, et des grands coups d'eau que j'avalais : mais lui, s'imaginant de bonne foi que je commençais à prendre goût aux boissons aqueuses :

« A ce que je vois, Gil Blas, me dit-il en souriant, tu n'as plus tant d'aversion pour l'eau. Vive Dieu! tu la bois comme du nectar. Cela ne m'étonne point, mon ami; je savais bien que tu t'accoutumerais à cette liqueur.

— Monsieur, lui répondis-je, chaque chose a son temps : je donnerais à l'heure qu'il est un muid de vin pour une pinte d'eau. »

Cette réponse charma le docteur, qui ne perdit pas une si belle occasion de relever l'excellence de l'eau. Il entreprit d'en faire un nouvel éloge, non en orateur froid, mais en enthousiaste.

« Mille fois, s'écria-t-il, mille et mille fois plus estimables et plus innocents que les cabarets de nos jours, ces thermopoles des siècles passés, où l'on n'allait pas honteusement prostituer son bien et sa vie en se gorgeant de vin, mais où l'on s'assemblait pour s'amuser, honnêtement et

sans risque, à boire de l'eau chaude! On ne peut trop admirer la sage prévoyance de ces anciens maîtres de la vie civile, qui avaient établi des lieux publics où l'on donnait de l'eau à boire à tout venant, et qui renfermaient le vin dans les boutiques des apothicaires, pour n'en permettre l'usage que par ordonnance des médecins. Quel trait de sagesse! C'est sans doute, ajouta-t-il, par un heureux reste de cette ancienne frugalité digne du siècle d'or, qu'il se trouve encore aujourd'hui des personnes qui, comme toi et moi, ne boivent que de l'eau, et qui croient se préserver ou se guérir de tous maux, en buvant de l'eau chaude qui n'a pas bouilli; car j'ai observé que l'eau, quand elle a bouilli, est plus pesante et moins commode à l'estomac. »

Tandis qu'il tenait ce discours éloquent je pensai plus d'une fois éclater de rire. Je gardai pourtant mon sérieux. Je fis plus; j'entrai dans les sentiments du docteur. Je blâmai l'usage du vin, et plaignis les hommes d'avoir malheureusement pris goût à une boisson si pernicieuse. Ensuite, comme je ne me sentais pas encore bien désaltéré, je remplis d'eau un grand gobelet; et après avoir bu à longs traits :

« Allons, monsieur, dis-je à mon maître, abreuvons-nous de cette liqueur bienfaisante! Faisons revivre dans votre maison ces anciens thermopoles que vous regrettez si fort! »

Il applaudit à ces paroles, et m'exhorta pendant une heure entière à ne boire jamais que de l'eau. Pour m'accoutumer à cette boisson, je lui promis d'en boire une grande quantité tous les soirs; et, pour tenir plus facilement ma promesse, je me couchai dans la résolution d'aller tous les jours au cabaret.

Le désagrément que j'avais eu chez l'épicier ne m'empêcha pas de continuer d'exercer ma profession, et d'ordonner, dès le lendemain, des saignées et de l'eau chaude. Au sortir d'une maison où je venais de voir un poète qui avait la frénésie, je rencontrai dans la rue une vieille femme qui m'aborda pour me demander si j'étais médecin. Je lui répondis que oui.

« Cela étant, reprit-elle, seigneur docteur, je vous supplie très humblement de venir avec moi : ma nièce est malade depuis hier, et j'ignore quelle est sa maladie. »

Je suivis la vieille, qui me conduisit à sa maison, et me fit entrer dans une chambre assez propre, où je vis une personne alitée. Je m'approchai d'elle pour l'observer. D'abord ses traits me frappèrent; et, après l'avoir envisagée quelques moments, je reconnus, à n'en pouvoir douter, que c'était l'aventurière qui avait si bien fait le rôle de Camille. Pour elle, il ne me parut point qu'elle me remît, soit qu'elle fût accablée de son mal, soit que mon habit de médecin me rendît méconnaissable à ses yeux. Je lui pris le bras pour lui tâter le pouls; et j'aperçus ma bague à son doigt. Je fus terriblement ému à la vue d'un bien dont j'étais en droit de me saisir, et j'eus grande envie de faire un effort pour le reprendre; mais considérant que ces femmes se mettraient à crier, et que don Raphaël ou quelque autre défenseur du beau sexe pourrait accourir à leurs cris, je me gardai bien de céder à la tentation. Je fis réflexion qu'il valait mieux dissimuler, et consulter là-dessus Fabrice. Je m'arrêtai à ce dernier parti.

Cependant la vieille me pressait de lui apprendre de quel mal sa nièce était atteinte. Je ne fus pas assez sot pour avouer que je n'en savais rien; au contraire, je fis le capable, en copiant mon maître, je dis gravement que le mal provenait de ce que la malade ne transpirait point; qu'il fallait par conséquent se hâter de la saigner, parce que la saignée était le substitut naturel de la transpiration; et j'ordonnai aussi de l'eau chaude, pour faire les choses suivant mes règles.

J'abrégeai ma visite le plus qu'il me fut possible, et je courus chez le fils de Nunez, que je rencontrai comme il sortait pour aller faire une commission dont son maître venait de le charger. Je lui contai ma nouvelle aventure, et lui demandai s'il jugeait à propos que je fisse arrêter Camille par des gens de justice.

« Eh! non, me répondit-il; vive Dieu! il faut bien t'en donner de garde, ne serait-ce que le moyen de ravoir ta bague. Ces gens-là n'aiment point à faire des restitutions. Souviens-toi de ta prison d'Astorga; ton cheval, ton argent, jusqu'à ton habit, tout n'est-il pas demeuré entre leurs mains? Il faut plutôt nous servir de notre industrie pour rattraper ton diamant. Je me charge du soin de trouver quelque ruse pour cet effet. Je vais y rêver en allant à l'hôpital, où j'ai deux mots à dire au pourvoyeur de la part de mon maître. Toi, va m'attendre à notre cabaret et ne t'impatiente point; je t'y joindrai dans peu de temps. »

Il y avait pourtant déjà plus de trois heures que j'étais au rendez-vous quand il y arriva. Je ne le reconnus pas d'abord. Outre qu'il avait changé d'habit et natté ses cheveux, une moustache postiche lui couvrait la moitié du visage. Il portait une grande épée dont la garde avait pour le moins trois pieds de circonférence, et il marchait à la tête de cinq hommes qui avaient, comme lui, l'air déterminé, des moustaches épaisses, avec de longues rapières.

« Serviteur au seigneur Gil Blas, dit-il en m'abordant; il voit en moi un alguazil de nouvelle fabrique, et, dans ces braves gens qui m'accompagnent, des archers de la même trempe. Il n'a qu'à nous mener chez la femme qui lui a volé un diamant, et nous le lui ferons rendre, sur ma parole. »

J'embrassai Fabrice à ce discours, qui me faisait connaître le stratagème qu'il prétendait employer pour moi, et je lui témoignai que j'approuvais fort l'expédient qu'il avait imaginé. Je saluai aussi les faux archers. C'étaient trois domestiques et deux garçons barbiers de ses amis, qu'il avait engagés à faire ce personnage. J'ordonnai qu'on apportât du vin pour abreuver l'escouade, et nous allâmes tous ensemble chez Camille à l'entrée de la nuit. Nous frappâmes à la porte que nous trouvâmes fermée. La vieille vint ouvrir, et, prenant les personnes qui étaient avec moi pour des lévriers de justice qui n'entraient pas dans cette maison sans sujet, elle demeura fort effrayée.

« Rassurez-vous, ma bonne mère, lui dit Fabrice, nous ne venons ici que pour une petite affaire qui sera bientôt terminée; car nous sommes des gens expéditifs. »

A ces mots nous nous avançâmes et gagnâmes la chambre de la malade, conduits par la vieille, qui marchait devant nous, à la faveur d'une bougie qu'elle tenait dans un flambeau d'argent. Je pris ce flambeau, je m'approchai du lit; et, faisant remarquer mes traits à Camille :

« Perfide, lui dis-je, reconnaissez ce trop crédule Gil Blas que vous avez trompé! Ah! scélérate, je vous rencontre enfin, après vous avoir longtemps cherchée! Le corrégidor a reçu ma plainte, et il a chargé cet alguazil de vous arrêter. Allons, monsieur l'officier, dis-je, à Fabrice, faites votre charge.

— Il n'est pas besoin, dit-il en grossissant sa voix, de m'exhorter à remplir mon devoir. Je me remets de cette bonne vivante-là; il y a dix ans qu'elle est marquée en lettres rouges sur mes tablettes. Levez-vous, ma princesse, ajouta-t-il; habillez-vous promptement; je vais vous servir d'écuyer, et vous conduire aux prisons de cette ville, si vous l'avez pour agréable. »

A ces paroles, Camille, toute malade qu'elle était, s'apercevant que deux archers à grandes moustaches se préparaient à la tirer de son lit par force, se mit d'elle-même sur son séant, joignit les mains d'une manière suppliante, et me regardant avec des yeux où la frayeur était peinte :

« Seigneur Gil Blas, me dit-elle, ayez pitié de moi: je vous en conjure par la chaste mère à qui vous devez le jour; je suis plus malheureuse que coupable; vous en serez convaincu si vous voulez entendre mon histoire.

— Non, mademoiselle Camille, m'écriai-je, non, je ne veux pas vous écouter. Je ne sais que trop bien que vous excellez à faire des romans.

— Eh bien! reprit-elle, puisque vous ne me permettez pas de me justifier, je vais vous rendre votre diamant, et ne me perdez point. »

En parlant de cette sorte, elle tira de son doigt ma bague, et me la donna. Mais je lui répondis que mon diamant ne suffisait point, et que je voulais qu'on me restituât encore les mille ducats qui m'avaient été volés dans l'hôtel garni.

« Oh! pour vos ducats, seigneur, répliqua-t-elle, ne me les demandez point. Le traître don Raphaël, que je n'ai pas vu depuis ce temps-là, les emporta dès la nuit même.

— Eh! petite mignonne, dit alors Fabrice, n'y a-t-il qu'à dire pour vous tirer d'intrigue, que vous n'avez pas eu de part au gâteau? Vous n'en serez pas quitte à si bon marché. C'est assez que vous soyez des complices de don Raphaël, pour mériter qu'on vous demande compte de votre vie passée. Vous devez bien avoir des choses sur la conscience. Vous viendrez, s'il vous plaît, en prison, faire une confession générale. J'y veux mener aussi, continua-t-il, cette bonne vieille; je juge qu'elle sait une infinité d'histoires curieuses que monsieur le corrégidor ne sera pas fâché d'entendre. »

Les deux femmes, à ces mots, mirent tout en usage pour nous attendrir. Elles remplirent la chambre de cris, de plaintes et de lamentations. Tandis que la vieille, à genoux, tantôt devant l'alguazil, et tantôt devant les archers, tâchait d'exciter leur compassion, Camille me priait, de la manière du monde la plus touchante, de la sauver des mains de la justice. C'était une chose à voir que ce spectacle. Je feignis de me laisser fléchir.

« Monsieur l'officier, dis-je au fils de Nunez, puisque j'ai mon diamant, je me console du reste. Je ne souhaite pas qu'on fasse de la peine à cette pauvre femme; je ne veux point la mort du pécheur.

— Fi donc! répondit-il, vous avez de l'humanité! vous ne seriez pas bon à être exempt. Il faut, poursuivit-il, que je m'acquitte de ma commission. Il m'est expressément ordonné d'arrêter ces infantes; monsieur le corrégidor en veut faire un exemple.

— Eh! de grâce, repris-je, ayez quelque égard à ma prière, et relâchez-vous un peu de votre devoir en faveur du présent que ces dames vont vous offrir.

— Oh! c'est une autre affaire, repartit-il; voilà ce qui s'appelle une figure de rhétorique bien placée. Çà, voyons, qu'ont-elles à me donner?

— J'ai un collier de perles, lui dit Camille, et des pendants d'oreilles d'un prix considérable.

— Oui; mais, interrompit-il brusquement, si cela vient des îles Philippines, je n'en veux point.

— Vous pouvez les prendre en assurance, reprit-elle; je vous les garantis fins. »

En même temps elle se fit apporter par la vieille une petite boîte, d'où elle tira le collier et les pendants, qu'elle mit entre les mains de monsieur l'alguazil. Bien qu'il ne se connût guère mieux que moi en pierreries, il ne douta pas que celles qui composaient des pendants ne fussent fines, aussi bien que les perles.

« Ces bijoux, dit-il, après les avoir considérés attentivement, me paraissent de bon aloi; et si l'on ajoute à cela le flambeau d'argent que tient le seigneur Gil Blas, je ne réponds plus de ma fidélité. Je ne crois pas, dis-je à Camille, que vous vouliez, pour une bagatelle, rompre un accommodement si avantageux pour vous. »

En prononçant ces dernières paroles, j'ôtai la bougie que je remis à la vieille, et livrai le flambeau à Fabrice, qui, s'en tenant là, peut-être parce qu'il n'apercevait plus rien dans la chambre qui se pût aisément emporter, dit aux deux femmes :

« Adieu, mesdames, demeurez tranquilles. Je vais parler à monsieur le corrégidor, et vous rendre plus blanches que neige. Nous savons lui tourner les choses comme il nous plaît, et nous ne lui faisons des rapports fidèles que quand rien ne nous oblige à lui en faire de faux. »

V. — Suite de l'aventure de la bague retrouvée. Gil Blas abandonne la médecine et le séjour de Valladolid.

APRÈS avoir exécuté de cette manière le projet de Fabrice, nous sortîmes de chez Camille, en nous applaudissant d'un succès qui surpassait notre attente, car nous n'avions compté que sur la bague. Nous emportions sans façon tout le reste. Bien loin de nous faire un scrupule d'avoir volé des courtisanes, nous nous imaginions avoir fait une action méritoire.

« Messieurs, nous dit Fabrice lorsque nous fûmes dans la rue, après avoir fait une si belle expédition, nous quitterons-nous sans nous en réjouir le verre à la main? Ce n'est pas mon sentiment, et je suis d'avis que nous regagnions notre cabaret, où nous passerons la nuit à nous réjouir. Demain nous vendrons le flambeau, le collier, les pendants d'oreilles, et nous en partagerons l'argent en frères; après quoi chacun reprendra le chemin de sa maison, et s'excusera du mieux qu'il lui sera possible auprès de son maître. »

La pensée de monsieur l'alguazil nous parut très judicieuse. Nous retournâmes tous au cabaret, les uns jugeant qu'ils trouveraient facilement une excuse pour avoir découché, et les autres ne se souciant guère d'être chassés de chez eux.

Nous fîmes apprêter un bon souper, et nous nous mîmes à table avec autant d'appétit que de gaieté. Le repas fut assaisonné de mille discours agréables.

Notre joie fut tout à coup troublée par un événement imprévu et des plus désagréables. Il entra dans la chambre où nous soupions un homme assez bien fait, suivi de deux autres de très mauvaise mine. Après ceux-là trois autres parurent, et nous en comptâmes jusqu'à douze qui survinrent ainsi trois à trois. Ils portaient des carabines avec des épées et des baïonnettes.

Nous vîmes bien que c'étaient des archers de la patrouille, et il ne nous fut pas difficile de juger de leur intention. Nous eûmes d'abord quelque envie de résister, mais ils nous enveloppèrent en un instant, et nous tinrent en respect, tant par leur nombre que par leurs armes à feu.

« Messieurs, nous dit le commandant d'un air railleur, je sais par quel ingénieux artifice vous venez de retirer une bague des mains de certaine aventurière. Certes le trait est excellent, et mérite bien une récompense publique; aussi ne peut-elle vous échapper. La justice, qui vous destine dans son palais un logement, ne manquera pas de payer un si bel effort de génie. »

Toutes les personnes à qui ce discours s'adressait en furent déconcertées. Nous changeâmes de contenance, et sentîmes à notre tour la même frayeur que nous avions inspirée chez Camille. Fabrice, pourtant, quoique pâle et défait, voulut nous justifier.

« Seigneur, dit-il, nous n'avons pas eu une mauvaise intention, et par conséquent on doit nous pardonner cette petite supercherie.

— Comment diable! répliqua le commandant avec colère, vous appelez cela une petite supercherie? Savez-vous bien qu'il y va de la corde? Outre qu'il n'est pas permis de se rendre justice soi-même, vous avez emporté un flambeau, un collier et des pendants d'oreilles; et, ce qui sans doute est un cas pendable, c'est que, pour faire ce vol, vous vous êtes travestis en archers. Des misérables se déguiser en honnêtes gens pour mal faire! Je vous trouverai trop heureux si l'on ne vous condamne qu'à faucher le grand pré. »

Lorsqu'il nous eut fait comprendre que la chose était

encore plus sérieuse que nous ne l'avions pensé d'abord, nous nous jetâmes tous à ses pieds, et le priâmes d'avoir pitié de notre jeunesse; mais nos prières furent inutiles. De plus, ce qui est tout à fait extraordinaire, il rejeta la proposition que nous fîmes de lui abandonner le collier, les pendants et le flambeau; il refusa même la bague, « parce que, dit-il, je la lui offrais peut-être en trop bonne compagnie ». Il se montra inexorable, fit désarmer mes compagnons, et nous emmena tous ensemble aux prisons de la ville. Comme on nous y conduisait, un des archers m'apprit que la vieille qui demeurait avec Camille nous ayant soupçonnés de n'être pas de véritables valets de pied de la justice, elle nous avait suivis jusqu'au cabaret; et que là ses soupçons s'étant tournés en certitude, elle en avait averti la patrouille pour se venger de nous.

On nous fouilla d'abord partout. On nous ôta le collier, les pendants et le flambeau : on m'arracha pareillement ma bague, avec le rubis des îles Philippines, que j'avais, par malheur, dans mes poches; on ne me laissa pas seulement les quelques réaux que j'avais reçus ce jour-là pour mes ordonnances; ce qui me prouva que les gens de justice de Valladolid savaient aussi bien faire leur charge que ceux d'Astorga, et que tous ces messieurs avaient des manières uniformes.

Tandis qu'on me spoliait de mes bijoux et de mes espèces, l'officier de la patrouille, qui était présent, contait notre aventure aux hommes de police. Le fait leur parut si grave, que la plupart d'entre eux nous trouvaient dignes du dernier supplice.

Les autres, moins sévères, disaient que nous pourrions en être quittes pour chacun deux cents coups de fouet, avec quelques années de service sur mer. En attendant la décision de monsieur le corrégidor, on nous enferma dans un cachot, où nous nous couchâmes sur la paille, dont il était presque aussi jonché qu'une écurie où l'on a fait la litière aux chevaux. Nous aurions pu y demeurer long-temps, et n'en sortir que pour aller aux galères, si, dès le lendemain, le seigneur Manuel Ordoñez n'eût entendu parler de notre affaire, et résolu de tirer Fabrice de prison; ce qu'il ne pouvait faire sans nous délivrer tous avec lui.

C'était un homme fort estimé dans la ville : il n'épargna point les sollicitations; et, tant par son crédit que par celui de ses amis, il obtint, au bout de trois jours, notre élargissement. Mais nous sortîmes point de ce lieu-là comme nous y étions entrés : le flambeau, le collier, les pendants, ma bague et le rubis, tout y resta. Cela me fit souvenir de ces vers de Virgile qui commencent par *sic vos non vobis*.

D'abord que nous fûmes en liberté, nous retournâmes chez nos maîtres. Le docteur Sangrado me reçut bien :

« Mon pauvre Gil Blas, me dit-il, je n'ai su que ce matin ta disgrâce. Je me préparais à solliciter fortement pour toi. Il faut te consoler de cet accident, mon ami, et t'attacher plus que jamais à la médecine. » Je répondis que j'étais dans ce dessein; et véritablement je m'y donnai tout entier. Bien loin de manquer d'occupation, il arriva, comme mon maître l'avait si heureusement prédit, qu'il y eut bien des maladies. La petite vérole et les fièvres malignes commencèrent à régner dans la ville et dans les faubourgs. Tous les médecins de Valladolid eurent de la pratique, et nous particulièrement. Il ne se passait point de jour que nous ne vissions chacun huit ou dix malades; ce qui suppose bien de l'eau bue et du sang répandu. Mais je ne sais comment cela se faisait, ils mouraient tous, soit que nous les traitassions fort mal, soit que leurs maladies fussent incurables.

Nous faisions rarement trois visites à un même malade; dès la seconde, où nous apprenions qu'il venait d'être enterré, ou nous le trouvions à l'agonie. Comme je n'étais qu'un jeune médecin qui n'avait pas encore eu le temps de s'endurcir au meurtre, je m'affligeais des événements funestes qu'on pouvait m'imputer.

« Monsieur, dis-je un soir au docteur Sangrado, j'atteste ici le ciel que je suis exactement votre méthode; cependant tous mes malades vont en l'autre monde : on dirait qu'ils prennent plaisir à mourir pour discréditer notre médecine. J'en ai rencontré aujourd'hui deux qu'on portait en terre.

— Mon enfant, me répondit-il, je pourrais te dire à peu près la même chose; je n'ai pas souvent la satisfaction de guérir les personnes qui tombent entre mes mains; et, si je n'étais pas aussi sûr de mes principes que je le suis, je croirais mes remèdes contraires à presque toutes les maladies que je traite.

— Si vous m'en voulez croire, monsieur, repris-je, nous changerons de pratique. Donnons par curiosité des préparations chimiques à nos malades : essayons le kermès; le pis qu'il en puisse arriver, c'est qu'il produise le même effet que notre eau chaude et nos saignées.

— Je ferais volontiers cet essai, répliqua-t-il, si cela ne tirait point à conséquence; mais j'ai publié un livre où j'ai vanté la fréquente saignée et l'usage de la boisson : veux-tu que j'aille décrier mon ouvrage?

— Oh! vous avez raison, lui repartis-je : il ne faut point accorder ce triomphe à vos ennemis; ils diraient que vous vous laissez désabuser; ils vous perdraient de réputation. Périssent plutôt le peuple, la noblesse et le clergé! Allons donc toujours notre train. Après tout, nos confrères, malgré l'aversion qu'ils ont pour la saignée, ne savent pas faire de plus grands miracles que nous, et je crois que leurs drogues valent bien nos spécifiques. »

Nous continuâmes à travailler sur nouveaux frais, et nous y procédâmes de manière qu'en moins de six semaines nous fîmes autant de veuves et d'orphelins que le siège de Troie. Il semblait que la peste fût dans Valladolid, tant on y faisait de funérailles. Il venait tous les jours au logis quelque père nous demander compte d'un fils que nous lui avions enlevé, ou bien quelque oncle qui nous reprochait la mort de son neveu. Pour les neveux et les fils dont les oncles et les pères s'étaient mal trouvés de nos remèdes, ils ne paraissaient point chez nous. Les maris étaient aussi fort discrets; ils ne nous chicanaient point sur la perte de leurs femmes; mais les personnes affligées dont il nous fallait essuyer les reproches avaient quelquefois une douleur brutale; ils nous appelaient ignorants, assassins; ils ne ménageaient point les termes. J'étais ému de leurs épithètes; mais mon maître, qui était fait à cela, les écoutait de sang-froid. J'aurais pu, comme lui, m'accoutumer aux injures, si le ciel, pour ôter sans doute aux malades de Valladolid un de leurs fléaux, n'eût fait naître une occasion de me dégoûter de la médecine, que je pratiquais avec si peu de succès. C'est de quoi je vais faire un détail fidèle, dût le lecteur en rire à mes dépens.

Il y avait dans notre voisinage un jeu de paume où les fainéants de la ville s'assemblaient chaque jour. On y voyait un de ces braves de profession qui s'érigent en maîtres, et décident les différends dans les tripots. Il était de Biscaye, et se faisait appeler don Rodrigue de Mondragon. Il paraissait avoir trente ans. C'était un homme de taille ordinaire, mais sec et nerveux. Outre deux petits yeux étincelants qui lui roulaient dans la tête, et semblaient menacer tous ceux qu'il regardait, un nez fort épaté lui tombait sur une moustache rousse qui s'élevait en croc jusqu'à la tempe. Il avait la parole si rude et si brusque, qu'il n'avait qu'à parler pour inspirer de l'effroi. Ce casseur de raquettes s'était rendu le tyran du jeu de paume; il jugeait impérieusement les contestations qui survenaient entre joueurs, et il ne fallait pas qu'on appelât de ses jugements, à moins que l'appelant ne voulût se résoudre à recevoir de lui, le lendemain, un cartel de défi. Tel que je viens de représenter le seigneur don Rodrigue, que le *don* qu'il mettait à la tête de son nom n'empêchait pas d'être un roturier, il fit une tendre impression sur la maîtresse du tripot.

C'était une femme de quarante ans, riche, assez agréable, et veuve depuis quinze mois. J'ignore comment il put lui plaire : ce ne fut pas assurément par sa beauté; ce fut donc par ce je ne sais quoi qu'on ne saurait dire. Quoi qu'il en soit, elle eut du goût pour lui, et forma le dessein de l'épouser. Mais dans le temps qu'elle se préparait à consommer cette affaire, elle tomba malade; et, malheureusement pour elle, je devins son médecin.

Quand sa maladie n'aurait pas été une fièvre maligne, mes remèdes suffisaient pour la rendre dangereuse. Au bout de quatre jours, je remplis de deuil le tripot.

La paumière alla où j'envoyais tous mes malades, et ses parents s'emparèrent de son bien.

Don Rodrigue, au désespoir d'avoir perdu sa maîtresse, ou plutôt l'espérance d'un mariage très avantageux pour lui, ne se contenta pas de jeter feu et flamme contre moi; il jura qu'il me passerait son épée au travers du corps, et m'exterminerait à la première vue.

Un voisin charitable m'avertit de ce serment; la connaissance que j'avais de Mondragon, bien loin de me faire mépriser cet avis, me remplit de trouble et de frayeur. Je n'osais sortir du logis, de peur de rencontrer ce diable d'homme, et je m'imaginais sans cesse le voir entrer dans notre maison d'un air furieux; je ne pouvais goûter un moment de repos. Cela me détacha de la médecine, et je ne songeai plus qu'à m'affranchir de mon inquiétude. Je repris mon habit brodé; et après avoir dit adieu à mon maître qui ne put me retenir, je sortis de la ville à la pointe du jour.

VI. — Quelle route Gil Blas prit en sortant de Valladolid, et quel homme le joignit en chemin.

JE marchais fort vite et regardais de temps en temps derrière moi, pour voir si ce redoutable Biscayen ne suivait point mes pas.

J'avais l'imagination si remplie de cet homme-là, que je prenais pour lui tous les arbres et les buissons.

Je sentais à tout moment mon cœur tressaillir d'effroi. Je me rassurai pourtant après avoir fait une bonne lieue et je continuai plus doucement mon chemin vers Madrid, où je me proposais d'aller.

Tandis que je rappelais tout ce que j'en avais ouï dire, et que je jouissais par avance des plaisirs qu'on y prend,

J'entendis la voix d'un homme qui marchait sur mes pas, et qui chantait à plein gosier. Il avait sur le dos un sac de cuir, une guitare pendue au cou, et il portait une assez longue épée.

Il allait si bon train qu'il me joignit en peu de temps.

C'était un des deux garçons barbiers avec qui j'avais été en prison pour l'aventure de la bague. Nous nous reconnûmes d'abord d'un et d'autre, quoique nous eussions changé d'habit, et nous demeurâmes fort étonnés de nous rencontrer inopinément sur un grand chemin. Si je lui témoignai que j'étais ravi de l'avoir comme compagnon de voyage, il me parut de son côté sentir une extrême joie de me revoir. Je lui contai pourquoi j'avais abandonné Valladolid, et lui, pour me faire la même confidence, m'apprit qu'il avait eu du bruit avec son maître, et qu'ils s'étaient dit tous deux réciproquement un éternel adieu.

— Si j'eusse voulu, ajouta-t-il, demeurer plus longtemps à Valladolid, j'y aurais trouvé dix boutiques pour une; car, sans vanité, j'ose dire qu'il n'est point de barbier en Espagne qui sache mieux que moi raser à poil et à contre-poil, et mettre une moustache en papillottes. Mais je n'ai pu résister davantage au violent désir que j'ai de retourner dans ma patrie, d'où il y a dix années entières que je suis sorti. Je veux respirer un peu l'air natal, et savoir dans quelle situation sont mes parents. Je serai chez eux après-demain.

Je résolus d'accompagner ce barbier jusque chez lui, et d'aller à Ségovie chercher quelque commodité pour Madrid. Nous commençâmes à nous entretenir de choses indifférentes en poursuivant notre route. Ce jeune homme était de bonne humeur et avait l'esprit agréable. Au bout d'une heure de conversation, il me conta sa vie et ses aventures.

VII. — Histoire du garçon barbier.

Né à Olmedo, il était parti pour Madrid, chez un de ses parents, barbier de grand renom.

« Je rasais toute la journée, me raconta-t-il, et le soir, pour donner quelque récréation à mon esprit, j'apprenais à jouer de la guitare. J'avais pour maître de cet instrument un vieux *senor escudero* à qui je faisais la barbe. Il me montrait aussi la musique qu'il savait parfaitement; il est vrai qu'il avait été chantre autrefois dans une cathédrale. Il se nommait Marcos de Obregon.

« C'était un homme sage, qui avait autant d'esprit que d'expérience, et qui m'aimait comme si j'eusse été son fils. Il servait d'écuyer à la femme d'un médecin qui demeurait à trente pas de notre maison. J'allais voir sur la fin du jour, aussitôt que j'avais quitté l'ouvrage, et nous faisions tous deux, assis sur le seuil de la porte, un petit concert qui ne déplaisait pas au voisinage. Ce n'est pas que nous eussions les voix fort agréables, mais en râclant le boyau, nous chantions l'un et l'autre méthodiquement notre partie; et cela suffisait pour donner du plaisir aux personnes qui nous écoutaient. Nous divertissions particulièrement dona Mergelina, femme du médecin. Elle venait dans l'allée nous entendre et nous obligeait quelquefois à recommencer les airs qui se trouvaient le plus à son goût... Son mari ne l'empêchait pas de prendre ce divertissement.

« C'était un homme qui, bien qu'Espagnol et déjà vieux, n'était nullement jaloux. D'ailleurs sa profession l'occupait tout entier, et comme il revenait le soir fatigué d'avoir été chez ses malades, il se couchait de très bonne heure, sans s'inquiéter de l'attention que sa femme donnait à nos concerts.

« Peut-être aussi qu'il ne les croyait pas fort capables de faire de dangereuses impressions. Il faut ajouter à cela qu'il ne pensait pas avoir le moindre sujet de crainte. Mergelina était une dame jeune et belle à la vérité, mais d'une vertu si sauvage qu'elle ne pouvait souffrir les regards des hommes : il ne lui faisait donc point un crime d'un passe-temps qui lui paraissait innocent et honnête, et il nous laissait chanter tant qu'il nous plaisait.

« Un soir, comme j'arrivais à la porte du médecin dans l'intention de m'y réjouir à mon ordinaire, j'y trouvai le vieil écuyer qui m'attendait. Il me prit par la main et me dit qu'il voulait faire un tour de promenade avec moi avant que de commencer notre concert. En même temps il m'entraîna dans une rue détournée, où voyant qu'il pouvait m'entretenir en liberté :

« — Diégo, mon fils, me dit-il d'un air triste, j'ai quelque chose de particulier à vous apprendre. Je crains fort, mon enfant, que nous ne nous repentions l'un et l'autre de nous amuser tous les soirs à faire des concerts à la porte de mon maître.

« Ce discours m'effraya. Je priai l'écuyer de s'expliquer plus clairement et de me dire ce que nous avions à craindre.

« — Lorsque j'entrai, poursuivit-il, au service du médecin, et il y a de cela une année, il me dit un matin, après m'avoir conduit devant sa femme : « Voyez, Marcos, voyez votre maîtresse : c'est cette dame que vous devez accompagner partout. » J'admirai doña Mergelina; je la trouvai

merveilleusement belle, faite à peindre, et je fus particulièrement charmé de l'air agréable qu'elle a dans son port. « Seigneur, répondis-je au médecin, je suis trop heureux d'avoir à servir une dame si charmante. » Ma réponse déplut à Mergelina, qui me dit d'un ton brusque : « *Voyez donc celui-là. Il s'émancipe vraiment. Oh! je n'aime point qu'on me dise des douceurs, moi.* » Ces paroles sorties d'une si belle bouche me surprirent étrangement. Je ne pouvais concilier ces façons de parler rustiques et grossières avec l'agrément que je voyais répandu dans toute la personne de ma maîtresse.

« Pour son mari, il y était accoutumé, et s'applaudissait même d'avoir une épouse si rare de caractère :

« — Marcos, me dit-il, ma femme est un prodige de vertu.

« Ensuite, comme il s'aperçut qu'elle se couvrait de sa mante et se disposait à sortir pour aller entendre la messe, il me dit de la mener à l'église.

« Nous ne fûmes pas plutôt dans la rue que nous rencontrâmes, ce qui n'est pas extraordinaire, des hommes qui, frappés du bon air de Mergelina, lui dirent en passant des choses flatteuses.

« Elle leur répondait; mais vous ne sauriez vous imaginer jusqu'à quel point ses réponses étaient sottes et ridicules. Ils en demeuraient tout étonnés, et ne pouvaient concevoir qu'il y eût au monde une femme qui trouvât mauvais qu'on la louât.

« — Hé! madame, lui dis-je d'abord, ne faites point d'attention aux discours qui vous sont adressés; il vaut mieux garder le silence que de parler avec aigreur.

« — Non, non, me repartit-elle, je veux apprendre à ces insolents que je ne suis point femme à souffrir qu'on me manque de respect.

« Enfin, il lui échappa tant d'impertinences, que je ne pus m'empêcher de lui dire tout ce que je pensais, au hasard de lui déplaire. Je lui représentai avec le plus de ménagement toutefois qu'il me fût possible, qu'elle faisait tort à la nature et gâtait mille bonnes qualités par son humeur sauvage ; qu'une femme douce et polie pouvait se faire aimer sans le secours de la beauté; au lieu qu'une belle personne sans la douceur et la politesse devenait un objet de mépris. J'ajoutai à ces raisonnements je ne sais combien d'autres semblables qui avaient tous pour but la correction de ses mœurs.

« Après avoir bien moralisé, je craignais que ma franchise n'excitât la colère de ma maîtresse et ne m'attirât quelque désagréable repartie; néanmoins elle ne se révolta point contre ma remontrance, elle se contenta de la rendre inutile, de même que celles qu'il me prit sottement envie de lui faire les jours suivants.

« Je me lassai en vain de l'avertir de ses défauts et je l'abandonnai à la férocité de son naturel. Cependant, le croiriez-vous? cet esprit farouche, cette orgueilleuse femme est depuis deux mois entièrement changée d'humeur.

« Les flatteries lui plaisent; elle est présentement comme une autre femme. Ce changement est à peine concevable; et ce qui doit encore vous étonner davantage, c'est d'apprendre que vous êtes l'auteur d'un si grand miracle. Oui, mon cher Diégo, continua l'écuyer, c'est vous qui avez ainsi métamorphosé doña Mergelina; vous avez fait une brebis de cette tigresse; en un mot, vous vous êtes attiré son attention. Je m'en suis aperçu plus d'une fois, et je me connais mal en femme, ou bien elle a conçu pour vous un amour très violent. Voilà, mon fils, la triste nouvelle que j'avais à vous annoncer et la fâcheuse conjoncture où nous nous trouvons.

« — Je ne vois pas, dis-je alors au vieillard, qu'il y ait là-dedans un si grand sujet d'affliction pour nous; ni que ce soit un malheur pour moi d'être aimé d'une jolie dame.

« — Ah! Diego, répliqua-t-il, vous raisonnez en jeune homme. Vous ne voyez que l'appât : vous ne prenez point garde à l'hameçon. Vous ne regardez que le plaisir, et moi j'envisage tous les désagréments qui le suivent. Tout éclate à la fin. Si vous continuez de venir chanter à notre porte, vous irriterez la passion de Mergelina, qui, perdant peut-être toute retenue, laissera voir sa faiblesse au docteur Oloroso son mari; et ce mari qui se montre aujourd'hui si complaisant, parce qu'il ne croit pas avoir sujet d'être jaloux, deviendra furieux, se vengera d'elle et pourra nous faire, à vous et à moi, un fort mauvais parti.

« — Eh bien, repris-je, seigneur Marcos, je me rends à vos raisons et m'abandonne à vos conseils. Prescrivez-moi la conduite que je dois tenir pour prévenir tout sinistre accident.

« — Nous n'avons qu'à ne plus faire de concerts, repartit-il. Cessez de paraître devant ma maîtresse : quand elle ne vous verra plus, elle reprendra sa tranquillité. Demeurez chez votre maître, j'irai vous y trouver, et nous jouerons de la guitare sans péril.

« — J'y consens, lui dis-je, et je vous promets de ne plus remettre le pied chez vous. » Effectivement, je résolus de ne plus aller chanter à la porte du médecin et de me tenir désormais renfermé dans ma boutique, puisque j'étais un homme si dangereux à voir.

« Cependant le bon écuyer Marcos, avec toute sa prudence, éprouva, peu de jours après, que le moyen qu'il avait imaginé pour éteindre les feux de doña Mergelina, produisait un effet tout contraire.

« La dame, dès la seconde nuit, ne m'entendant point chanter, lui demanda pourquoi nous avions discontinué nos concerts, et pour quelle raison elle ne me voyait plus. Il répondit que j'étais si occupé que je n'avais pas un moment à donner à mes plaisirs. Elle parut se contenter de cette excuse, et pendant trois autres jours encore elle soutint mon absence avec assez de fermeté ; mais au bout de ce temps-là elle perdit patience et dit à son écuyer :

« — Vous me trompez, Marcos ; Diego n'a pas cessé sans sujet de venir ici. Il y a là-dessous un mystère que je veux éclaircir. Parlez, je vous l'ordonne ; ne me cachez rien.

« — Madame, lui répondit-il en la payant d'une autre défaite, puisque vous souhaitez de savoir les choses, je vous dirai qu'il lui est souvent arrivé, après nos concerts, de trouver chez lui la table desservie : il n'ose plus s'exposer à se coucher sans souper.

« — Comment, sans souper, s'écria-t-elle avec chagrin ! Que ne m'avez-vous dit cela plus tôt ? Se coucher sans souper ! Ah ! le pauvre enfant ! Allez le voir tout à l'heure, et qu'il revienne dès ce soir. Il ne s'en retournera plus sans manger ; il y aura toujours ici un plat pour lui.

« — Qu'entends-je ? lui dit l'écuyer, en feignant d'être surpris de ce discours. Quel changement, ô ciel ! Est-ce vous, madame, qui me tenez ce langage ? Hé ! depuis quand êtes-vous si pitoyable et si sensible ?

« — Depuis, répondit-elle brusquement, depuis que vous demeurez dans cette maison, ou plutôt depuis que vous avez condamné mes manières dédaigneuses, et que vous vous êtes efforcé d'adoucir la rudesse de mes mœurs. Mais hélas ! ajouta-t-elle en s'attendrissant, j'ai passé de l'une à l'autre extrémité. D'altière et d'insensible que j'étais, je suis devenue trop douce et trop tendre. J'aime votre jeune ami Diego, sans que je puisse m'en défendre ; et son absence, bien loin d'affaiblir mon amour, semble lui donner de nouvelles forces.

« — Est-ce possible, reprit le vieillard, qu'un jeune homme qui n'est ni beau, ni bien fait, soit l'objet d'une passion si forte ? Je vous pardonnerais vos sentiments s'ils vous avaient été inspirés par quelque cavalier d'un mérite brillant...

« — Ah ! Marcos, interrompit Mergeline, je ne ressemble donc point aux autres personnes de mon sexe, ou bien, malgré votre longue expérience, vous ne les connaissez guère, si vous croyez que le mérite les détermine à faire un choix. Si j'en juge par moi-même, elles s'engagent sans délibération. L'amour est un dérèglement d'esprit qui nous entraîne vers un objet et nous y attache malgré nous. C'est une maladie qui nous vient comme la rage aux animaux. Cessez donc de me représenter que Diego n'est pas digne de ma tendresse : il suffit que je l'aime pour trouver en lui mille belles qualités qui ne frappent point votre vue et qu'il ne possède peut-être pas. Vous avez beau me dire que ses traits et sa taille ne méritent pas la moindre attention ; il me paraît fait à ravir et plus beau que le jour. De plus, il a dans la voix une douceur qui me touche, et il joue, ce me semble, de la guitare avec une grâce toute particulière.

« — Mais, madame, répliqua Marcos, songez-vous à ce qu'est Diego ? La bassesse de sa condition.

« — Je ne suis guère plus que lui, interrompit-elle encore, et quand même je serais une femme de qualité, je ne prendrais pas garde à cela.

« Le résultat de cet entretien fut que l'écuyer, jugeant qu'il ne gagnerait rien alors sur l'esprit de sa maîtresse, cessa de combattre son entêtement comme un adroit pilote cède à la tempête qui l'écarte du port où il s'est proposé d'aller. Il fit plus, pour satisfaire la patronne, il me vint chercher, me prit à part, et après m'avoir conté ce qui s'était passé entre elle et lui :

« — Vous voyez, Diego, me dit-il, que nous ne saurions nous dispenser de continuer nos concerts à la porte de Mergeline. Il faut absolument, mon ami, que cette dame vous revoie, autrement elle pourrait faire quelque folie qui nuirait plus que toute autre chose à sa réputation.

« Je ne fis point le cruel ; je répondis à Marcos que je me rendrais chez lui sur la fin du jour avec ma guitare ; qu'il pouvait aller porter cette agréable nouvelle à sa maîtresse. Il n'y manqua pas, et ce fut pour cette amante passionnée un grand sujet de ravissement d'apprendre qu'elle aurait ce soir-là le plaisir de me voir et de m'entendre.

« Peu s'en fallut pourtant qu'un incident assez désagréable ne la frustrât de cette espérance. Je ne pus sortir de chez mon maître avant la nuit, qui, pour mes péchés, se trouva très obscure. Je marchais à tâtons dans la rue, et j'avais fait peut-être la moitié de mon chemin, lorsque d'une fenêtre on me coiffa d'une cassolette qui ne chatouilla point l'odorat.

« Je puis dire même que je n'en perdis rien, tant je fus bien ajusté. Dans cette situation, je ne savais à quoi me résoudre : de retourner sur mes pas, quelle scène pour mes camarades ! c'étaient me livrer à toutes les mauvaises plaisanteries du monde. D'aller aussi chez Mergeline dans

le bel état où j'étais, cela me faisait de la peine.

« Je pris pourtant le parti de gagner la maison du médecin. Je rencontrai à la porte le vieil écuyer qui m'attendait ; il me dit que le docteur Oloroso venait de se coucher, et que nous pouvions librement nous divertir. Je répondis qu'il fallait auparavant nettoyer mes habits ; en même temps, je lui contai ma disgrâce. Il y parut sensible, et me fit entrer dans une salle où était sa maîtresse.

« D'abord que cette dame sut mon aventure et me vit tel que j'étais, elle me plaignit autant que si les plus grands malheurs me fussent arrivés ; puis apostrophant la personne qui m'avait accommodé de cette manière, elle lui donna mille malédictions.

« — Hé, Madame, lui dit Marcos, modérez vos transports ; considérez que cet événement est un pur effet du hasard. Il n'en faut point avoir un ressentiment si vif.

« — Pourquoi, s'écria-t-elle avec emportement, pourquoi ne voulez-vous pas que je ressente vivement l'offense qu'on a faite à ce petit agneau, à cette colombe sans fiel, qui ne se plaint pas seulement de l'outrage qu'il a reçu ? Ah, que ne suis-je homme en ce moment pour le venger !

« Elle dit une infinité d'autres choses encore qui marquaient bien l'excès de son amour, qu'elle ne fit pas moins éclater par ses actions ; car, tandis que Marcos s'occupait à m'essuyer avec une serviette, elle courut dans sa chambre, et en apporta une boîte remplie de toutes sortes de parfums. Elle brûla des drogues odoriférantes et en parfuma mes habits. Après quoi, elle répandit dessus des essences abondamment.

« La fumigation et l'aspersion finie, cette charitable femme alla chercher elle-même dans la cuisine du pain, du vin, et quelques morceaux de mouton rôti qu'elle avait mis à part pour moi. Elle m'obligea de manger, et prenant plaisir à me servir, tantôt elle me coupait ma viande et tantôt elle me versait à boire, malgré tout ce que nous pouvions faire, Marcos et moi, pour l'en empêcher.

« Quand j'eus soupé, messieurs de la symphonie se préparèrent à bien accorder leur voix avec leurs guitares. Nous fîmes un concert qui charma Mergeline. Il est vrai que nous affections de chanter des airs dont les paroles flattaient son amour, et il faut remarquer qu'en chantant je la regardais quelquefois du coin de l'œil, d'une manière qui mettait le feu aux étoupes ; car le jeu commençait à me plaire.

« Le concert, quoiqu'il durât depuis longtemps, ne m'ennuyait point. Pour la dame, à qui les heures paraissaient des moments, elle aurait volontiers passé la nuit à nous entendre, si le vieil écuyer, à qui les moments paraissaient des heures, ne l'eût fait souvenir qu'il était déjà tard. Elle lui donna bien dix fois la peine de répéter cela, mais elle avait affaire à un homme infatigable là-dessus ; il ne la laissa point en repos que je ne fusse sorti.

« Comme il était sage et prudent, et qu'il voyait sa maîtresse abandonnée à une folle passion, il craignit qu'il ne nous arrivât quelque traverse.

« Sa crainte fut bientôt justifiée.

« Le médecin, soit qu'il se doutât de quelque intrigue secrète, soit que le démon de la jalousie qui l'avait respecté jusqu'alors voulut l'agiter, s'avisa de blâmer nos concerts. Il fit plus : il les défendit en maître.

« Marcos vint un matin m'instruire de tout cela, et il me dit, en me quittant, qu'il concertait déjà dans son esprit ce qu'il avait à faire pour me procurer une secrète entrevue avec la dame. Il ranima par là mon espérance ; mais j'appris, deux heures après, une très mauvaise nouvelle.

« Un garçon apothicaire du quartier, une de nos pratiques, entra pour se faire faire la barbe. Tandis que je me disposais à le raser, il me dit :

« — Seigneur Diego, comment gouvernez-vous le vieil écuyer Marcos de Obregon, votre ami ? Savez-vous qu'il va sortir de chez le docteur Oloroso ?

« Je réponds que non.

« — C'est une chose certaine, reprit-il, on doit aujourd'hui lui donner son congé. Son maître et le mien viennent, devant vous, à l'heure de s'entretenir à ce sujet ; et voici, poursuivit-il, quelle a été leur conversation : « Seigneur Apuntador, a dit le médecin, j'ai une prière à vous faire. Je ne suis pas content d'un vieil écuyer que j'ai dans ma maison, et je voudrais bien mettre ma femme sous la conduite d'une duègne fidèle, sévère et vigilante.

« — Je vous entends, a interrompu mon maître ; vous auriez besoin de la dame Melancia, qui a servi de gouvernante à mon épouse, et qui, depuis six semaines que je suis veuf, demeure encore chez moi. Quoiqu'elle me soit utile dans mon ménage, je vous la cède, à cause de l'intérêt particulier que je prends à votre honneur. Vous pourrez vous reposer sur elle de la sûreté de votre front, c'est la perle des duègnes : un vrai dragon pour garder la pudicité du sexe. Pendant douze années entières qu'elle a été auprès de ma femme, qui, comme vous le savez, avait de la jeunesse et de la beauté, je n'ai pas vu l'ombre d'un galant dans ma maison. Oh ! vive Dieu ! il ne fallait pas s'y jouer. Je vous dirai même que la défunte, dans les commencements, avait une grande propension à la coquetterie, mais la dame Melancia la refroidit bientôt et lui inspira du goût pour la vertu.

« Enfin, c'est un trésor que cette gouvernante; et vous me remercierez plus d'une fois de vous avoir fait ce présent. »

« Là-dessus le docteur a témoigné que ce discours lui donnait bien de la joie, et ils sont convenus, le seigneur Apuntador et lui, que la duègne irait dès ce jour remplir la place du vieil écuyer. »

« Cette nouvelle que je crus véritable, et qui l'était en effet, troubla les idées de plaisir dont je recommençais à me repaître, et Marcos, l'après-dînée, acheva de les confondre, en me confirmant le rapport du garçon apothicaire.

« — Mon cher Diego, me dit le bon écuyer, je suis ravi que le docteur Oloroso m'ait chassé de sa maison; il m'épargne par là bien des peines. Outre que je me voyais à regret chargé d'un vilain emploi, il m'aurait fallu imaginer des ruses et des détours pour vous faire parler en secret à Mergelina. Quel embarras! grâce au ciel, je suis délivré de ces soins fâcheux et du danger qui les accompagnait. De votre côté, mon fils, vous devez vous consoler de la perte de quelques doux moments, qui auraient pu être suivis de mille chagrins.

« Je goûtai la morale de Marcos, parce que je n'espérais plus rien, et je quittai la partie. Je n'étais pas, je l'avoue, de ces amants opiniâtres qui se raidissent contre les obstacles, mais quand je l'aurais été, la dame Melancia m'eût fait lâcher prise. Le caractère qu'on donnait à cette duègne me paraissait capable de désespérer tous les galants. Cependant, avec quelques couleurs qu'on me l'eût peinte, je ne laissai pas, deux ou trois jours après, d'apprendre que la femme du médecin avait endormi cet Argus, ou corrompu sa fidélité.

« Comme je sortais pour aller raser un de nos voisins, une bonne vieille m'arrêta dans la rue, et me demanda si je m'appelais Diego de la Fuente. Je répondis que oui.

« Cela étant, reprit-elle, c'est à vous que j'ai affaire. Trouvez-vous cette nuit à la porte de dona Mergelina, et quand vous y serez, faites-le connaître par quelque signal, en l'on vous introduira dans la maison.

« — Hé bien, lui dis-je, il faut convenir du signe que je donnerai. Je suis contrefaire le chat à ravir; je miaulerai à diverses reprises.

« — C'est assez, répliqua la messagère de galanterie; je vais porter votre réponse. Votre servante, seigneur Diego; que le ciel vous conserve! Ah! que vous êtes gentil! Par sainte Agnès, je voudrais n'avoir que quinze ans! je ne vous chercherais pas pour les autres.

« A ces paroles, l'officieuse vieille s'éloigna de moi.

« Vous vous imaginez bien que ce message m'agita furieusement: adieu la morale de Marcos! J'attendis la nuit avec impatience, et quand je jugeai que le docteur Oloroso reposait, je me rendis à la porte. Là je me mis à faire des miaulements qu'on devait entendre de loin, et qui sans doute faisaient honneur au maître qui m'avait enseigné un si bel art.

« Un moment après Mergelina vint elle-même ouvrir doucement la porte, et la referma dès que je fus dans la maison. Nous gagnâmes la salle où notre dernier concert avait été fait, et qu'une petite lampe qui brûlait dans la cheminée éclairait faiblement. Nous nous assîmes à côté d'un de l'autre pour nous entretenir, tous deux fort émus, avec cette différence que le plaisir seul causait toute son émotion et qu'il entrait un peu de frayeur dans la mienne.

« Ma dame m'assurait vainement que nous n'avions rien à craindre de la part de son mari; je sentais un frisson qui troublait ma joie.

« Madame, lui dis-je, comment avez-vous pu tromper la vigilance de votre gouvernante? Après ce que j'ai ouï dire de la dame Melancia, je ne croyais pas qu'il vous fût possible de trouver le moyen de me donner de vos nouvelles, encore moins de me voir en particulier.

« Dona Mergelina sourit à ce discours, et me répondit:

« — Vous êtes d'une humeur qui me charme, et votre franchise excite la mienne. Je vois que nous sommes faites l'une pour l'autre. Ah! belle Mergelina, que vous me connaissez mal si vous jugez de moi par le bien que le docteur votre époux vous en a dit, ou sur ma vue rébarbative! Je ne suis rien moins qu'une ennemie des plaisirs, et je ne me rends ministre de la jalousie des maris que pour servir les jolies femmes. Il y a longtemps que je possède le grand art de me masquer, et je puis dire que je suis doublement heureuse, puisque je jouis tout ensemble de la commodité du vice et de la réputation que donne la vertu. Entre nous, le monde n'est guère vertueux que de cette façon; il en coûte trop pour acquérir le fond des vertus: on se contente aujourd'hui d'en avoir les apparences.

« Laissez-moi vous conduire, poursuivit la gouvernante; nous allons bien en faire accroire au vieux docteur Oloroso. Il aura, par ma foi, le même destin que le seigneur Apuntador. Le front d'un médecin ne me paraît pas plus respectable que celui d'un apothicaire. Le pauvre Apuntador! que nous lui avons joué de tours, sa femme et moi! Que cette dame était aimable! le bon petit naturel! le ciel lui fasse paix! Je vous réponds qu'elle a bien passé sa jeunesse. Elle a eu je ne sais combien d'amants que j'ai introduits dans sa maison, sans que son mari s'en soit jamais aperçu.

Regardez-moi donc, madame, d'un œil plus favorable, et soyez persuadée, quelque talent qu'eût le vieil écuyer qui vous servait, que vous ne perdez rien au change. Je vous serai peut-être plus utile que lui.

« Je vous laisse le penser, Diego, continua Mergelina, si je sus bon gré à la duègne de se découvrir à moi si franchement. Je la croyais d'une vertu austère. Voilà comme on juge mal des femmes. Elle me gagna d'abord par ce caractère de sincérité. Je l'embrassai avec un transport de joie qui lui marqua d'avance que j'étais charmée de l'avoir pour gouvernante. Je lui fis ensuite une confidence entière de mes sentiments, et je la priai de me ménager au plus tôt un entretien secret avec vous. Elle n'y a pas manqué. Dès ce matin, elle a mis en campagne cette vieille qui vous a parlé et qui est une intrigante qu'elle a souvent employée pour la femme de l'apothicaire. Mais ce qu'il y a de plus plaisant dans cette aventure, ajouta-t-elle en riant, c'est que Melancia, sur le rapport que je lui ai fait de l'habitude que mon époux a de passer la nuit fort tranquillement, s'est couchée auprès de lui et tient ma place en ce moment.

« — Tant pis, madame, dis-je alors à Mergelina, je n'applaudis point à l'invention. Votre mari peut fort bien se réveiller et s'apercevoir de la supercherie.

« — Il ne s'en apercevra point, répondit-elle avec précipitation : soyez sur cela sans inquiétude, et qu'une vaine crainte n'empoisonne pas le plaisir que vous devez avoir d'être avec une jeune dame qui vous veut du bien.

« La femme du vieux docteur, remarquant que ce discours ne m'empêchait pas de craindre, n'oublia rien de tout ce qu'elle crut capable de me rassurer; et elle s'y prit de tant de façons qu'elle en vint à bout. Je ne pensais plus qu'à profiter de l'occasion; mais dans le temps que le dieu Cupidon suivi des Ris et des Jeux se disposait à faire mon bonheur, nous entendîmes frapper rudement à la porte de la rue.

« Aussitôt l'amour et sa suite s'envolèrent, ainsi que des oiseaux timides qu'un grand bruit effarouche tout à coup.

« Mergeline me cacha promptement sous une table qui était dans la salle; elle souffla la lampe, et, comme elle en était convenue avec sa gouvernante, en cas que ce contre-temps arrivât, elle se rendit à la porte de la chambre où reposait son mari. Cependant on continuait de frapper à grands coups redoublés, qui faisaient retentir toute la maison. Le médecin s'éveille en sursaut et appelle Melancia. La duègne s'élance hors du lit, bien que le docteur qui la prenait pour sa femme lui criât de ne se point lever; elle joignit sa maîtresse, qui, la sentant à ses côtés, appelle aussi Melancia et lui dit d'aller voir qui frappe à la porte.

« — Madame, lui répond la gouvernante, me voici. Recouchez-vous, s'il vous plaît; je vais savoir ce que c'est.

« Pendant ce temps-là, Mergeline s'étant déshabillée, se mit au lit auprès du docteur, qui n'eut pas le moindre soupçon qu'on le trompât. Il est vrai que cette scène venait d'être jouée dans l'obscurité par deux actrices dont l'une était incomparable et l'autre avait beaucoup de disposition à le devenir.

« La duègne, couverte d'une robe de chambre, parut bientôt après, tenant un flambeau à la main :

« — Seigneur docteur, dit-elle à son maître, prenez la peine de vous lever. Le libraire Fernandez de Buendia, notre voisin, est tombé en apoplexie; on vous demande de sa part; courez à son secours.

« Le médecin s'habilla le plus tôt qu'il lui fut possible et sortit. Sa femme, en robe de chambre, vint avec la duègne dans la salle où j'étais. Elles me retirèrent de dessous la table plus mort que vif.

« — Vous n'avez rien à craindre, Diego, me dit Mergeline; remettez-vous!

« En même temps elle m'apprit en deux mots comment les choses s'étaient passées. Elle voulut ensuite renouer avec moi l'entretien qui avait été interrompu : mais la gouvernante s'y opposa.

« — Madame, lui dit-elle, votre époux trouvera peut-être le libraire mort et reviendra sur ses pas. D'ailleurs, ajouta-t-elle en me voyant transi de peur, de que feriez-vous de ce pauvre garçon-là? Il n'est pas en état de soutenir la conversation. Il vaut mieux le renvoyer et remettre la partie à demain.

« Dona Mergelina n'y consentit qu'à regret, tant elle aimait le présent; et je crois qu'elle fut bien mortifiée de n'avoir pu faire prendre à son docteur le nouveau bonnet qu'elle lui destinait.

« Pour moi, moins affligé d'avoir manqué les plus précieuses faveurs de l'amour, que bien aise d'être hors de péril, je retournai chez mon maître où je passai le reste de la nuit à faire des réflexions sur mon aventure. Je doutai quelque temps si j'irais au rendez-vous la nuit suivante. Je n'avais pas meilleure opinion de cette seconde équipée que de l'autre; mais le diable qui nous obsède toujours, ou plutôt nous possède dans de pareilles conjonctures, me représenta que je serais un grand sot d'en demeurer en si beau chemin.

« Il offrit même à mon esprit Mergeline avec de nouveaux charmes, et releva le prix des plaisirs qui m'attendaient. Je résolus de poursuivre ma pointe, et, me promettant bien d'avoir plus de fermeté, je me rendis le lendemain dans cette belle disposition à la porte du docteur, entre onze heures et minuit.

« Le ciel était obscur; je n'y voyais pas briller une étoile. Je miaulai deux ou trois fois pour avertir que j'étais dans la rue, et comme personne ne venait ouvrir, je ne me contentai pas de recommencer, je me mis à contrefaire tous les différents cris de chat qu'un berger d'Olmedo m'avait appris, et je m'en acquittai si bien, qu'un voisin qui rentrait chez lui, me prenant pour un de ces animaux dont j'imitais les miaulements, ramassa un caillou qui se trouva sous ses pieds et me le jeta de toute sa force, en disant : Maudit soit le matou!

« Je reçus le coup à la tête et j'en fus si étourdi dans le moment, que je pensai tomber à la renverse. Je sentis que j'étais bien blessé. Il ne m'en fallut pas davantage pour me dégoûter de la galanterie; et, perdant mon amour avec mon sang, je regagnai notre maison où je réveillai et fis lever tout le monde.

« Mon maître visita et pansa ma blessure, qu'il jugea dangereuse. Elle n'eut pas pourtant de mauvaises suites, et il n'y paraissait plus trois semaines après. Pendant tout ce temps-là, je n'entendis point parler de Mergeline. Il est à croire que la dame Melancia, pour le détacher de moi, lui fit faire quelque bonne connaissance. Mais c'est de quoi je ne m'embarrassais guère, puisque je sortis de Madrid pour continuer mon tour d'Espagne, d'abord que je me vis parfaitement guéri. »

Le seigneur Diego de la Fuente me raconta d'autres aventures encore qui lui étaient arrivées depuis; mais elles me semblent si peu dignes d'être rapportées que je les passerai sous silence.

Nous allâmes ce jour-là coucher entre Moyados et Valpuesta, dans un petit village dont j'ai oublié le nom; et le lendemain nous arrivâmes sur les onze heures du matin dans la plaine d'Olmedo.

« Seigneur Gil Blas, me dit mon camarade, voici le lieu de ma naissance. Je ne puis le revoir sans transport, tant il est naturel d'aimer sa patrie.

— Seigneur Diego, lui répondis-je, un homme qui témoigne tant d'amour pour son pays, en devait parler, ce me semble, un peu plus avantageusement que vous n'avez fait. Olmedo me paraît une ville, et vous m'avez dit que c'était un village. Il fallait du moins le traiter de gros bourg.

— Je lui fais réparation d'honneur, reprit le barbier, mais je vous dirai qu'après avoir vu Madrid, Tolède, Saragosse, et toutes les autres grandes villes où j'ai demeuré en faisant le tour de l'Espagne, je regarde les petites comme des villages. »

<hr>

LIVRE TROISIEME

I. — De l'arrivée de Gil Blas à Madrid. — Il va servir un petit maître.

JE fis quelque séjour chez le jeune barbier. Je me joignis ensuite à un marchand de Ségovie qui passa par Olmedo. Il revenait avec quatre mules de transporter des marchandises à Valladolid, et s'en retournait à vide. Nous fîmes connaissance sur la route, et il prit tant d'amitié pour moi qu'il voulut absolument me loger lorsque nous fûmes arrivés à Ségovie. Il me retint deux jours dans sa maison, et, quand il me vit prêt à partir pour Madrid par la voie du muletier, il me chargea d'une lettre, en me priant de la rendre en main propre à son adresse, sans me dire que ce fût une lettre de recommandation.

Je ne manquai pas de la porter au seigneur Mathéo Melendez. C'était un marchand de drap qui demeurait à la porte du Soleil, au coin de la rue des Bahutiers; il n'eut pas sitôt ouvert le paquet et lu ce qui était contenu dedans, qu'il me dit d'un air gracieux :

« Seigneur Gil Blas, Pedro Palacio, mon correspondant, m'écrit en votre faveur d'une manière si pressante que je ne puis me dispenser de vous offrir un logement chez moi. De plus, il me prie de vous trouver une bonne condition. C'est une chose dont je me charge avec plaisir. Je suis persuadé qu'il ne me sera pas bien difficile de vous placer avantageusement. »

J'acceptai l'offre de Melendez avec d'autant plus de joie que mes finances diminuaient à vue d'œil. Mais je ne lui fus pas longtemps à charge.

En effet, quelques jours après, il me dit :

« Gil Blas, mon ami, vous ne vous attendez pas au bonheur que j'ai à vous annoncer. Vous aurez le poste du monde le plus agréable. Je vais vous mettre auprès de don Mathias de Silva. C'est un homme de la première qualité : un de ces jeunes seigneurs, qu'on appelle petits-maîtres. J'ai l'honneur d'être son marchand. Il prend chez moi des étoffes, à crédit à la vérité; mais il n'y a rien à perdre avec ces seigneurs. Ils épousent souvent de riches héritières qui payent leurs dettes; et quand cela n'arrive pas, un marchand qui entend son métier leur vend toujours si cher, qu'il se sauve en ne touchant même que le quart de ses parties. L'intendant de don Mathias, poursuivit-il, est mon intime ami. Allons le trouver. Il doit vous présenter lui-même à son maître, et vous pouvez compter qu'à ma considération il aura beaucoup d'égards pour vous. »

Comme nous étions en chemin pour nous rendre à l'hôtel de don Mathias, le marchand me dit :

« Il est à propos, ce me semble, que je vous apprenne de quel caractère est l'intendant, afin que vous vous régliez là-dessus. Il s'appelle Gregorio Rodriguez. Entre nous, c'est un homme de rien, qui, se sentant né pour les affaires, a suivi son génie, et s'est enrichi dans deux maisons ruinées dont il a été l'intendant. Je vous avertis qu'il est fort vain : il aime à voir ramper devant lui les autres domestiques. C'est à lui qu'ils doivent d'abord s'adresser quand ils ont la moindre grâce à demander à leur maître; car s'il arrive qu'ils l'aient obtenue sans sa participation, il a toujours des détours tout prêts pour faire révoquer la grâce, ou pour la rendre inutile. Souvenez-vous bien de cela, Gil Blas. Faites votre cour au seigneur Rodriguez, préférablement à votre maître même, et mettez tout en usage pour lui plaire. Son amitié vous sera d'une grande utilité. Il vous paiera vos gages exactement; et si vous êtes assez adroit pour gagner sa confiance, il pourra vous donner quelque petit os à ronger. Il en a tant! Don Mathias est un jeune seigneur qui ne songe qu'à ses plaisirs, et qui ne veut prendre aucune connaissance de ses propres affaires. Quelle maison pour un intendant! »

Lorsque nous fûmes arrivés à l'hôtel, nous demandâmes à parler au seigneur Rodriguez. On nous dit que nous le trouverions dans son appartement. Il y était en effet et nous vîmes avec lui une manière de paysan qui tenait un sac de toile bleue rempli d'espèces.

L'intendant, qui me parut plus pâle et plus jaune qu'une fille fatiguée du célibat, vint au-devant de Melendez, en lui tendant les bras; le marchand de son côté ouvrit les siens, et ils s'embrassèrent tous deux avec des démonstrations d'amitié où il y avait beaucoup plus d'art que de naturel. Après cela il fut question de moi.

Rodriguez m'examina depuis les pieds jusqu'à la tête; puis il me dit fort poliment que j'étais tel qu'il fallait être pour convenir à don Mathias, et qu'il se chargeait avec plaisir de me présenter à ce seigneur.

Là-dessus Melendez fit connaître jusqu'à quel point il s'intéressait pour moi. Il pria l'intendant de m'accorder sa protection, et me laissant avec lui après force compliments, il se retira. Dès qu'il fut sorti, Rodriguez me dit :

« Je vous conduirai à mon maître, d'abord que j'aurai expédié ce bon laboureur. »

Aussitôt il s'approcha du paysan, et lui prenant son sac :

« Talego, lui dit-il, voyons si les cinq cents pistoles sont là dedans. »

Il compta lui-même les pièces. Il trouva le compte juste, donna quittance de la somme au laboureur, et le renvoya. Il remit ensuite les espèces dans le sac. Alors s'adressant à moi :

« Nous pouvons présentement, me dit-il, aller au lever de mon maître. Il sort du lit ordinairement sur le midi. Il est près d'une heure. Il doit être jour dans son appartement. »

Don Mathias venait en effet de se lever. Il était encore en robe de chambre, et renversé dans un fauteuil, sur un bras duquel il avait une jambe étendue; il se balançait en râpant du tabac, s'entretenait avec un laquais, qui, remplissant par *intérim* l'emploi de valet de chambre, se tenait là tout près à le servir.

« Seigneur, lui dit l'intendant, voici un jeune homme que je prends la liberté de vous présenter pour remplacer celui que vous chassâtes avant hier. Melendez, votre marchand, en répond : il assure que c'est un garçon de mérite, et je crois que vous en serez fort satisfait.

— C'est assez, répondit le jeune seigneur, puisque c'est vous qui le produisez auprès de moi, et je le reçois aveuglément à mon service. Je le fais mon valet de chambre. C'est une affaire finie. Rodriguez, ajouta-t-il, parlons d'autres choses, vous arrivez à propos; j'allais vous envoyer chercher. J'ai une mauvaise nouvelle à vous apprendre, mon cher Rodriguez; j'ai joué de malheur cette nuit : avec cent pistoles que j'avais, j'en ai encore perdu deux cents sur ma parole. Vous savez de quelle conséquence il est pour des personnes de condition de s'acquitter de cette sorte de dette. C'est proprement la seule que le point d'honneur nous oblige à payer avec exactitude : aussi ne payons-nous pas les autres si religieusement. Il faut donc trouver deux cents pistoles tout à l'heure et les envoyer à la comtesse de Pedrosa.

— Monsieur, dit l'intendant, cela n'est pas si difficile à dire qu'à exécuter. Où voulez-vous, s'il vous plaît, que je prenne cette somme? Je ne touche pas un maravédis de vos fermiers, quelque menace que je puisse leur faire, cependant il faut que j'entretienne honnêtement votre domestique, et que je sue sang et eau pour fournir à votre dépense.

— Tous ces discours sont inutiles, interrompit don Mathias, et ces détails ne font que m'ennuyer. Ne prétendez-vous pas, Rodriguez, que je change de conduite et que je m'amuse à prendre soin de mon bien? l'agréable amusement pour un homme de plaisir comme moi!

— Patience, répliqua l'intendant, au train que vont les choses, je prévois que vous serez bientôt débarrassé pour toujours de ce soin-là.

— Vous me fatiguez, repartit brusquement le jeune seigneur, vous m'assassinez. Laissez-moi me ruiner sans que je m'en aperçoive. Il me faut, vous dis-je, deux cents pistoles; il me les faut.

— Je vais donc, dit Rodriguez, avoir recours au petit vieillard qui vous a déjà prêté de l'argent à grosse usure.

— Ayez recours, si vous voulez, au diable, répondit don Mathias; pourvu que j'aie deux cents pistoles, je ne me soucie pas du reste. »

Quand Rodriguez fut revenu de chez l'usurier, mon maître, fort satisfait de se revoir en fonds, dit d'un air gai à don Antonio, qui était entré dans sa chambre pour le venir voir :

« Que ferons-nous aujourd'hui? Tenons conseil là-dessus.

— C'est parler en homme de bon sens, répondit don Antonio de Centellés; je le veux bien, délibérons. »

Dans le temps qu'ils allaient rêver à ce qu'ils deviendraient ce jour-là, deux autres seigneurs arrivèrent. C'étaient don Alexo Segiar et don Fernand de Gamboa; l'un à peu près de l'âge de mon maître, c'est-à-dire de vingt-huit à trente ans. Ces quatre cavaliers débutèrent par de vives accolades qu'ils se firent; on eût dit qu'ils ne s'étaient point vus depuis dix ans. Après cela don Fernand, qui était un gros réjoui, adressa la parole à don Mathias et à don Antonio :

« Messieurs, leur dit-il, où dînez-vous aujourd'hui? Si vous n'êtes point engagés, je vais vous mener dans un cabaret où vous boirez du vin des dieux. J'y ai soupé, et j'en suis sorti ce matin entre cinq et six heures.

— Plût au ciel, s'écria mon maître, que j'eusse passé la nuit aussi sagement! je n'aurais pas perdu mon argent.

— Pour moi, dit Centellés, je me suis donné hier au soir un divertissement nouveau; car j'aime à changer de plaisirs. Aussi n'y a-t-il que la variété des amusements qui rende la vie agréable.

« Un de mes amis m'entraîna chez un de ces seigneurs qui lèvent les impôts et font leurs affaires avec celles de l'État. J'y vis de la magnificence, du bon goût, et le repas me parut assez bien entendu; mais je trouvai dans les maîtres du logis un ridicule qui me réjouit. Le partisan, quoique des plus roturiers de sa compagnie, tranchait du grand; et sa femme, bien qu'horriblement laide, faisait l'adorable et disait mille sottises assaisonnées d'un accent biscayen qui leur donnait du relief. Ajoutez à cela qu'il y avait à table quatre ou cinq enfants avec un précepteur. Jugez si ce souper de famille me divertit.

— Et moi, messieurs, dit don Alexo Segiar, j'ai soupé chez une comédienne, chez Arsénie. Nous étions six à table. Arsénie, Florimonde avec une coquette de ses amies, le marquis de Zenette, don Juan de Moncade et votre serviteur. Nous avons passé la nuit à boire et à dire des gueulées. Quelle volupté! Il est vrai qu'Arsénie et Florimonde ne sont pas de grands génies; mais elles ont un usage de débauche qui leur tient lieu d'esprit. Ce sont des créatures enjouées, vives, folles. Cela ne vaut-il pas mieux cent fois que des femmes raisonnables? »

II. — De quelle manière Gil Blas fit connaissance avec les valets des petits-maîtres ; du secret admirable qu'ils lui enseignèrent pour avoir, à peu de frais, la réputation d'homme d'esprit, et du serment singulier qu'ils lui firent faire.

Ces seigneurs continuèrent à s'entretenir de cette sorte, jusqu'à ce que don Mathias, que j'aidais à s'habiller pendant ce temps-là, fût en état de sortir. Alors il me dit de le suivre, et tous ces petits-maîtres prirent ensemble le chemin du cabaret où don Fernand de Gamboa se proposait de les conduire. Je commençai donc à marcher derrière eux avec trois autres valets, car chacun de ces cavaliers avait le sien. Je remarquai avec étonnement que ces trois domestiques copiaient leurs maîtres et se donnaient les mêmes airs.

Je les saluai comme leur nouveau camarade; ils me saluèrent aussi, et l'un d'entre eux, après m'avoir regardé quelques moments me dit :

« Frère, je vois à votre allure que vous n'avez jamais encore servi de jeune seigneur.

— Hélas! non, lui répondis-je, il n'y a pas longtemps que je suis à Madrid.

— C'est ce qu'il me semble, répliqua-t-il : vous sentez la province; vous paraissez timide et embarrassé; il y a de la bourre dans votre action. Mais n'importe, nous vous aurons bientôt dégourdi, sur ma parole.

— Vous me flattez peut-être, lui dis-je?

— Non, repartit-il, non. Il n'y a point de sot que nous ne puissions façonner; comptez là-dessus. »

Il n'eut pas besoin de m'en dire davantage pour me faire comprendre que j'avais pour confrères de bons enfants, et que je ne pouvais être en meilleures mains pour devenir joli garçon. En arrivant au cabaret, nous y trouvâmes un repas tout préparé, que le seigneur don Fernand avait eu la précaution d'ordonner dès le matin. Nos maîtres se mirent à table, et nous nous disposâmes à les servir. Les voilà qui s'entretiennent avec beaucoup de gaieté. J'avais un extrême plaisir à les entendre. Leur caractère, leurs pensées, leurs expressions me divertissaient. Que de feu! que de saillies d'imagination!

Lorsqu'on en fut au fruit, nous leur apportâmes une copieuse quantité de bouteilles des meilleurs vins d'Espagne, et nous les quittâmes pour aller dîner dans une petite salle où l'on nous avait dressé une table.

Je ne tardai guère à m'apercevoir que les chevaliers de ma quadrille avaient encore plus de mérite que je ne me l'étais imaginé d'abord. Ils ne se contentaient pas de prendre des manières de leurs maîtres, ils en affectaient même le langage, et ces marauds les rendaient si bien, qu'à un air de qualité près, c'était la même chose. J'admirais leur air libre et aisé; j'étais encore plus charmé de leur esprit, et je désespérais d'être jamais aussi agréable qu'eux. Le valet de don Fernand, attendu que c'était son maître qui régalait les nôtres, fit les honneurs du repas, et voulant que rien n'y manquât, il appela l'hôte et lui dit :

« Monsieur le maître, donnez-nous dix bouteilles de votre plus excellent vin, et comme vous avez coutume de le faire, vous les ajouterez à celles que nos messieurs auront bues.

— Très volontiers, répondit l'hôte; mais, monsieur Gaspard, vous savez que le seigneur don Fernand me doit déjà bien des repas. Si par votre moyen j'en pouvais tirer quelques espèces...

— Oh! interrompit le valet, ne vous mettez point en peine de ce qui vous est dû. Je vous en réponds, moi. C'est de l'or en barres que les dettes de mon maître. Il est vrai que quelques discourtois créanciers ont fait saisir ses revenus, mais nous obtiendrons mainlevée au premier jour et nous vous payerons sans examiner le mémoire que vous nous fournirez. »

L'hôte nous apporta du vin, malgré les saisies; et nous en bûmes en attendant la mainlevée. Il fallait voir comme nous nous portions des santés à tous moments, en nous donnant les uns aux autres les surnoms de nos maîtres. Le valet de don Antonio appelait Gamboa, celui de don Fernand, et le valet de don Fernand appelait Centellés celui de don Antonio. Ils me nommaient de même Silva, et nous nous enivrions peu à peu sous ces noms empruntés, tout aussi bien que les seigneurs qui les portaient véritablement.

Quoique je fusse moins brillant que mes convives, ils ne laissèrent pas de me témoigner qu'ils étaient assez contents de moi :

« Silva, me dit un des plus dessalés, nous ferons quelque chose de toi, mon ami : je m'aperçois que tu as un fond de génie, mais tu ne sais pas le faire valoir. La crainte de mal parler t'empêche de rien dire au hasard, et toutefois ce n'est qu'en hasardant des discours que mille gens s'érigent aujourd'hui en beaux esprits. Veux-tu briller, tu n'as qu'à te livrer à ta vivacité et risquer indifféremment tout ce qui pourra te venir à la bouche : ton étourderie passera pour une noble hardiesse. Quand tu débiterais cent impertinences, pourvu qu'avec cela il t'échappe seulement un bon mot, on oubliera les sottises, on retiendra le trait, et l'on concevra une haute opinion de ton mérite. C'est que pratiquent si heureusement nos maîtres, et c'est ainsi qu'en doit user tout homme qui vise à la réputation d'un esprit distingué. »

Outre que je ne souhaitais que trop de passer pour un beau génie, le secret qu'on m'enseignait pour y réussir me paraissait si facile que je ne crus pas devoir le négliger. J'éprouvai sur-le-champ, et le vin que j'avais bu rendit l'épreuve heureuse. C'est-à-dire que je parlai à tort et à travers, et que j'eus le bonheur de mêler parmi beaucoup d'extravagances quelques pointes d'esprit qui m'attirèrent des applaudissements.

Ce coup d'essai me remplit de confiance. Je redoublai de vivacité pour produire quelque bonne saillie, et le hasard voulut encore que mes efforts ne fussent pas inutiles.

Nous demeurâmes à table jusqu'à ce qu'il plût à nos maîtres de se retirer. Ce fut à minuit; ce qui parut à mes camarades un excès de sobriété.

Il est vrai que ces seigneurs ne sortaient de si bonne heure du cabaret que pour aller chez une fameuse coquette qui logeait dans le quartier de la cour, et dont la maison était nuit et jour ouverte aux gens de plaisir.

C'était une femme de trente-cinq à quarante ans, parfaitement belle encore, amusante, et si consommée dans l'art de plaire, qu'elle vendait, disait-on, plus chers les restes de sa beauté qu'elle n'en avait vendu les prémices.

Il y avait toujours chez elle deux ou trois autres coquettes du premier ordre, qui ne contribuaient pas peu au grand concours de seigneurs qu'on y voyait. Ils y jouaient l'après-dînée; ils soupaient ensuite, et passaient la nuit à boire et à se réjouir.

Nos maîtres demeurèrent là jusqu'au jour, et nous aussi, sans nous ennuyer; car, tandis qu'ils étaient avec les maîtresses, nous nous amusions avec les soubrettes.

Mon maître s'étant levé à son ordinaire, sur le midi, s'habilla et sortit. Je le suivis, et nous entrâmes chez don Antonio Centellès, où nous trouvâmes un certain don Alvaro de Acuna. C'était un vieux gentilhomme, un professeur de débauche.

Tous les jeunes gens qui voulaient devenir des hommes agréables se mettaient entre ses mains. Il les formait au plaisir, leur enseignait à briller dans le monde, et à dissiper leur patrimoine. Il n'appréhendait plus de manger le sien, l'affaire en était faite.

Après que les trois cavaliers se furent embrassés, Centellès dit à mon maître :

— Parbleu, don Mathias, tu ne pouvais arriver ici plus à propos. Don Alvar vient me prendre pour me mener chez un bourgeois qui donne à dîner au marquis de Zenette et à don Juan de Moncade : je veux que tu sois de la partie.

— Et comment, dit don Mathias, nomme-t-on ce bourgeois ?

— Il s'appelle Gregorio de Noriega, dit alors don Alvar, et je vais vous apprendre en deux mots ce que c'est que ce jeune homme. Son père, qui est un riche joaillier, est allé négocier des pierreries dans des pays étrangers, et lui a laissé en partant la jouissance d'un gros revenu. Gregorio est un sot, qui a une disposition prochaine à manger tout son bien, qui tranche du petit-maître, et veut passer pour homme d'esprit en dépit de la nature. Il m'a prié de le conduire. Je le gouverne; et je puis vous assurer, messieurs, que je le mène bon train. Le fonds de son revenu est déjà bien entamé.

— Je n'en doute pas, s'écria Centellès. Je vois le bourgeois à l'hôpital. Allons, don Mathias, continua-t-il, faisons connaissance avec cet homme-là et contribuons à le ruiner.

Centellès et mon maître se rendirent, avec don Alvar, chez Gregorio de Noriega. Nous y allâmes aussi, Mogicon et moi, tous deux ravis de trouver une franche lippée, et de contribuer pour notre part à la ruine du bourgeois. En entrant, nous aperçûmes plusieurs hommes occupés à préparer le dîner, et il sortait des ragoûts qu'ils faisaient, une fumée qui prévenait d'odorat en faveur du goût. Le marquis de Zenette et don Juan de Moncade venaient d'arriver.

Le maître du logis me parut un grand benêt. Il affectait en vain de prendre l'allure des petits-maîtres, c'était une très mauvaise copie de ces excellents originaux; ou pour mieux dire, un imbécile qui voulait se donner un air délibéré. Représentez-vous un homme de ce caractère entre cinq railleurs qui avaient tous pour but de se moquer de lui et de l'engager dans de grandes dépenses.

Le pauvre Gregorio fut accommodé de toutes pièces. Les petits-maîtres lui lançaient tour à tour des traits, dont le sot ne sentait point l'atteinte. Il leur servit de jouet pendant qu'ils furent à table, et ils y demeurèrent le reste du jour et la nuit tout entière. Nous bûmes à discrétion, de même que nos maîtres, et nous étions bien conditionnés les uns et les autres quand nous sortîmes de chez le bourgeois.

III. — Gil Blas devient homme à bonnes fortunes. Il fait connaissance avec une jolie personne.

APRÈS quelques heures de sommeil, je me levai en bonne humeur, et me souvenant des avis que Melendez m'avait donnés, j'allai en attendant le réveil de mon maître faire ma cour à notre intendant, dont la vanité me parut un peu flattée de l'attention que j'avais à lui rendre mes respects. Il me reçut d'un air gracieux, et me demanda si je m'accommodais du genre de vie des jeunes seigneurs. Je répondis qu'il était nouveau pour moi, mais que je ne désespérais pas de m'y accoutumer dans la suite.

Je m'y accoutumai effectivement, et bientôt même. Je changeai d'humeur et d'esprit. De sage et posé que j'étais auparavant, je devins vif, étourdi, turlupin. Le valet de don Antonio me fit compliment sur ma métamorphose, et me dit que, pour être un illustre, il ne me manquait plus que d'avoir de bonnes fortunes.

Il me représenta que c'était une chose absolument nécessaire pour achever un joli homme, que tous nos camarades étaient aimés par quelque belle personne, et que lui, pour sa part, possédait les bonnes grâces de deux femmes de qualité. Je jugeai que le maraud mentait.

— Monsieur Mogicon, lui dis-je, vous êtes sans doute un garçon bien fait et fort spirituel, vous avez du mérite; mais je ne comprends pas comment des femmes de qualité chez qui vous ne demeurez point, ont pu se laisser charmer d'un homme de votre condition.

— Oh! vraiment, me répondit-il, elles ne savent pas qui je suis. C'est sous les habits de mon maître et même sous son nom que j'ai fait ces conquêtes. Voici comment : je m'habille en jeune seigneur; j'en prends les manières; je vais à la promenade; j'agace toutes les femmes que je vois, jusqu'à ce que j'en rencontre une qui réponde à mes mines. Je suis celle-là, et fais si bien que je lui parle. Je me dis Antonio Centellès. Je demande un rendez-vous; la dame fait des façons; je la presse, elle me l'accorde, *et cætera*. C'est ainsi, mon enfant, continua-t-il, que je me conduis pour avoir de bonnes fortunes, et je te conseille de suivre mon exemple.

J'avais trop d'envie d'être un illustre pour n'écouter pas ce conseil; outre cela, je ne me sentais point de répugnance pour une intrigue amoureuse. Je formai donc le dessein de me travestir en jeune seigneur pour aller chercher des aventures galantes.

Je n'osai me déguiser dans notre hôtel, de peur que cela ne fût remarqué. Je pris un bel habillement complet dans la garde-robe de mon maître, et j'en fis un paquet que j'emportai chez un barbier de mes amis, où je jugeai que je pourrais m'habiller et me déshabiller commodément.

Là je me parai le mieux qu'il me fut possible. Le barbier mit aussi la main à mon ajustement, et quand nous crûmes qu'on n'y pouvait plus rien ajouter, je marchai vers le pré Saint-Jérôme, d'où j'étais bien persuadé que je ne reviendrais pas sans avoir trouvé quelque bonne fortune. Mais je ne fus pas obligé de courir si loin pour en ébaucher une des plus brillantes.

Comme je traversais une rue détournée, je vis sortir d'une petite maison, et monter dans un carrosse de louage qui était à la porte, une dame richement habillée et parfaitement bien faite.

Je m'arrêtai tout court pour la considérer, et je la saluai d'un air à lui faire comprendre qu'elle ne me déplaisait pas.

De son côté, pour me faire voir qu'elle méritait encore plus que je ne pensais mon attention, elle leva pour un moment son voile, et offrit à ma vue un visage des plus agréables. Cependant le carrosse partit, et je demeurai dans la rue un peu étourdi des traits que je venais de voir.

— La jolie figure, disais-je en moi-même! peste, il faudrait cela pour m'achever! Si les deux dames qui aiment Mogicon sont aussi belles que celle-ci, voilà un faquin bien heureux. Je serais charmé de mon sort si j'avais une pareille maîtresse.

En faisant cette réflexion, je jetai les yeux par hasard sur la maison d'où j'avais vu sortir cette aimable personne, et j'aperçus à la fenêtre d'une salle basse une vieille femme qui me fit signe d'entrer.

Je volai aussitôt dans la maison, et je trouvai dans une salle assez propre cette vénérable et discrète vieille, qui, me prenant pour un marquis tout au moins, me salua respectueusement et me dit :

— Je ne doute pas, seigneur, que vous n'ayez mauvaise opinion d'une femme qui, sans vous connaître, vous fait signe d'entrer chez elle; mais vous jugerez peut-être plus favorablement de moi quand vous saurez que je n'en use pas de cette sorte avec tout le monde. Vous me paraissez un seigneur de la cour.

— Vous ne vous trompez pas, ma mie, interrompis-je, en étendant la jambe droite, et penchant le corps sur la hanche gauche. Je suis, sans vanité, d'une des plus grandes maisons d'Espagne.

— Vous en avez bien la mine, reprit-elle, et je vous avouerai que j'aime à faire plaisir aux personnes de qualité, c'est mon faible. Je vous ai observé par ma fenêtre, vous avez regardé très attentivement, ce me semble, une dame qui vient de me quitter. Vous sentiriez-vous du goût pour elle? dites-le-moi confidemment.

— Foi d'homme de cour, lui répondis-je, elle m'a frappé; je n'ai jamais rien vu de plus piquant que cette créature-là. Faufilez-nous ensemble, ma bonne, et comptez sur ma reconnaissance. Il fait bon rendre ces sortes de services à nous autres grands seigneurs; ce ne sont pas ceux que nous payons le plus mal.

— Je vous l'ai déjà dit, répliqua la vieille, je suis toute dévouée aux personnes de condition. Je me plais à leur être utile. Je reçois ici, par exemple, certaines femmes que des dehors de vertu empêchent de voir leurs galants chez elles. Je leur prête ma maison pour concilier leur tempérament avec la bienséance.

— Fort bien, lui dis-je, et vous venez apparemment de faire ce plaisir à la dame dont il s'agit.

— Non, répondit-elle, c'est une jeune veuve de qualité qui cherche un amant; mais elle est si difficile là-dessus que je ne sais si vous lui conviendrez, malgré tout le mérite que vous pouvez avoir. Je lui ai déjà présenté trois cavaliers bien bâtis, qu'elle a dédaignés.

— Oh! parbleu, ma chère, m'écriai-je d'un air de confiance, tu n'as qu'à me mettre à ses trousses; je t'en rendrai bon compte, sur ma parole. Je suis curieux d'avoir un tête-à-tête avec une beauté difficile : je n'en ai point encore rencontré de ce caractère-là.

— Eh bien, me dit la vieille, vous n'avez qu'à venir ici demain à la même heure, vous satisferez votre curiosité.

— Je n'y manquerai pas, lui repartis-je. Nous verrons si un jeune seigneur tel que moi peut rater une conquête.

Je retournai chez le petit barbier, sans vouloir chercher d'autres aventures, et fort impatient de la suite de celle-là.

Ainsi, le jour suivant, après m'être encore bien ajusté, je me rendis chez la vieille une heure plus tôt qu'il ne fallait

— Seigneur, me dit-elle, vous êtes ponctuel, et je vous en sais bon gré; il est vrai que la chose en vaut bien la peine. J'ai vu notre jeune veuve, et nous nous sommes fort entretenues de vous. On m'a défendu de parler; mais j'ai pris tant d'amitié pour vous, que je ne puis me taire. Vous avez plu, et vous allez devenir un heureux seigneur. Entre nous, la dame est un morceau tout appétissant: son mari n'a pas vécu longtemps avec elle; il n'a fait que passer comme une ombre: elle a tout le mérite d'une fille.

La bonne vieille, sans doute, voulait dire d'une de ces filles d'esprit qui savent vivre sans ennui dans le célibat.

L'héroïne du rendez-vous arriva bientôt en carrosse de louage, comme le jour précédent, et vêtue de superbes habits. D'abord qu'elle parut dans la salle, je débutai par cinq ou six révérences de petit-maître, accompagnées de leurs plus gracieuses contorsions. Après quoi, je m'approchai d'elle d'un air très familier, et lui dis:

— Ma princesse, vous voyez un seigneur qui en a dans l'aile. Votre image, depuis hier, s'offre incessamment à mon esprit, et vous avez expulsé de mon cœur une duchesse qui commençait à y prendre pied.

— Le triomphe est trop glorieux pour moi, répondit-elle, en ôtant son voile; mais je n'en ressens pas une joie pure. Un jeune seigneur aime le changement; et son cœur est, dit-on, plus difficile à garder que la pistole volante.

— Eh, ma reine, repris-je, laissons là, s'il vous plaît, l'avenir. Ne songeons qu'au présent. Vous êtes belle; je suis amoureux. Si mon amour vous est agréable, engageons-nous sans réflexion ; embarquons-nous comme des matelots; n'envisageons point les périls de la navigation. N'en regardons que les plaisirs.

En achevant ces paroles, je me jetai avec transport aux genoux de ma nymphe, et, pour mieux imiter les petits-maîtres, je la pressai d'une manière pétulante de faire mon bonheur.

Elle me parut un peu émue de mes instances, mais elle ne crut pas devoir s'y rendre encore, et me repoussant:

— Arrêtez-vous, me dit-elle; vous êtes trop vif, vous avez l'air libertin. J'ai bien peur que vous ne soyez un petit débauché.

— Fi donc, madame, m'écriai-je, pouvez-vous haïr ce qu'aiment les femmes hors du commun? Il n'y a plus que quelques bourgeoises qui se révoltent contre la débauche.

— C'en est trop, reprit-elle, je me rends à une raison si forte. Je vois bien qu'avec vous autres, seigneurs, les grimaces sont inutiles. Il faut qu'une femme fasse la mollié du chemin. Apprenez donc votre victoire, ajouta-t-elle avec une apparence de confusion, comme si sa pudeur eût souffert de cet aveu; vous m'avez inspiré des sentiments que je n'ai jamais eus pour personne, et je n'ai plus besoin que de savoir qui vous êtes, pour me déterminer à vous choisir pour mon amant. Je vous crois un jeune seigneur et même un honnête homme. Cependant je n'en suis point assurée; et quelque prévenue que je sois en votre faveur, je ne veux pas donner ma tendresse à un inconnu.

Je me souvins alors de quelle façon le valet de don Antonio m'avait dit qu'il sortait d'un pareil embarras; et voulant à son exemple passer pour mon maître:

— Madame, dis-je à ma veuve, je ne me défendrai point de vous apprendre mon nom. Il est assez beau pour mériter d'être avoué. Avez-vous entendu parler de don Mathias de Silva?

— Oui, répondit-elle; je vous dirai même que je l'ai vu chez une personne de ma connaissance.

Quoique déjà effronté, je fus un peu troublé de cette réponse. Je me rassurai toutefois dans le moment; et faisant force de génie pour m'en tirer de là:

— Eh bien, mon ange, repris-je, vous connaissez un seigneur... que... je connais aussi... Je suis de sa maison, puisqu'il faut vous le dire. Son aïeul épousa la belle-sœur d'un oncle de mon père. Nous sommes, comme vous voyez, assez proches parents. Je m'appelle don César. Je suis fils unique de l'illustre don Fernand de Ribera, qui fut tué, il y a quinze ans, dans une bataille qui se donna sur les frontières de Portugal. Je vous ferais bien un détail de l'action, elle fut diablement vive; mais ce serait perdre des moments précieux que l'amour veut que j'emploie plus agréablement.

Je devins pressant et passionné après ce discours; ce qui ne me mena pourtant à rien. Les faveurs que ma déesse me laissa prendre ne servirent qu'à me faire soupirer après celles qu'elle me refusa.

La cruelle regagna son carrosse qui l'attendait à la porte. Je ne laissai pas néanmoins de me retirer très satisfait de ma bonne fortune, bien que je ne fusse pas encore parfaitement heureux.

Si, disais-je en moi-même, je n'ai obtenu que des demi-bontés, c'est que ma dame est une personne qualifiée qui n'a pas cru devoir céder à mes transports dans une première entrevue. La fierté de sa naissance a retardé mon bonheur, mais il n'est différé que de quelques jours. Il est bien vrai que je me représentai aussi que ce pouvait être une matoise des plus raffinées.

Cependant, j'aimai mieux regarder la chose du bon côté que du mauvais, et je conservai l'avantageuse opinion que j'avais conçue de ma veuve. Nous étions convenus de nous quittant de nous revoir le surlendemain, et l'espérance de parvenir au comble de mes vœux me donnait un avant-goût des plaisirs dont je me flattais.

L'esprit plein des plus riantes images, je me rendis chez mon barbier. Je changeai d'habit et j'allai joindre mon maître dans un tripot où je savais qu'il était. Je le trouvai engagé au jeu, et je m'aperçus qu'il gagnait; car il ne ressemblait pas à ces joueurs froids qui s'enrichissent ou se ruinent sans changer de visage. Il était railleur et insolent dans la prospérité et fort bourru dans la mauvaise fortune.

Il sortit fort gai du tripot, et prit le chemin du *Théâtre du Prince*. Je le suivis jusqu'à la porte de la comédie. Là, me mettant un ducat dans la main:

— Tiens, Gil Blas, me dit-il, puisque j'ai gagné aujourd'hui, je veux que tu t'en ressentes. Va te divertir avec tes camarades, et viens me prendre à minuit chez Arsénie, où je dois souper avec don Alexo Segiar.

A ces mots, il rentra et je demeurai à rêver avec qui je pourrais dépenser mon ducat, selon l'intention du fondateur. Je ne rêvai pas longtemps. Clarin, valet de don Alexo, se présenta tout à coup devant moi. Je le menai au premier cabaret, et nous nous y amusâmes jusqu'à minuit. De là, nous nous rendîmes à la maison d'Arsénie où Clarin avait ordre aussi de se trouver. Un petit laquais nous ouvrit la porte et nous fit entrer dans une salle basse, où la femme de chambre d'Arsénie et celle de Florimonde riaient à gorge déployée en s'entretenant ensemble, tandis que leurs maîtresses étaient en haut avec nos maîtres.

L'arrivée de deux vivants qui venaient de bien souper ne pouvait pas être désagréable à des soubrettes et à des soubrettes de comédiennes encore; mais quel fut mon étonnement lorsque, dans une de ces suivantes, je reconnus ma veuve, mon adorable veuve, que je croyais comtesse ou marquise.

Elle ne parut pas moins étonnée de voir son cher don César de Ribera changé en valet de petit-maître.

Nous nous regardâmes toutefois l'un l'autre sans nous déconcerter. Il nous prit même à tous deux une envie de rire que nous ne pûmes nous empêcher de satisfaire.

Après quoi Laure, c'est ainsi qu'elle s'appelait, me tirant à part, tandis que Clarin parlait à sa compagne, me tendit gracieusement la main et me dit tout bas:

— Touchez là, seigneur don César; au lieu de nous faire des reproches réciproques, faisons-nous des compliments, mon ami. Vous avez fait votre rôle à ravir, et je ne me suis point mal non plus acquittée du mien. Qu'en dites-vous? Avouez que vous m'avez prise pour une de ces jolies femmes de qualité qui se plaisent à faire des équipées.

— Il est vrai, lui répondis-je; mais qui que vous soyez, ma reine, je n'ai point changé de sentiment en changeant de forme. Agréez, de grâce, mes services, et permettez que le valet de chambre de don Mathias achève ce que don César a si heureusement commencé.

— Va, reprit-elle, je t'aime encore mieux dans ton naturel qu'autrement. Tu es en homme ce que je suis en femme. C'est la plus grande louange que je puisse te donner. Je te reçois au nombre de mes adorateurs. Nous n'avons plus besoin du ministère de la vieille. Tu peux venir ici me voir librement. Nous autres dames de théâtre, nous vivons sans contrainte et pêle-mêle avec les hommes. Je conviens qu'il y paraît quelquefois; mais le public en rit, et nous sommes faites, comme tu sais, pour le divertir.

Nous en demeurâmes là, parce que nous n'étions pas seuls. La conversation devint générale, vive, enjouée et pleines d'équivoques claires. Chacun y mit du sien. La suivante d'Arsénie surtout, mon aimable Laure, brilla fort et fit paraître beaucoup plus d'esprit que de vertu.

D'un autre côté, nos maîtres et les comédiennes poussaient souvent de longs éclats de rire que nous entendions; ce qui suppose que leur entretien était aussi raisonnable que le nôtre.

Si l'on eût écrit toutes les belles choses qui se dirent cette nuit chez Arsénie, on en aurait, je crois, composé un livre très instructif pour la jeunesse. Cependant l'heure de la retraite, c'est-à-dire le jour, arriva, il fallut se séparer. Clarin suivit don Alexo,—et je me retirai avec don Mathias.

IV. — Quel accident obligea Gil Blas à chercher une nouvelle condition.

Nous nous couchâmes avant le lever de d'aurore, et don Mathias, à son réveil, me chargea d'un nouvel emploi.

— Gil Blas, me dit-il, prends du papier et de l'encre pour écrire deux ou trois lettres que je veux te dicter. Je te fais mon secrétaire.

— Bon, dis-je, en moi-même, surcroît de fonctions. Comme laquais, je suis mon maître partout; comme valet de chambre, je l'habille, et j'écrirai sous lui comme secrétaire. Le ciel en soit loué. Je vais, comme la triple Hécate, faire trois personnages différents.

— Tu ne sais pas, continua-t-il, quel est mon dessein. Le voici: Mais sois discret, il y va de ta vie. Comme je trouve quelquefois des gens qui me vantent leurs bonnes fortunes, je veux, pour leur damer le pion, avoir dans mes poches de fausses lettres de femmes, que je leur lirai. Cela me divertira pour un moment et, plus heureux que ceux de mes pareils, qui ne font des conquêtes que pour avoir le plaisir de les publier, j'en publierai que je n'aurai pas eu la peine de faire. Mais, ajouta-t-il, déguise ton écriture, de manière que les billets ne paraissent pas tous d'une même main.

Je pris donc du papier, une plume et de l'encre, et je me mis en devoir d'obéir à don Mathias, qui me dicta d'abord un poulet dans ces termes: *Vous ne vous êtes point trouvé au rendez-vous. Ah! don Mathias, que direz-vous pour vous justifier? Quelle était mon erreur? et que vous me punissez bien d'avoir eu la vanité de croire que tous les amusements et toutes les affaires du monde devaient céder au plaisir de voir doña Clara de Mendoce.*

Après ce billet, il m'en fit écrire un autre, comme d'une femme qui lui sacrifiait un prince; et un autre enfin, par lequel une dame lui mandait que, si elle était assurée qu'il fût discret, elle ferait avec lui le voyage de Cythère.

Il ne se contentait pas de me dicter de si belles lettres, il m'obligeait de mettre au bas des noms de personnes qualifiées. Je ne pus m'empêcher de lui témoigner que je trouvais cela très délicat, mais il me pria de ne lui donner des avis que lorsqu'il m'en demanderait. Je fus obligé de me taire et d'expédier ses commandements. Cela fait, il se leva, et je l'aidai à s'habiller. Il mit les lettres dans ses poches; il sortit ensuite; je le suivis, et nous allâmes dîner chez don Juan de Moncade, qui régalait ce jour-là cinq ou six cavaliers de ses amis.

On y fit grande chère, et la joie, qui est le meilleur assaisonnement des festins, régna dans le repas. Tous les convives contribuèrent à égayer la conversation; les uns par des plaisanteries, et les autres en racontant des histoires dont ils se disaient les héros. Mon maître ne perdit pas une si belle occasion de faire valoir les lettres qu'il m'avait fait écrire. Il les lut à haute voix, et d'un air si imposant, qu'à l'exception de son secrétaire, tout le monde peut-être en fut la dupe. Parmi les cavaliers devant qui se faisait effrontément cette lecture, il y en avait un qu'on appelait don Lope de Velasco. Celui-ci, homme fort grave, au lieu de se réjouir comme les autres des prétendues bonnes fortunes du lecteur, lui demanda froidement si la conquête de doña Clara lui avait coûté beaucoup.

— Moins que rien, lui répondit don Mathias; elle a fait toutes les avances. Elle me voit à la promenade: je lui plais. On me suit par son ordre; on apprend qui je suis. Elle m'écrit, et me donne rendez-vous chez elle à une heure de la nuit où tout reposait dans sa maison. Je m'y trouval; on m'introduisit dans son appartement... Je suis trop discret pour vous dire le reste.

A ce récit laconique, le seigneur de Velasco fit paraître une grande altération sur son visage. Il ne fut pas difficile de s'apercevoir de l'intérêt qu'il prenait à la dame en question.

— Tous ces billets, dit-il à mon maître en le regardant d'un œil furieux, sont absolument faux, et surtout celui que vous vous vantez d'avoir reçu de dona Clara de Mendoce. Il n'y a point en Espagne de fille plus réservée qu'elle. Depuis deux ans, un cavalier, qui ne vous cède ni en naissance ni en mérite personnel, met tout en usage pour s'en faire aimer. A peine en a-t-il obtenu les plus innocentes faveurs : mais il peut se flatter que si elle était capable d'en accorder d'autres, ce ne serait qu'à lui seul.

— Hé! qui vous dit le contraire? interrompit don Mathias d'un air railleur. Je conviens avec vous que c'est une fille très honnête. De mon côté, je suis un fort honnête garçon. Par conséquent, vous devez être persuadé qu'il ne s'est rien passé entre nous que de très honnête.

— Ah! c'en est trop, interrompit don Lope à son tour; laissons là les railleries : vous êtes un imposteur. Jamais dona Clara ne vous a donné de rendez-vous la nuit. Je ne puis souffrir que osiez noircir sa réputation. Je suis aussi trop discret pour vous dire le reste.

En achevant ces mots, il rompit en visière à toute la compagnie, et se retira d'un air qui me fit juger que cette affaire pourrait bien avoir de mauvaises suites. Mon maître, qui était assez brave pour un seigneur de son caractère, méprisa les menaces de don Lope.

— Le fat, s'écria-t-il, en faisant un éclat de rire! les chevaliers errants soutenaient la beauté de leurs maîtresses; il veut, lui, soutenir la sagesse de la sienne. Cela me paraît encore plus extravagant.

La retraite de Velasco, à laquelle Moncade avait en vain voulu s'opposer, ne troubla point la fête. Les cavaliers, sans y faire beaucoup d'attention, continuèrent de se réjouir, et ne se séparèrent qu'à la pointe du jour suivant.

Nous nous couchâmes, mon maître et moi, sur les cinq heures du matin. Le sommeil m'accablait, et je comptais bien dormir; mais je comptais sans mon hôte, ou plutôt sans notre portier, qui vint me réveiller une heure après, pour me dire qu'il y avait à la porte un garçon qui me demandait.

— Ah! maudit portier, m'écriai-je en bâillant, songez-vous que je viens de me mettre au lit tout à l'heure? Dites à ce garçon que je repose et qu'il vienne tantôt.

— Il veut, me répliqua-t-il, vous parler en ce moment; il assure que la chose presse.

A ces mots, je me levai; je mis seulement mon haut-de-chausses et mon pourpoint, et j'allai en jurant trouver le garçon qui m'attendait.

— Ami, lui dis-je, apprenez-moi, s'il vous plaît, quelle affaire pressante me procure l'honneur de vous voir de si grand matin.

— J'ai, me répondit-il, une lettre à donner en main propre au seigneur don Mathias, et il faut qu'il la lise tout présentement; cela est de la dernière conséquence pour lui; je vous prie de m'introduire dans sa chambre.

Comme je crus qu'il s'agissait d'une affaire importante, je pris la liberté d'aller réveiller mon maître.

— Pardon, lui dis-je, si j'interromps votre repos : mais l'importance...

— Que me veux-tu? interrompit-il brusquement.

— Seigneur, lui dit alors le garçon qui m'accompagnait, c'est une lettre que j'ai à vous rendre de la part de don Lope de Velasco.

Don Mathias prit le billet, l'ouvrit, et après l'avoir lu, dit au valet de don Lope :

— Mon enfant, je ne me lèverais jamais avant midi, quelque partie de plaisir qu'on me pût proposer; juge si je me lèverai à six heures du matin pour me battre. Tu peux dire à ton maître que s'il est encore à midi et demi dans l'endroit où il m'attend, nous nous y verrons. Va lui porter cette réponse.

A ces mots, il s'enfonça dans son lit et ne tarda guère à se rendormir.

Il se leva et s'habilla fort tranquillement entre onze heures et midi. Puis il sortit, en me disant qu'il me dispensait de le suivre : mais j'étais trop tenté de voir ce qu'il deviendrait pour lui obéir. Je marchai sur ses pas jusqu'au pré de Saint-Jérôme, où j'aperçus don Lope de Velasco qui l'attendait de pied ferme.

Je me cachai pour les observer tous deux, et voici ce que je remarquai de loin.

Ils se joignirent, et commencèrent à se battre un moment après. Leur combat fut long. Ils se poussèrent tout à tour l'un l'autre avec beaucoup d'adresse et de vigueur. Cependant la victoire se déclara pour don Lope. Il perça mon maître, l'étendit par terre, et s'enfuit fort satisfait de s'être si bien vengé. Je le trouvai sans connaissance, et presque déjà sans vie.

Ce spectacle m'attendrit, et je ne pus m'empêcher de pleurer une mort à laquelle, sans y penser, j'avais servi d'instrument. Néanmoins, malgré ma douleur, je ne laissai pas de songer à mes petits intérêts. Je m'en retournai promptement à l'hôtel sans rien dire. Je fis un paquet de mes hardes, où je mis par mégarde quelques nippes de mon maître; et quand j'eus porté cela chez le barbier, où mon habit d'homme à bonnes fortunes était encore, je répandis dans la ville l'accident funeste dont j'avais été témoin. Je le contai à qui voulut l'entendre, et surtout je ne manquai pas d'aller l'annoncer à Rodriguez. Il en parut moins affligé qu'occupé des mesures qu'il avait à prendre là-dessus. Il assembla ses domestiques, leur ordonna de le suivre, et nous nous rendîmes tous au pré de Saint-Jérôme. Nous enlevâmes don Mathias, qui respirait encore, mais qui mourut trois heures après qu'on l'eut transporté chez lui. Ainsi périt le seigneur don Mathias de Silva pour s'être avisé de lire mal à propos des billets doux supposés.

V. — Quelle personne il alla servir après la mort de don Mathias Silva.

UELQUES jours après les funérailles de don Mathias, tous ses domestiques furent payés et congédiés. J'établis mon domicile chez le petit barbier, avec qui je commençais à vivre dans une étroite liaison. Je m'y promettais plus d'agrément que chez Melendez. Comme je ne manquais pas d'argent, je ne me hâtai point de chercher une nouvelle condition. D'ailleurs, j'étais devenu difficile sur cela. Je ne voulais plus servir que des personnes hors du commun; encore avais-je résolu de bien examiner les postes qu'on m'offrirait. Je ne croyais pas le meilleur trop bon pour moi, tant le valet d'un jeune seigneur me paraissait alors préférable aux autres valets.

En attendant que la fortune me présentât une maison telle que je m'imaginais la mériter, je pensai que je ne pouvais mieux faire que de consacrer mon oisiveté à ma belle Laure, que je n'avais point vue depuis que nous nous étions si plaisamment détrompés. Je n'osai m'habiller en don César de Ribera. Je ne pouvais, sans passer pour un extravagant, mettre cet habit que pour me déguiser. Mais outre que le mien n'avait pas encore l'air trop malpropre, j'étais bien chaussé et bien coiffé. Je me parai donc, à l'aide du barbier, d'une manière qui tenait un milieu entre don César et Gil Blas. Dans cet état, je me rendis à la maison d'Arsénie. Je trouvai Laure seule dans la même salle, où je lui avais déjà parlé.

— Ah! c'est vous, s'écria-t-elle, aussitôt qu'elle m'aperçut. Je vous croyais perdu. Il y a sept ou huit jours que je vous ai permis de me venir voir. Vous n'abusez point, à ce que je vois, des libertés que les dames vous donnent.

Je m'excusai sur la mort de mon maître, sur les occupations que j'avais eues, et j'ajoutai fort poliment que dans mes embarras même, mon aimable Laure avait toujours été présente à ma pensée.

— Cela étant, me dit-elle, je ne vous ferai plus de reproches; et je vous avouerai que j'ai aussi songé à vous. D'abord que j'ai appris le malheur de don Mathias, j'ai formé un projet qui ne vous déplaira peut-être point. Il y a longtemps que j'entends dire à ma maîtresse qu'elle veut avoir chez elle une espèce d'homme d'affaires; un garçon qui entende bien l'économie, et qui tienne un registre exact des sommes qu'on lui donnera pour faire la dépense de la maison. J'ai jeté les yeux sur votre seigneurie. Il me semble que vous ne remplirez point mal cet emploi.

— Je sens, lui répondis-je, que je m'en acquitterai à merveille. J'ai lu les Économiques d'Aristote, et pour tenir des registres, c'est mon fort... Mais, mon enfant, poursuivis-je, une difficulté m'empêche d'entrer au service d'Arsénie.

— Quelle difficulté? me dit Laure.

— J'ai juré, lui répliquai-je, de ne plus servir de bourgeois; j'en ai même juré par le Styx! Si Jupiter n'osait violer ce serment, jugez si un valet doit le respecter.

— Qu'appelles-tu des bourgeois? repartit froidement la soubrette : pour qui prends-tu les comédiennes? Les prends-tu pour des avocates, ou pour des procureuses? Oh! sache, mon ami, que les comédiennes sont nobles, archinobles, par les alliances qu'elles contractent avec les grands seigneurs.

— Sur ce pied-là, lui dis-je, mon infante, je puis accepter la place que vous me destinez; je ne dérogerai point.

— Non, sans doute, répondit-elle, passer de chez un petit-maître au service d'une héroïne de théâtre, c'est être toujours dans le même monde. Nous allons de pair avec les gens de qualité. Nous avons des équipages comme eux, nous faisons aussi bonne chère et, dans le fond, on doit nous confondre ensemble dans la vie civile. En effet, ajouta-t-elle, à considérer un marquis et un comédien dans le cours d'une journée, c'est presque la même chose. Si le marquis, pendant les trois quarts du jour, est par son rang au-dessus du comédien, le comédien pendant l'autre quart s'élève encore davantage au-dessus du marquis, par un rôle d'empereur ou de roi qu'il représente. Cela fait, ce me semble, une compensation de noblesse et de grandeur qui nous égale aux personnes de la cour.

— Oui, vraiment, repris-je, vous êtes de niveau, sans contredit, les uns aux autres. Peste, les comédiens ne sont pas des maroufles, comme je le croyais; et vous me donnez une forte envie de servir de si honnêtes gens.

— Eh bien, repartit-elle, tu n'as qu'à revenir dans deux jours. Je ne te demande que ce temps-là pour disposer ma maîtresse à te prendre; je lui parlerai en ta faveur. J'ai quelque ascendant sur son esprit, je suis persuadée que je te ferai entrer ici.

Je remerciai Laure de sa bonne volonté. Je lui témoignai que j'en étais pénétré de reconnaissance, et je l'en assurai avec des transports qui ne lui permirent pas d'en douter.

Nous eûmes tous deux un assez long entretien, qui aurait encore duré si un petit laquais ne fût venu dire à ma princesse qu'Arsénie la demandait.

Nous nous séparâmes. Je sortis de chez la comédienne dans la douce espérance d'y avoir bientôt bouche en cour, et je ne manquai pas d'y retourner deux jours après.

— Je t'attendais, me dit la suivante, pour t'assurer que tu es commensal dans cette maison. Viens, suis-moi; je vais te présenter à ma maîtresse.

À ces paroles, elle me mena dans un appartement composé de cinq à six pièces de plain-pied, toutes plus richement meublées les unes que les autres.

Quel luxe! quelle magnificence! Je me crus chez une vice-reine; ou, pour mieux dire, je m'imaginai voir toutes les richesses du monde amassées dans un même lieu. Il est vrai qu'il y en avait de plusieurs nations, et qu'on pouvait définir cet appartement : le temple d'une déesse, où chaque voyageur apportait pour offrande quelques raretés de son pays.

J'aperçus la divinité assise sur un grand carreau de satin. Je la trouvai charmante et grasse de la fumée des sacrifices.

Elle était dans un déshabillé galant, et ses belles mains s'occupaient à préparer une coiffure nouvelle pour jouer son rôle ce jour-là.

— Madame, lui dit la soubrette, voici l'économe en question; je puis vous assurer que vous ne sauriez avoir un meilleur sujet.

Arsénie me regarda très attentivement, et j'eus le bonheur de ne lui pas déplaire.

— Comment donc, Laure, s'écria-t-elle, mais voilà un fort joli garçon. Je prévois que je m'accommoderai bien de lui.

Ensuite, m'adressant la parole :

— Mon enfant, ajouta-t-elle, vous me convenez, et je n'ai qu'un mot à vous dire : Vous serez content de moi si je le suis de vous.

Je lui répondis que je ferais tous mes efforts pour la servir à son gré. Comme je vis que nous étions d'accord, je sortis sur-le-champ pour aller chercher mes hardes et je revins m'installer dans cette maison.

VI. — Qui n'est pas plus long que le précédent.

IL était à peu près l'heure de la comédie; ma maîtresse me dit de la suivre avec Laure au théâtre. Nous entrâmes dans sa loge, où elle ôta son habit de ville et en prit un autre plus magnifique pour paraître sur la scène. Quand le spectacle commença, Laure me conduisit et se plaça près de moi dans un endroit d'où je pouvais voir et entendre parfaitement bien les acteurs. Ils me déplurent pour la plupart, à cause sans doute que don Pompeyo m'avait prévenu contre eux. On ne laissait pas d'en applaudir plusieurs, et quelques-uns me firent souvenir de la fable du cochon.

Laure m'apprenait le nom des comédiens et des comédiennes à mesure qu'ils s'offraient à nos yeux. Elle ne se contentait pas de les nommer, la médisante en faisait de jolis portraits :

— Celui-ci, disait-elle, a le cerveau creux, celui-là est un insolent. Cette mignonne que vous voyez et qui a l'air plus libre que gracieux, s'appelle Rosarda : mauvaise acquisition pour la compagnie; on devrait mettre cela dans la troupe qu'on lève par ordre du vice-roi de la nouvelle Espagne, et qu'on va faire incessamment partir pour l'Amérique. Regardez bien cet astre lumineux qui s'avance : c'est Casilda. Si, depuis qu'elle a des amants, elle avait exigé de chacun d'eux une pierre de taille pour en bâtir une pyramide, comme fit autrefois une princesse d'Égypte, elle en pourrait faire élever une qui irait jusqu'au troisième ciel.

Enfin Laure déchira tout le monde par des médisances. Ah! la méchante langue! Elle n'épargna pas même sa maîtresse.

Cependant j'avouerai mon faible : j'étais charmé de ma soubrette, quoique son caractère ne fût pas moralement bon. Elle médisait avec un agrément qui me faisait aimer jusqu'à sa malignité.

Elle se levait dans les entr'actes pour aller voir si Arsénie n'avait pas besoin de ses services; mais, au lieu de venir promptement reprendre sa place, elle s'amusait derrière le théâtre à recueillir les fleurettes des hommes qui la cajolaient.

Je la suivis une fois pour l'observer, et je remarquai qu'elle avait bien des connaissances. Je comptai jusqu'à trois comédiens qui l'arrêtèrent l'un après l'autre pour lui parler, et ils me parurent s'entretenir avec elle très familièrement. Cela ne me plut point, et pour la première fois de ma vie je sentis ce que c'est que d'être jaloux.

Je retournai à ma place si rêveur et si triste que Laure s'en aperçut aussitôt qu'elle m'eut rejoint.

— Qu'as-tu, Gil Blas? me dit-elle avec étonnement; quelle humeur noire s'est emparée de toi depuis que je t'ai quitté? Tu as l'air sombre et chagrin.

— Ma princesse, lui répondis-je, ce n'est pas sans raison; vos allures sont un peu vives. Je viens de vous voir avec des comédiens.

— Ah! le plaisant sujet de tristesse! interrompit-elle en riant. Quoi! cela te fait de la peine? Oh! vraiment, tu n'es pas au bout; tu verras bien d'autres choses parmi nous. Il faut que tu t'accoutumes à nos manières aisées. Point de jalousie, mon enfant, les jaloux, chez le peuple comique, passent pour des ridicules. Aussi n'y en a-t-il presque point. Les pères, les maris, les frères, les oncles et les cousins sont les gens du monde les plus commodes, et souvent même ce sont eux qui établissent leurs familles.

Après m'avoir exhorté à ne prendre ombrage de personne et à regarder tout tranquillement, elle me déclara que j'étais l'heureux mortel qui avait trouvé le chemin de son cœur. Puis elle m'assura qu'elle m'aimerait toujours uniquement.

Sur cette assurance, dont je pouvais douter sans passer pour un esprit trop défiant, je lui promis de ne plus m'alarmer, et je lui tins parole. Je la vis, dès le soir même, s'entretenir en particulier et rire avec des hommes. À l'issue de la comédie, nous nous en retournâmes avec notre maîtresse au logis, où Florimonde arriva bientôt avec trois vieux seigneurs et un comédien qui y venaient souper.

Outre Laure et moi, il y avait pour domestiques dans cette maison une cuisinière, un cocher et un petit laquais. Nous nous joignîmes tous cinq pour préparer le repas. La cuisinière, qui n'était pas moins habile que la dame Jacinte, apprêta les viandes avec le cocher. La femme de chambre et le petit laquais mirent le couvert, et je dressai le buffet composé de la plus belle vaisselle d'argent et de plusieurs vases d'or, autres offrandes que la déesse du temple avait reçues.

Je le parai de bouteilles de différents vins, et je servis

d'échanson, pour montrer à ma maîtresse que j'étais homme à tout.

J'admirais la contenance des comédiennes pendant le repas; elles faisaient les dames d'importance; elles s'imaginaient être des femmes du premier rang. Bien loin de traiter d'*Excellence* les seigneurs, elles ne leur donnaient pas même de la *Seigneurie*; elles les appelaient simplement par leur nom. Il est vrai que c'étaient eux qui les gâtaient et qui les rendaient si vaines en se familiarisant un peu trop avec elles. Le comédien, de son côté, comme un acteur accoutumé à faire le héros, vivait avec eux sans façon : il buvait à leur santé et tenait pour ainsi dire le haut bout.

Parbleu, dis-je en moi-même, quand Laure m'a démontré que le marquis et le comédien sont égaux pendant le jour, elle pouvait ajouter qu'ils le sont encore davantage pendant la nuit, puisqu'ils la passent tout entière à boire ensemble.

Arsénie et Florimonde étaient naturellement enjouées. Il leur échappa mille discours hardis entremêlés de menues faveurs et de minauderies qui furent bien savourées par ces vieux pécheurs. Tandis que ma maîtresse m'amusait un par un badinage innocent, son amie, qui se trouvait entre les deux autres, ne faisait point avec eux la Suzanne.

Dans le temps que je considérais ce tableau, qui n'avait que trop de charmes pour un vieil adolescent, on apporta le fruit. Alors je mis sur la table des bouteilles de liqueurs et des verres, et je disparus pour aller souper avec Laure, qui m'attendait.

— Hé bien, Gil Blas, me dit-elle, que penses-tu de ces seigneurs que tu viens de voir?

— Ce sont sans doute, lui répondis-je, des adorateurs d'Arsénie et de Florimonde.

— Non, reprit-elle, ce sont de vieux voluptueux qui vont chez les coquettes sans s'y attacher; ils n'exigent d'elles qu'un peu de complaisance, et ils sont assez généreux pour bien payer les petites bagatelles qu'on leur accorde. Grâce au ciel, Florimonde et ma maîtresse sont à présent sans amants. Je veux dire qu'elles n'ont pas de ces amants qui s'érigent en maris, et veulent faire tous les plaisirs d'une maison, parce qu'ils en font toute la dépense. Pour moi, j'en suis bien aise, et je soutiens qu'une coquette sensée doit fuir ces sortes d'engagements. Pourquoi se donner un maître? Il vaut mieux gagner sou à sou un équipage que de l'avoir tout d'un coup à ce prix-là.

Lorsque Laure était en train de parler, et elle y était presque toujours, les paroles ne lui coûtaient rien. Quelle volubilité de langue! Elle me conta mille aventures arrivées aux actrices de la troupe du prince, et je conclus de tous ses discours que je ne pouvais être mieux placé pour connaître parfaitement les vices; malheureusement j'étais dans un âge où ils ne font guère d'horreur, et il faut ajouter que la soubrette savait si bien peindre les dérèglements, que je n'y envisageais que des délices. Elle n'eut pas le temps de m'apprendre seulement la dixième partie des exploits des comédiennes, car il n'y avait pas plus de trois heures qu'elle en parlait. Les seigneurs et le comédien se retirèrent avec Florimonde, qu'ils conduisirent chez elle.

Après qu'ils furent sortis, ma maîtresse me dit en me mettant de l'argent entre les mains :

— Tenez, Gil Blas, voilà dix pistoles pour aller demain matin à la provision. Cinq ou six de nos messieurs et de nos dames doivent dîner ici. Ayez soin de nous faire faire bonne chère.

— Madame, lui répondis-je, avec cette somme je promets d'apporter de quoi régaler toute la troupe même.

— Mon ami, reprit Arsénie, corrigez, s'il vous plaît, vos expressions. Sachez qu'il ne faut point dire la troupe : il faut dire la compagnie. On dit bien une troupe de bandits, une troupe de gueux, une troupe d'auteurs; mais apprenez qu'on doit dire une compagnie de comédiens. Les acteurs de Madrid surtout méritent bien qu'on appelle leur corps une compagnie.

Je demandai pardon à ma maîtresse de m'être servi d'un terme si peu respectueux, je la suppliai très humblement d'excuser mon ignorance. Je lui protestai que dans la suite, quand je parlerais de messieurs les comédiens de Madrid d'une manière collective, je dirais toujours la compagnie.

VII. — Comment les comédiens vivaient ensemble, et de quelle manière ils traitaient les auteurs.

JE me mis donc en campagne le lendemain matin pour commencer l'exercice de mon emploi d'économe. C'était un jour maigre; j'achetai, par ordre de ma maîtresse, de bons poulets gras, des lapins, des perdreaux et d'autres petits pieds. Comme messieurs les comédiens ne sont pas contents des manières de l'Église à leur égard, ils n'en observent pas avec exactitude les commandements. J'apportai au logis plus de viande qu'il n'en faut à douze honnêtes gens pour bien passer les trois jours du carnaval. La cuisinière eut de quoi s'occuper toute la matinée. Pendant qu'elle préparait le dîner, Arsénie se leva et demeura jusqu'à midi à sa toilette.

Alors les seigneurs Rosimiro et Richardo, comédiens, arrivèrent. Il survint ensuite deux comédiennes, Constance et Célinaura; et un moment après, parut Florimonde accompagnée d'un homme qui avait tout l'air d'un *senor cavallero* des plus lestes. Il avait les cheveux galamment noués, un chapeau relevé d'un bouquet de plumes feuilles-mortes, un haut-de-chausses bien étroit, et l'on voyait aux ouvertures de son pourpoint une chemise fine avec une fort belle dentelle. Ses gants et son mouchoir étaient dans la concavité de la garde de son épée, et il portait son manteau avec une grâce toute particulière.

Néanmoins, quoiqu'il eût bonne mine et fût très bien fait, je trouvai d'abord en lui quelque chose de singulier.

Il faut, dis-je en moi-même, que ce gentilhomme-là soit un original.

Je ne me trompais point : c'était un caractère marqué. Dès qu'il entra dans l'appartement d'Arsénie, il courut, les bras ouverts, embrasser les actrices et les acteurs, l'un après l'autre, avec des démonstrations plus outrées que celles des petits-maîtres. Je ne changeai point de sentiment lorsque je l'entendis parler : il appuyait sur toutes les syllabes, et prononçait ses paroles d'un ton emphatique avec des gestes et des yeux accommodés au sujet. J'eus la curiosité de demander à Laure ce que c'était que ce cavalier.

— Je te pardonne, me dit-elle, ce mouvement curieux: il est impossible de voir et d'entendre pour la première fois le seigneur Carlos Alonso de la Ventoleria sans avoir envie qui te presse; je vais te le peindre au naturel. Premièrement, c'est un homme qui a été comédien. Il a quitté le théâtre par fantaisie et s'en est depuis repenti par raison. As-tu remarqué ses cheveux noirs? Ils sont teints aussi bien que ses sourcils et sa moustache. Il est plus vieux que Saturne; cependant, comme au temps de sa naissance ses parents ont négligé de faire inscrire son nom sur les registres de sa paroisse, il profite de leur négligence, et se dit plus jeune qu'il n'est de vingt bonnes années pour le moins.

« D'ailleurs, c'est le personnage d'Espagne le plus rempli de lui-même. »

Les comédiennes et les comédiens qui n'étaient point venus là pour se taire, ne furent pas muets. Ils commencèrent à s'entretenir de leurs camarades absents d'une manière peu charitable, à la vérité; mais c'est une chose qu'il faut pardonner aux comédiens comme aux auteurs.

— Messieurs, interrompit Florimonde, laissez là de grâce vos bonnes fortunes, elles sont connues de toute la terre; parlons d'Isménie. On dit que ce seigneur qui a fait tant de dépenses pour elle vient de lui échapper.

— Oui, vraiment, s'écria Constance, et je vous dirai de plus qu'elle perd un petit homme d'affaires qu'elle aurait indubitablement ruiné : je sais la chose d'original. Son Mercure a fait un quiproquo : il a porté au seigneur un billet qu'elle écrivait à l'homme d'affaires, et a remis à l'homme d'affaires une lettre qui s'adressait au seigneur. Voilà de grandes pertes, ma mignonne, reprit Florimonde.

— Oh! pour celle du seigneur, repartit Constance, elle est peu considérable. Le cavalier a mangé presque tout son bien : mais le petit homme d'affaires ne faisait que d'entrer sur les rangs; il n'a point encore passé par les mains des coquettes; c'est un sujet à regretter.

Ils s'entretinrent à peu près de cette sorte avant le dîner, et leur entretien roula sur la même matière lorsqu'ils furent à table. Comme je ne finirais point, si j'entreprenais de rapporter tous les autres discours pleins de médisance ou de fatuité que j'entendis, le lecteur trouvera bon que je les supprime, pour lui conter de quelle façon fut reçu un pauvre diable d'auteur qui arriva chez Arsénie sur la fin du repas.

Notre petit laquais vint dire tout haut à ma maîtresse :

— Madame, un homme en linge sale, crotté jusqu'à l'échine, et qui, sauf votre respect, a tout l'air d'un poète, demande à vous parler.

— Qu'on le fasse monter, répondit Arsénie. Ne bougeons, messieurs, c'est un auteur.

Effectivement, c'en était un dont on avait accepté une tragédie, et qui apportait un rôle à ma maîtresse. Il s'appelait Pedro de Moya. Il fit en entrant cinq ou six profondes révérences à la compagnie, qui ne se leva ni même ne le salua point.

Arsénie répondit seulement par une simple inclination de tête aux civilités dont il l'accablait. Il s'avança dans la chambre d'un air tremblant et embarrassé. Il laissa tomber ses gants et son chapeau; il les ramassa, s'approcha de ma maîtresse, et, lui présentant un papier plus respectueusement qu'un plaideur ne présente un placet à son juge :

— Madame, lui dit-il, agréez, de grâce, le rôle que je prends la liberté de vous offrir.

Elle le reçut d'une manière froide et méprisante, et ne daigna pas même répondre au compliment.

Cela ne rebuta point notre auteur, qui, se servant de l'occasion pour distribuer d'autres personnages, en donna un à Rosimiro et un autre à Florimonde, qui n'en usèrent pas plus honnêtement avec lui qu'Arsénie; au contraire, le comédien, fort obligeant de son naturel, comme ces messieurs le sont pour la plupart, l'insulta par de piquantes railleries. Pedro de Moya les sentit. Il n'osa toutefois les relever, de peur que sa pièce n'en pâlit; il se retira sans rien dire, mais vivement touché, à ce qu'il me parut, de la réception que l'on venait de lui faire. Je crois que dans son dépit il ne manqua pas d'apostropher en lui-même les comédiens comme ils le méritaient; et les comédiens, de leur côté, quand il fut sorti, commencèrent à parler des auteurs avec beaucoup de respect.

— Il me semble, dit Florimonde, que le seigneur Pedro de Moya ne s'en va pas fort satisfait.

— Hé! Madame, s'écria Rosimiro, de quoi vous inquiétez-vous? Les auteurs sont-ils dignes de notre attention? Si nous allions de pair avec eux, ce serait le moyen de les gâter. Je connais ces petits messieurs; je les connais; ils s'oublieraient bientôt. Traitons-les toujours en esclaves et ne craignons point de lasser leur patience. Si leurs chagrins les éloignent de nous quelquefois, la fureur d'écrire nous les ramène, et ils sont encore trop heureux que nous voulions bien jouer leurs pièces.

— Vous avez raison, dit Arsenie; nous ne perdons que les auteurs dont nous faisons la fortune. Pour ceux-là, sitôt que nous les avons bien placés, l'aise les gagne, et ils ne travaillent plus. Heureusement la compagnie s'en console, et le public n'en souffre point.

On applaudit à ces beaux discours, et il se trouva que les auteurs, malgré les mauvais traitements qu'ils recevaient des comédiens, leur en devaient encore de reste. Ces histrions les mettaient au-dessous d'eux, et certes ils ne pouvaient les mépriser davantage.

VIII. — Gil Blas se met dans le goût du théâtre; il s'abandonne aux délices de la vie comique, et s'en dégoûte peu de temps après.

LES convives demeurèrent à table jusqu'à ce qu'il fallut aller au théâtre. Alors ils s'y rendirent tous. Je les suivis, et je vis encore la comédie ce jour-là. J'y pris tant de plaisir que je résolus de la voir tous les jours. Je n'y manquai pas, et insensiblement je m'accoutumai aux acteurs. Admirez la force de l'habitude : j'étais particulièrement charmé de ceux qui brillaient et gesticulaient le plus sur la scène, et je n'étais pas seul dans ce goût-là.

La beauté des pièces ne me touchait pas moins que la manière dont on les représentait. Il y en avait quelques-unes qui m'enlevaient, et j'aimais entre autres celles où l'on faisait paraître tous les cardinaux ou les douze pairs de France. Je retenais des morceaux de ces poèmes incomparables. Je me souviens que j'appris par cœur en deux jours une comédie entière qui avait pour titre : *La Reine des Fleurs*. La rose qui était la reine, avait pour confidente la violette, et pour écuyer le jasmin. Je ne trouvai rien de plus ingénieux que ces ouvrages qui me semblaient faire beaucoup d'honneur à l'esprit de notre nation.

Je voyais des actrices et des acteurs, que les applaudissements avaient gâtés, et qui, se considérant comme des objets d'admiration, s'imaginaient faire grâce au public lorsqu'ils jouaient.

Tous les discours que j'entendais parmi eux étaient pernicieux pour la jeunesse. Quand je n'aurais su ce qui se passait chez Casilda, chez Constance et chez les autres comédiennes, la maison d'Arsenie toute seule n'était que trop capable de me perdre. Outre les vieux seigneurs dont j'ai parlé, il y venait des petits-maîtres, des enfants de famille, que les usuriers mettaient en état de faire de la dépense, et quelquefois on y recevait aussi des traitants, qui, loin d'être payés comme dans leurs assemblées pour leur droit de présence, payaient là pour avoir droit de présents.

Florimonde, qui demeurait dans une maison voisine, dînait et soupait tous les jours avec Arsenie. Elles paraissaient toutes deux dans une union qui surprenait bien des gens. On était étonné que des coquettes fussent en si bonne intelligence, et l'on s'imaginait qu'elles se brouilleraient tôt ou tard pour quelque cavalier : mais on connaissait mal ces amies parfaites; une solide amitié les unissait. Au lieu d'être jalouses comme les autres femmes, elles vivaient en commun; elles aimaient mieux partager les dépouilles des hommes que de s'en disputer sottement les soupirs.

Laure, à l'exemple de ces deux illustres associées, profitait aussi de ses beaux jours; elle m'avait bien dit que je verrais de belles choses. Cependant je ne fis point le jaloux; j'avais promis de prendre là-dessus l'esprit de la compagnie; je dissimulai pendant quelques jours. Je me contentais de lui demander le nom des hommes avec qui je la voyais en conversation particulière. Elle me répondait toujours que c'était un oncle ou un cousin.

Qu'elle avait de parents!

Il fallait que sa famille fût plus nombreuse que celle du roi Priam.

La soubrette ne s'en tenait pas même à ses oncles et à ses cousins, elle allait encore quelquefois amorcer des étrangers et faire la veuve de qualité chez la bonne vieille dont j'ai parlé.

Enfin Laure, pour en donner au lecteur une idée juste et précise, était aussi jeune, aussi jolie et aussi coquette que sa maîtresse, qui n'avait point d'autre avantage sur elle que celui de divertir publiquement le public.

Je cédai au torrent pendant trois semaines. Je me livrai à toutes sortes de voluptés. Mais je dirai en même temps qu'au milieu des plaisirs, je sentais souvent naître en moi une amertume à mes délices. La débauche me triompha des remords qui venaient de mon éducation, et qui ne mêlaient point de ces remords; au contraire, ils augmentaient à mesure que je devenais plus débauché, et par un effet de mon heureux naturel, les désordres de la vie comique commencèrent à me faire horreur.

« Ah! misérable, me dis-je à moi-même, est-ce ainsi que tu remplis l'attente de ta famille? N'est-ce pas assez de l'avoir trompée en prenant un autre parti que celui de précepteur? Ta condition servile te doit-elle empêcher de vivre en honnête homme? Te convient-il d'être avec des gens si vicieux? L'envie, la colère et l'avarice règnent chez les uns; la pudeur est bannie de chez les autres; ceux-ci s'abandonnent à l'intempérance et à la paresse, et l'orgueil de ceux-là va jusqu'à l'insolence. C'en est fait, je ne veux pas demeurer plus longtemps avec les sept péchés mortels. »

—o—

LIVRE QUATRIEME

I. — Gil Blas, ne pouvant s'accoutumer aux mœurs des comédiennes, quitte le service d'Arsenie et trouve une plus honnête maison.

UN reste d'honneur et de religion, que je ne laissai pas de conserver parmi des mœurs si corrompues, me fit résoudre, non seulement à quitter Arsenie, mais à rompre même tout commerce avec Laure, que je ne pouvais pourtant cesser d'aimer, quoique je susse bien qu'elle me faisait mille infidélités.

Heureux qui peut ainsi profiter des moments de raison qui viennent troubler les plaisirs dont il est trop occupé!

Un beau matin, je fis mon paquet, et sans compter avec Arsenie, qui ne me devait, à la vérité, presque rien, sans prendre congé de ma chère Laure, je sortis de cette maison où l'on ne respirait qu'un air de débauche.

Je n'eus pas plutôt fait cette bonne action que le ciel m'en récompensa. Je rencontrai l'intendant de feu don Mathias, mon maître. Je le saluai, il me reconnut, s'arrêta pour me demander qui je servais. Je lui répondis que depuis un instant j'étais hors de condition; qu'après avoir demeuré près d'un mois chez Arsenie, dont les mœurs ne me convenaient point, je venais d'en sortir de mon propre mouvement pour sauver mon innocence.

L'intendant, comme s'il eût été scrupuleux de son naturel, approuva ma délicatesse, et me dit qu'il voulait me placer lui-même avantageusement, puisque j'étais un garçon si plein d'honneur. Il accomplit sa promesse et me mit dès ce jour-là chez don Vincent de Gusman, dont il connaissait l'homme d'affaires.

Je ne pouvais entrer dans une meilleure maison; aussi ne me suis-je point repenti dans la suite d'y avoir demeuré. Don Vincent était un vieux seigneur fort riche, qui vivait heureux depuis plusieurs années sans procès et sans femme, les médecins lui ayant ôté la sienne, en voulant la défaire d'une toux qu'elle aurait encore pu conserver longtemps si elle n'eût pas pris leurs remèdes.

Au lieu de songer à se remarier, il s'était donné tout entier à l'éducation d'Aurore, sa fille unique, qui entrait alors dans sa vingt-sixième année, et pouvait passer pour une personne accomplie. Avec une beauté peu commune, elle avait un esprit excellent et très cultivé. Son père était un petit génie, mais il avait le talent de bien gouverner ses affaires. Il avait un défaut qu'on doit pardonner aux vieillards : Il aimait à parler, et principalement de guerre et de combats.

Si par malheur on venait à toucher cette corde en sa présence, il embouchait dans le moment la trompette héroïque, et ses auditeurs se trouvaient trop heureux quand ils en étaient quittes pour la relation de deux sièges et de trois batailles. Comme il avait consommé les deux tiers de sa vie dans le service, sa mémoire était une source inépuisable de faits divers qu'on n'entendait pas toujours avec autant de plaisir qu'il les racontait. Ajoutez à cela qu'il était bègue et diffus, ce qui ne rendait pas sa manière de conter fort agréable.

Au reste, je n'ai point vu de seigneur d'un si bon caractère; il avait l'humeur égale; il n'était ni entêté ni capricieux; j'admirais cela dans un homme de qualité. Quoiqu'il fût bon ménager de son bien, il vivait honorablement. Son domestique était composé de plusieurs valets, et de trois femmes qui servaient Aurore. Je reconnus bientôt que l'intendant de don Mathias m'avait procuré un bon poste, et je ne songeai qu'à m'y maintenir. Je m'attachai à connaître le terrain; j'étudiai les inclinations des uns et des autres, puis, réglant ma conduite là-dessus, je ne tardai guère à prévenir en ma faveur mon maître et tous les domestiques.

Il y avait déjà plus d'un mois que j'étais chez don Vincent, lorsque je crus m'apercevoir que sa fille me distinguait de tous les valets du logis.

Toutes les fois que ses yeux venaient à s'arrêter sur moi, il me semblait y remarquer une sorte de complaisance que je ne voyais point dans les regards qu'elle laissait tomber sur les autres.

Si je n'eusse pas fréquenté des petits-maîtres et des comédiens, je ne me serais jamais avisé de m'imaginer qu'Aurore pensât à moi; mais je m'étais un peu gâté parmi ces messieurs, chez qui les dames, même les plus qualifiées, ne sont pas toujours dans un trop bon prédicament.

« Si, disais-je, on en croit quelques-uns de ces historiens, il prend quelquefois à des femmes de qualité certaines fantaisies dont ils profitent. Que sais-je si ma maîtresse n'est point sujette à ces fantaisies-là? Mais non, ajoutais-je un moment après; je ne puis me le persuader. Ce n'est point une de ces Messalines qui, démentant la fierté de leur naissance, abaissent indignement leurs regards jusque dans la poussière et se déshonorent sans rougir. C'est plutôt une de ces filles vertueuses, mais tendres, qui, satisfaites des bornes que leur vertu prescrit à leur tendresse, ne se font pas un scrupule d'inspirer et de sentir une passion délicate qui les amuse sans péril. »

Voilà comme je jugeais de ma maîtresse, sans savoir précisément à quoi je devais m'arrêter. Cependant lorsqu'elle me voyait, elle ne manquait pas de me sourire et de me témoigner de la joie. On pouvait, sans passer pour un fat, donner dans de si belles apparences; aussi n'y eut-il pas moyen de m'en défendre.

Je crus Aurore fortement éprise de mon mérite, et je ne me regardai plus que comme un de ces heureux domestiques à qui l'amour rend la servitude si douce.

Pour paraître en quelque façon moins indigne du bien que ma bonne fortune me voulait procurer, je commençai d'avoir plus de soin de ma personne que je n'en avais eu jusqu'alors; je m'attachai à chercher ce qui pouvait me donner quelque agrément; je dépensai en linges, en pommades et en essences tout ce que j'avais d'argent.

La première chose que je faisais le matin, c'était de me parer et de me parfumer, pour n'être point négligé, s'il fallait me présenter devant ma maîtresse.

Avec cette attention que j'apportais à m'ajuster, et les autres mouvements que je me donnais pour plaire, je me flattais que mon bonheur n'était pas fort éloigné.

Parmi les femmes d'Aurore, il y en avait une qu'on appelait Ortiz. C'était une vieille personne qui demeurait depuis plus de vingt années chez don Vincent. Elle avait élevé sa fille et conservait encore la qualité de duègne; mais elle n'en remplissait plus l'emploi pénible. Au contraire, au lieu d'éclairer comme autrefois les actions d'Aurore, elle ne s'occupait alors qu'à les cacher. Enfin elle possédait toute la confiance de sa maîtresse.

Un soir, la dame Ortiz, ayant trouvé l'occasion de me parler sans qu'on pût nous entendre, me dit tout bas, que si j'étais sage et discret, je n'avais qu'à me rendre à minuit dans le jardin, qu'on m'apprendrait là des choses que je ne serais pas fâché de savoir.

Je répondis à la duègne, en lui serrant la main, que je ne manquerai pas d'y aller, et nous nous séparâmes vite, de peur d'être surpris.

Je ne doutai plus que je n'eusse fait une tendre impression sur la fille de don Vincent, et j'en ressentis une joie que je n'eus pas peu de peine à contenir.

Que le temps me dura depuis ce moment jusqu'au souper, quoiqu'on soupât de fort bonne heure, et depuis le souper jusqu'au coucher de mon maître! Il me semblait que tout se faisait, ce soir-là, dans la maison avec une lenteur extraordinaire.

Pour surcroît d'ennui, lorsque don Vincent fut retiré dans son appartement, au lieu de songer à se reposer, il se mit à rebattre ses campagnes de Portugal, dont il m'avait souvent étourdi. Mais ce qu'il n'avait point encore fait, et ce qu'il me gardait pour ce soir-là, il me nomma tous les officiers qui s'étaient distingués de son temps. Il me raconta même leurs exploits.

Que je souffris à l'écouter jusqu'au bout! Il acheva pourtant de parler et se coucha. Je passai aussitôt dans une petite chambre où était mon lit, et d'où l'on descendait dans le jardin par un escalier dérobé. Je me frottai tout le corps de pommade. Je pris une chemise blanche, après l'avoir bien parfumée, et quand je n'eus rien oublié de tout ce qui me parut pouvoir contribuer à flatter l'entêtement de ma maîtresse, j'allai au rendez-vous.

Je n'y trouvai point Ortiz.

Je jugeai qu'ennuyée de m'attendre, elle avait regagné son appartement, et que l'heure du berger était passée.

Je m'en pris à don Vincent; mais, comme je maudissais ses campagnes, j'entendis sonner dix heures.

Je crus que l'horloge allait mal et qu'il était impossible qu'il ne fût pas au moins une heure après minuit. Cependant je me trompais si bien, qu'un gros quart d'heure après que je comptai encore dix heures à une autre horloge.

« Fort bien, dis-je alors en moi-même; je n'ai plus que deux heures entières à garder le mulet. On ne se plaindra pas du moins de mon peu d'exactitude. Que vais-je devenir jusqu'à minuit? Promenons-nous dans ce jardin et songeons au rôle que je dois jouer; il est assez nouveau pour moi. Je ne suis point encore fait aux fantaisies des femmes de qualité. Je sais de quelle manière on en use avec les grisettes et les comédiennes. Vous les abordez d'un air familier et vous brusquez sans façon l'aventure; mais il faut une autre manœuvre avec une personne de condition, il faut, ce me semble, que le galant soit poli, complaisant, tendre et respectueux, sans pourtant être timide. Au lieu de vouloir hâter son bonheur par ses emportements, il doit l'attendre d'un moment de faiblesse. »

C'est ainsi que je raisonnais, et je me promettais bien de tenir cette conduite avec Aurore. Je me représentais qu'en peu de temps j'aurais le plaisir de me voir aux pieds de cette aimable dame, et de lui dire mille choses passionnées.

Je rappelai même dans ma mémoire tous les endroits de nos pièces de théâtre dont je pouvais me servir dans notre tête-à-tête et me faire honneur. Je comptais de les bien appliquer, et j'espérais qu'à l'exemple de quelques comédiens de ma connaissance je passerais pour avoir de l'esprit, quoique je n'eusse que de la mémoire.

En m'occupant de toutes ces pensées, qui amusaient plus agréablement mon impatience que les récits militaires de mon maître, j'entendis sonner onze heures.

« Bon, dis-je alors, je n'ai plus que soixante minutes à attendre. Armons-nous de patience. »

Je pris courage et me replongeai dans ma rêverie, tantôt en continuant de me promener, et tantôt assis dans un cabinet de verdure qui était au bout du jardin.

L'heure enfin que j'attendais depuis si longtemps, minuit, sonna.

Quelques instants après Ortiz aussi ponctuelle, mais moins impatiente que moi, parut:

« Seigneur Gil Blas, me dit-elle en m'abordant, combien y a-t-il que vous êtes ici?

— Deux heures, lui répondis-je.

— Ah vraiment, reprit-elle en faisant un éclat de rire à mes dépens, vous êtes bien exact: c'est un plaisir de vous donner des rendez-vous la nuit. Il est vrai, continuat-elle d'un air sérieux, que vous ne sauriez trop payer le bonheur que j'ai à vous annoncer. Ma maîtresse veut avoir un entretien particulier avec vous, et elle m'a ordonné de vous introduire dans son appartement où elle vous attend. Je ne vous en dirai pas davantage, le reste est un secret que vous ne devez apprendre que de sa propre bouche. Suivez-moi, je vais vous conduire. »

A ces mots, la duègne me prit la main, et par une petite porte dont elle avait la clef, elle me mena mystérieusement dans la chambre de sa maîtresse.

II. — Comment Aurore reçut Gil Blas, et quel entretien ils eurent ensemble.

JE trouvai Aurore en déshabillé; cela me fit plaisir. Je la saluai fort respectueusement et de la meilleure grâce qu'il me fût possible.

Elle me reçut d'un air riant, me fit asseoir auprès d'elle malgré moi, et, ce qui acheva de me ravir, elle dit à son ambassadrice de passer dans une autre chambre, et de nous laisser seuls. Après cela, m'adressant la parole:

« Gil Blas, me dit-elle, vous avez dû vous apercevoir que je vous regarde favorablement et vous distingue de tous les autres domestiques de mon père; et quand mes regards ne vous auraient point fait juger que j'ai quelque bonne volonté pour vous, la démarche que je fais cette nuit ne vous permettrait pas d'en douter. »

Je ne lui donnai pas le temps de m'en dire davantage. Je crus qu'en homme poli, je devais épargner à sa pudeur la peine de s'expliquer plus formellement. Je me levai avec transport, et me jetant aux pieds d'Aurore, comme un héros de théâtre qui se met à genoux devant sa princesse, je m'écriai d'un ton de déclamateur:

« Ah! Madame, l'ai-je bien entendu! Est-ce à moi que ce discours s'adresse? Serait-il possible que Gil Blas, jusqu'ici le jouet de la fortune et le rebut de la nature entière, eût le bonheur de vous avoir inspiré des sentiments—

— Ne parlez pas si haut, interrompit en riant ma maîtresse; vous allez réveiller mes femmes qui dorment dans la chambre prochaine. Levez-vous, reprenez votre place et m'écoutez jusqu'au bout sans me couper la parole. Oui, Gil Blas, poursuivit-elle, en reprenant son sérieux, je vous veux du bien; et pour vous prouver que je vous estime, je vais vous faire confidence d'un secret d'où dépend le repos de ma vie. J'aime un jeune cavalier, beau, bien fait, et d'une naissance illustre. Il se nomme don Luis Pacheco. Je le vois quelquefois à la promenade et aux spectacles; mais je ne lui ai jamais parlé. J'ignore même de quel caractère il est et s'il n'a point de mauvaises qualités. C'est de quoi pourtant je voudrais bien être instruite. J'aurais besoin d'un homme qui s'enquît soigneusement de ses mœurs et m'en rendît un compte fidèle. Je fais choix de vous préférablement à tous mes autres domestiques. Je crois que je ne risque rien à vous charger de cette commission. J'espère que vous vous en acquitterez avec tant d'adresse et de discrétion, que je ne me repentirai point de vous avoir mis dans ma confidence. »

Ma maîtresse cessa de parler en cet endroit pour entendre ce que je lui répondrais là-dessus. J'avais d'abord été déconcerté d'avoir pris si désagréablement le change; mais je me remis promptement l'esprit, et surmontant la honte que cause toujours la témérité, quand elle est malheureuse, je témoignai à la dame tant de zèle pour ses intérêts, je me dévouai avec tant d'ardeur à son service, que si je ne lui ôtai pas la pensée que je ne m'étais follement flatté de lui avoir plu, du moins je lui fis connaître que je savais bien réparer une sottise.

Je ne demandai que deux jours pour lui rendre bon compte de don Luis. Après quoi la dame Ortiz, que sa maîtresse rappela, me remena dans le jardin, et me dit d'un air railleur en me quittant :

« Bonsoir, Gil Blas, je ne vous recommande point de vous trouver de bonne heure au premier rendez-vous. Je connais trop votre ponctualité là-dessus pour en être en peine. »

Je retournai dans ma chambre, non sans quelque dépit de voir mon attente trompée; je fus néanmoins assez raisonnable pour m'en consoler. Je fis réflexion qu'il me convenait mieux d'être le confident de ma maîtresse que son amant.

Je songeai même que cela pourrait me mener à quelque chose : que les courtiers d'amour étaient ordinairement bien payés de leurs peines; et je me couchai dans la résolution de faire ce qu'Aurore exigeait de moi.

Je sortis pour cet effet le lendemain. La demeure d'un cavalier tel que don Luis ne fut pas difficile à découvrir; je m'informai de lui dans le voisinage; mais les personnes à qui je m'adressai ne purent pleinement satisfaire ma curiosité. Ce qui m'obligea le jour suivant à recommencer mes perquisitions. Je fus plus heureux. Je rencontrai, par hasard, dans la rue, un garçon de ma connaissance; nous nous arrêtâmes pour nous parler. Il passa dans ce moment, un de ses amis qui nous aborda, et nous dit qu'il venait d'être chassé de chez don Joseph Pacheco, père de don Luis, pour un quartaut de vin qu'on l'accusait d'avoir bu. Je ne perdis pas une si belle occasion de m'informer de tout ce que je souhaitais d'apprendre; et je fis tant par mes questions que je m'en retournai au logis fort content d'être en état de tenir parole à ma maîtresse.

C'était la nuit prochaine que je devais la revoir, à la même heure et de la même manière que la première fois. Je n'eus pas, ce soir-là, tant d'inquiétude, et, bien loin de souffrir impatiemment les discours de mon vieux patron, je le remis sur ses campagnes. J'attendis minuit avec la plus grande tranquillité du monde, et ce ne fut qu'après l'avoir entendu sonner à plusieurs horloges, que je descendis dans le jardin, sans me pommader et me parfumer : je me corrigeai encore de cela.

Je trouvai au rendez-vous la très fidèle duègne, qui me reprocha malicieusement que j'avais bien rabattu de ma diligence. Je ne lui répondis point, et je me laissai conduire à l'appartement d'Aurore, qui me demanda, dès que je parus, si je m'étais bien informé de don Luis, et si j'avais appris bien des choses.

« Oui, Madame, lui dis-je, et j'ai de quoi satisfaire votre curiosité. Je vous dirai premièrement qu'il est sur le point de partir pour s'en retourner à Salamanque achever ses études. C'est, à ce qu'on m'a dit, un jeune cavalier rempli d'honneur et de probité. Pour du courage, il n'en saurait manquer, puisqu'il est gentilhomme et Castillan. De plus, il a beaucoup d'esprit et les manières fort agréables; mais ce qui peut-être ne sera guère de votre goût, et ce que je ne puis pourtant me dispenser de vous dire, c'est qu'il tient un peu trop de la nature des jeunes seigneurs, il est diablement libertin. Savez-vous qu'à son âge il a déjà eu à bail deux comédiennes ?

— Que m'apprenez-vous, reprit Aurore? Quelles mœurs! Mais êtes-vous bien assuré, Gil Blas, qu'il mène une vie si licencieuse ?

— Oh! je n'en doute pas, Madame, lui repartis-je. Un valet qu'on a chassé de chez lui ce matin me l'a dit, et les valets sont fort sincères quand ils s'entretiennent des défauts de leurs maîtres. D'ailleurs, il fréquente don Alexo Segiar, don Antonio Centellès, et don Fernand de Gamboa. Cela seul prouve démonstrativement son libertinage.

— C'est assez, Gil Blas, dit alors ma maîtresse en soupirant; je vais sur votre rapport combattre mon indigne amour. Quoi qu'il ait déjà de profondes racines dans mon cœur, je ne désespère pas de l'en arracher. Allez, poursuivit-elle en me mettant entre les mains une petite bourse qui n'était pas vide; voilà ce que je vous donne pour vos peines. Gardez-vous bien de révéler mon secret. Songez que je l'ai confié à votre silence. »

J'assurai ma maîtresse que j'étais l'Harpocrate, le dieu silencieux des valets confidents, et qu'elle pouvait demeurer tranquille là-dessus. Après cette assurance, je me retirai fort impatient de savoir ce qu'il y avait dans la bourse. J'y trouvai vingt pistoles.

Aussitôt je pensai qu'Aurore m'en aurait sans doute donné davantage, si je lui eusse annoncé une nouvelle agréable, puisqu'elle en payait si bien une chagrinante.

Je me repentis de n'avoir pas imité les gens de justice, qui fardent quelquefois la vérité dans leurs procès-verbaux.

J'étais fâché d'avoir détruit dans sa naissance une galanterie qui m'eût été très utile dans la suite si je ne me fusse pas sottement piqué d'être sincère. J'avais pourtant la consolation de me voir dédommagé de la dépense que j'avais faite si mal à propos en pommades et en parfums.

III. — Du grand changement qui arriva chez don Vincent, et de l'étrange résolution que l'amour fit prendre à la belle Aurore.

IL arriva peu de temps après cette aventure, que le seigneur don Vincent tomba malade. Quand il n'aurait pas été dans un âge fort avancé, les symptômes de sa maladie parurent si violents qu'on eût craint un événement funeste. Dès le commencement du mal, on fit venir les deux plus fameux médecins de Madrid. L'un s'appelait le docteur Andros, et l'autre le docteur Oquetos. Ils examinèrent attentivement le malade, et convinrent tous deux après une exacte observation, que les humeurs étaient en fougue : mais ils ne s'accordèrent qu'en cela l'un et l'autre. L'un voulait qu'on purgeât le malade dès ce jour-là, et l'autre était d'avis qu'on différât la purgation.

« Il faut, dit Andros, se hâter de purger les humeurs, quoique crues, pendant qu'elles sont dans une agitation violente de flux et de reflux, de peur qu'elles ne se fixent sur quelques parties nobles. »

Oquetos soutint, au contraire, qu'il fallait attendre que les humeurs fussent cuites, avant que d'employer le purgatif.

« Mais votre méthode, reprit le premier, est directement opposée à celle du prince de la médecine. Hippocrate avertit de purger dans la plus ardente fièvre, dès les premiers jours, et dit en termes formels qu'il faut être prompt à purger, quand les humeurs sont en *orgasmes*, c'est-à-dire en fougue.

— Oh! c'est ce qui vous trompe, repartit Oquetos. Hippocrate, par le mot d'*orgasmes*, n'entend pas la fougue, il entend plutôt la coction des humeurs. »

Là-dessus, nos docteurs s'échauffent. L'un rapporte le texte grec, et cite tous les auteurs qui l'ont expliqué comme lui; l'autre s'en fiant à une traduction latine, le prend sur un ton encore plus haut. Qui des deux croire? Don Vincent n'était pas homme à décider la question. Cependant, se voyant obligé d'opter, il donna sa confiance à celui des deux qui avait le plus expédié de malades, je veux dire au plus vieux.

Aussitôt, Andros, qui était le plus jeune, se retira, non sans lancer à son ancien quelques traits railleurs sur l'*orgasme*. Voilà donc Oquetos triomphant. Comme il était dans les principes du docteur Sangrado, il commença par faire saigner abondamment le malade, attendant pour le purger que les humeurs fussent cuites : mais la mort qui craignait sans doute qu'une purgation si sagement différée ne lui enlevât sa proie, prévint la coction, et emporta mon maître. Telle fut la fin du seigneur don Vincent, qui perdit la vie parce que son médecin ne savait pas le grec.

Aurore, après avoir fait à son père des funérailles dignes d'un homme de sa naissance, entra dans l'administration de son bien.

Devenue maîtresse de ses volontés, elle congédia quelques domestiques, en leur donnant des récompenses proportionnées à leurs services, et se retira bientôt à un château qu'elle avait sur les bords du Tage, entre Sacedon et Buendia. Je fus du nombre de ceux qu'elle retint, et qui la suivirent à la campagne. J'eus même le bonheur de lui devenir nécessaire. Malgré le rapport fidèle que je lui avais fait de don Luis, elle aimait encore ce cavalier, ou plutôt n'ayant pu vaincre son amour, elle s'y était entièrement abandonnée.

Elle n'avait plus besoin de prendre des précautions pour me parler en particulier.

« Gil Blas, me dit-elle en soupirant, je ne puis oublier don Luis; quelque effort que je fasse pour le bannir de ma pensée, il s'y présente sans cesse, non tel que tu me l'as peint, plongé dans toutes sortes de désordres, mais tel que je voudrais qu'il fût, tendre, amoureux, constant. »

Elle s'attendrit en disant ces paroles, et ne put s'empêcher de répandre quelques larmes. Peu s'en fallut que je ne pleurasse aussi, tant je fus touché de ses pleurs. Je ne pouvais mieux lui faire ma cour que de paraître si sensible à ses peines.

« Mon ami, continua-t-elle, après avoir essuyé ses beaux yeux, je vois que tu es d'un très bon naturel, et je suis si satisfaite de ton zèle que je te promets de te bien récompenser. Ton secours, mon cher Gil Blas, m'est plus nécessaire que jamais. Il faut que je te découvre un dessein qui m'occupe; tu vas le trouver fort bizarre. Apprends que je veux partir au plus tôt pour Salamanque; là, je prétends me déguiser en cavalier, et, sous le nom de don Félix, faire connaissance avec Pacheco; je tâcherai de gagner sa confiance et son amitié; je lui parlerai souvent d'Aurore de Gusman, dont je passerai pour son cousin. Il souhaitera peut-être de la voir; et c'est où je l'attends. Nous aurons deux logements à Salamanque. Dans l'un, je ferai don Félix, dans l'autre Aurore; et m'offrant aux yeux de don Luis, tantôt travestie en homme, tantôt sous mes habits naturels, je me flatte que je pourrai peu à peu l'amener à la fin que je me propose. Je demeure d'accord, ajouta-t-elle, que mon projet est extravagant; mais ma passion m'entraîne, et l'innocence de mes intentions achève de m'étourdir sur la démarche que je veux hasarder. »

J'étais fort du sentiment d'Aurore sur la nature de son dessein; il me paraissait insensé. Cependant, quelque déraisonnable que je le trouvasse, je me gardai bien de faire le pédagogue. Au contraire, je commençai à dorer la pilule, et j'entrepris de prouver que ce projet fou n'était qu'un jeu d'esprit agréable et sans conséquence. Je ne me souviens plus de ce que je lui dis pour lui prouver cela; mais elle se rendit à mes raisons, les amants étant bien aises qu'on flatte leurs plus folles imaginations.

Nous ne regardâmes donc plus cette entreprise téméraire que comme une comédie dont il ne fallait songer qu'à bien concerter la représentation. Nous choisîmes nos acteurs dans le domestique; puis nous distribuâmes les rôles, ce qui se passa sans clameurs et sans querelle, parce que nous n'étions pas des comédiens de profession.

Il fut résolu que la dame Ortiz ferait la tante d'Aurore, sous le nom de dona Kimena de Gusman; qu'on lui donnerait un valet et une suivante; et qu'Aurore travestie en cavalier m'aurait pour valet de chambre, avec une de ses femmes déguisée en page, pour la servir en particulier.

Les personnages ainsi réglés, nous retournâmes à Madrid, où nous apprîmes que don Luis était encore, mais qu'il ne tarderait guère à partir pour Salamanque. Nous fîmes faire en diligence les habits dont nous avions besoin. Lorsqu'ils furent achevés, ma maîtresse les fit emballer promptement, attendu que nous ne devions les mettre qu'en temps et lieu. Puis, laissant le soin de sa maison à son homme d'affaires, elle partit dans un carrosse à quatre mules, et prit le chemin du royaume de Léon avec tous ceux de ses domestiques qui avaient quelque rôle à jouer dans cette pièce.

Nous avions déjà traversé la Castille vieille, quand l'essieu du carrosse se rompit. C'était entre Avila et Villaflor, à trois ou quatre cents pas d'un château qu'on apercevait au pied d'une montagne. La nuit approchait et nous étions fort embarrassés. Mais il passa par hasard auprès de nous un paysan qui nous tira d'embarras, sans qu'il y mît beaucoup du sien.

Il nous apprit que le château, qui s'offrait à notre vue, appartenait à dona Elvira, veuve de don Pedro de Pinarès, et il nous dit tant de bien de cette dame, que ma maîtresse m'envoya au château demander de sa part un logement pour cette nuit. Elvire ne démentit point le rapport du paysan; il est vrai qu'elle m'acquittai de ma commission d'une manière qui l'aurait déterminée à nous recevoir dans son château quand elle n'aurait pas été la personne du monde la plus polie. Elle me reçut d'un air gracieux, et fit à mon compliment la réponse que je désirais là-dessus.

Nous nous rendîmes tous au château, où les mules traînèrent doucement le carrosse. Nous rencontrâmes à la porte la veuve de don Pèdre, qui venait au-devant de ma maîtresse. Je passerai sous silence les discours que la civilité obligea de tenir de part et d'autre en cette occasion.

Je dirai seulement qu'Elvire était une vieille dame qui savait mieux que femme du monde remplir les devoirs de l'hospitalité. Elle conduisit Aurore dans un appartement superbe, où, la laissant reposer quelques moments, elle vint donner son attention jusqu'aux moindres choses qui nous regardaient. Ensuite, quand le souper fut prêt, elle ordonna qu'on servît dans la chambre d'Aurore, où toutes deux elles se mirent à table.

La veuve de don Pèdre n'était pas de ces personnes qui font mal les honneurs d'un repas en prenant un air rêveur ou chagrin. Elle avait l'humeur gaie, et soutenait agréablement la conversation. Elle s'exprimait noblement et en beaux termes. J'admirais son esprit et le tour fin qu'elle donnait à ses pensées. Aurore en paraissait aussi charmée que moi.

Elles lièrent amitié l'une avec l'autre, et se promirent réciproquement d'avoir ensemble un commerce de lettres.

IV. — De ce que fit Aurore de Gusman, lorsqu'elle fut à Salamanque.

ELLES eurent autant de peine à se quitter que deux amies qui se sont fait une douce habitude de vivre ensemble.

Enfin nous arrivâmes sans accident à Salamanque. Nous y louâmes d'abord une maison toute meublée; et la dame Ortiz, ainsi que nous en étions convenus, prit le nom de dona Kimena de Gusman. Elle avait été trop longtemps duègne pour n'être pas une bonne actrice. Elle sortit un matin avec Aurore, une femme de chambre et un valet, et se rendit à un hôtel garni, où nous avions appris que Pacheco logeait ordinairement. Elle demanda s'il y avait quelque appartement à louer. On lui répondit oui, et on lui en montra un assez propre qu'elle arrêta. Elle donna même de l'argent d'avance à l'hôtesse, en lui disant que c'était pour un de ses neveux qui venait de Tolède étudier à Salamanque, et qui devait arriver ce jour-là.

La duègne et ma maîtresse, après s'être assurée de ce logement, revinrent sur leurs pas, et la belle Aurore, sans perdre de temps, se travestit en cavalier : elle couvrit ses cheveux noirs d'une fausse chevelure blonde, se teignit les sourcils de la même couleur, et s'ajusta de sorte qu'elle pouvait fort bien passer pour un jeune seigneur. Elle avait l'action libre et aisée, et à la réserve de son visage, qui était un peu trop beau pour un homme, rien ne trahissait son déguisement. La suivante qui devait lui servir de page s'habilla aussi, et nous n'appréhendions point qu'elle fît mal son personnage : outre qu'elle n'était pas des plus jolies, elle avait un petit air effronté qui convenait fort à son rôle. L'après-dînée, ces deux actrices se trouvant en état de paraître sur la scène, c'est-à-dire dans l'hôtel garni, j'en pris le chemin avec elles. Nous y allâmes tous trois en carrosse, et nous y portâmes toutes les hardes dont nous avions besoin.

L'hôtesse, appelée Bernarda Ramirez, nous reçut avec beaucoup de civilité et nous conduisit à notre appartement, où nous commençâmes à l'entretenir. Nous convînmes de la nourriture qu'elle aurait soin de nous fournir, et de ce que nous lui donnerions pour cela tous les mois. Nous lui demandâmes ensuite si elle avait bien des pensionnaires.

« Je n'en ai pas présentement, nous répondit-elle; je n'en manquerais point, si j'étais d'humeur à prendre toute sorte de personnes, mais je ne veux que de jeunes seigneurs. J'en attends, ce soir, un qui vient de Madrid achever ici ses études. C'est don Luis Pacheco, un cavalier de vingt ans tout au plus. Si vous ne le connaissez pas personnellement, vous pouvez en avoir entendu parler.

— Non, dit Aurore, je n'ignore pas qu'il est d'une illustre famille; mais je ne sais quel homme c'est, et vous me ferez plaisir de me l'apprendre, puisque je dois demeurer avec lui.

— Seigneur, reprit l'hôtesse, en regardant ce faux cavalier, c'est une figure toute brillante; il est fait à peu près comme vous. Ah! que vous ferez bien ensemble l'un et l'autre! Par saint Jacques! je pourrai me vanter d'avoir chez moi les deux plus gentils seigneurs d'Espagne.

— Ce don Luis, répliqua ma maîtresse, a sans doute en ce pays-ci de bonnes fortunes?

— Oh! je vous en assure, repartit la vieille, c'est un vert galant, sur ma parole. Il n'a qu'à se montrer pour faire des conquêtes. Il a charmé entre autres une dame qui a de la jeunesse et de la beauté. On la nomme Isabelle. C'est la fille d'un vieux docteur en droit. Elle est si entêtée qu'elle en perdra l'esprit assurément.

— Et dites-moi, ma bonne, interrompit Aurore avec précipitation, est-il de son côté fort amoureux d'elle?

— Il l'aimait, répondit Bernarda Ramirez, avant son départ pour Madrid. Mais je ne sais s'il l'aime encore; car il est un peu sujet à caution. Il court de femme en femme, comme tous les jeunes cavaliers ont coutume de faire. »

La bonne veuve n'avait pas achevé de parler que nous entendîmes du bruit dans la cour. Nous regardâmes aussitôt à la fenêtre, et nous aperçûmes deux hommes qui descendaient de cheval. C'était don Luis Pacheco lui-même, qui arrivait de Madrid avec un valet de chambre.

La vieille nous quitta pour aller le recevoir, et ma maîtresse se disposa, non sans émotion, à jouer le rôle de don Félix. Nous vîmes bientôt entrer dans notre appartement don Luis, encore tout botté :

« Je viens d'apprendre, dit-il en saluant Aurore, qu'un jeune seigneur tolédan est logé dans cet hôtel. Il veut bien que je lui témoigne la joie que j'ai de loger avec lui? »

Pendant que ma maîtresse répondait à ce compliment,

Pacheco me parut surpris de trouver un cavalier si aimable. Aussi ne put-il s'empêcher de lui dire qu'il n'en avait jamais vu de si beau, ni de si bien fait. Après force discours pleins de politesse de part et d'autre, don Luis se retira dans l'appartement qui lui était destiné.

Tandis qu'il y faisait ôter ses bottes et changeait d'habit et de linge, une espèce de page qui le cherchait pour lui rendre une lettre, rencontra par hasard Aurore sur l'escalier. Il la prit pour don Luis; et lui remettant le billet dont il était chargé :

« Tenez, seigneur cavalier, lui dit-il, quoique je ne connaisse pas le seigneur Pacheco, je ne crois pas avoir besoin de vous demander si vous l'êtes. Sur le portrait qu'on m'a fait de ce seigneur, je suis persuadé que je ne me trompe point.

— Non, mon ami, répondit ma maîtresse avec une présence d'esprit admirable; vous ne vous trompez pas assurément. Vous vous acquittez de vos commissions à merveille. Vous avez fort bien deviné que je suis don Luis Pacheco. Allez, j'aurai soin de faire tenir ma réponse. »

Le page disparut, et Aurore, s'enfermant avec sa suivante et moi, ouvrit la lettre, et nous lut ces paroles :

« Je viens d'apprendre que vous êtes à Salamanque. Avec quelle joie j'ai reçu cette nouvelle ! J'en ai pensé devenir folle. Mais aimez-vous encore Isabelle ? Hâtez-vous de l'assurer que vous n'avez point changé. Je crois qu'elle mourra de plaisir si elle vous retrouve fidèle. »

— Le billet est passionné, dit Aurore; il marque une âme bien éprise. Cette dame est une rivale qui doit m'alarmer. Il faut que je n'épargne rien pour en détacher don Luis et pour empêcher même qu'il ne la revoie. L'entreprise, je l'avoue, est difficile; cependant je ne désespère pas d'en venir à bout. »

Ma maîtresse se mit à rêver là-dessus; et un moment après, elle ajouta :

« Je vous les garantis brouillés en moins de vingt-quatre heures. »

En effet, Pacheco s'étant un peu reposé dans son appartement, vint nous retrouver dans le nôtre, et renoua l'entretien avec Aurore avant de souper.

« Seigneur cavalier, lui dit-il en plaisantant, je crois que les maris et les amants ne doivent pas se réjouir de votre arrivée à Salamanque; vous allez leur causer de l'inquiétude. Pour moi, je tremble pour mes conquêtes.

— Écoutez, lui répondit ma maîtresse sur le même ton, votre crainte n'est pas mal fondée. Don Félix de Mendoce est un peu redoutable, je vous en avertis. Je suis déjà venu dans ce pays-ci. Je sais que les femmes n'y sont pas insensibles.

— Quelle preuve en avez-vous, interrompit don Luis avec vivacité ?

— Une preuve démonstrative, repartit la fille de don Vincent. Il y a un mois que je passai dans cette ville. Je m'y arrêtai huit jours, et je vous dirai confidemment que j'enflammai la fille d'un vieux docteur en droit. »

Je m'aperçus, à ces paroles, que don Luis se troubla :

« Peut-on sans indiscrétion, reprit-il, vous demander le nom de la dame ?

— Comment, sans indiscrétion, s'écria le faux don Félix ? Pourquoi vous ferais-je un mystère de cela ? Me croyez-vous plus discret que les autres seigneurs de mon âge ? Ne me faites point cette injustice-là. D'ailleurs, l'objet, entre nous, ne mérite pas tant de ménagement; ce n'est qu'une petite bourgeoise. Vous savez bien qu'un homme de qualité ne s'occupe pas sérieusement d'une grisette, et qu'il croit même lui faire honneur en la déshonorant. Je vous apprendrai donc sans façon que la fille du docteur se nomme Isabelle.

— Et le docteur, interrompit impatiemment Pacheco, s'appellerait-il le seigneur Murcia de Llana ?

— Justement, répliqua ma maîtresse. Voici une lettre qu'elle m'a fait tenir tout à l'heure. Lisez-la, et vous verrez si la dame me veut du bien. »

Don Luis jeta les yeux sur le billet; et reconnaissant l'écriture, il demeura confus et interdit.

« Que vois-je, poursuivit alors Aurore, d'un air étonné. Vous changez de couleur. Je crois, Dieu me pardonne, que vous prenez intérêt à cette personne! Ah! que je me veux du mal de vous avoir parlé avec tant de franchise!

— Je vous en sais très bon gré, moi, dit don Luis avec un transport mêlé de dépit et de colère. La perfide, la volage! Don Félix, que ne vous dois-je point! Vous me tirez d'une erreur que j'aurais peut-être conservée encore longtemps. Je m'imaginais être aimé; que dis-je, aimé? Je croyais être adoré d'Isabelle. J'avais quelque estime pour cette créature-là, et je vois bien que ce n'est qu'une coquette digne de tout mon mépris.

— J'approuve votre ressentiment, dit Aurore, en marquant à son tour de l'indignation. La fille d'un docteur en droit devrait bien se contenter d'avoir pour amant un jeune seigneur aussi aimable que vous l'êtes. Je ne puis excuser son inconstance, et bien loin d'agréer le sacrifice qu'elle me fait de vous, je prétends, pour la punir, dédaigner désormais ses bontés.

— Pour moi, reprit Pacheco, je ne la reverrai de ma vie; c'est la seule vengeance que j'en dois tirer.

— Vous avez raison, s'écria le faux Mendoce. Néanmoins, pour lui faire connaître jusqu'à tel point nous la méprisons tous deux, je suis d'avis que nous lui écrivions chacun un billet insultant. J'en ferai un paquet que je lui enverrai pour réponse à sa lettre. Mais avant que nous en venions à cette extrémité, consultez votre cœur; je sentez-vous assez détaché de votre infidèle pour ne pas craindre de vous repentir un jour de lui avoir rompu en visière?

— Non, non, interrompit don Luis, je n'aurai jamais cette faiblesse, et je consens que pour mortifier l'ingrate nous fassions ce que vous me proposez. »

Aussitôt j'allai chercher du papier et de l'encre, et ils se mirent à composer l'un et l'autre des billets fort obligeants pour la fille du docteur Murcia de la Llana. Pacheco surtout ne pouvait trouver des termes assez forts à son gré pour exprimer ses sentiments, et il déchira cinq ou six lettres commencées, parce qu'elles ne lui parurent pas assez dures. Il en fit pourtant un dont il fut content, et dont il avait sujet de l'être. Elle contenait ces paroles :

« Apprenez à vous connaître, ma reine, et n'ayez plus la vanité de croire que je vous aime. Il faut un autre mérite que le vôtre pour m'attacher, vous n'êtes pas même assez agréable pour m'amuser quelques moments. Vous n'êtes propre qu'à faire l'amusement des derniers écoliers de l'Université. »

Il écrivit donc ce billet gracieux; et lorsqu'Aurore eut achevé le sien, qui n'était guère moins offensant, elle les cacheta tous deux, y mit une enveloppe et me donnant le paquet :

« Tiens, Gil Blas, me dit-elle, fais en sorte qu'Isabelle reçoive cela ce soir. Tu m'entends bien, ajouta-t-elle, en me faisant des yeux un signe que je compris parfaitement. »

— Oui, seigneur, lui répondis-je, vous serez servi comme vous le souhaitez. »

Je sortis en même temps, et quand je fus dans la rue, je me dis :

« Oh çà, monsieur Gil Blas, on met votre génie à l'épreuve. Vous faites donc le valet dans cette comédie? Hé bien! mon ami, montrez que vous avez assez d'esprit pour remplir un rôle qui en demande beaucoup. Le seigneur don Félix s'est contenté de vous faire un signe. Il compte, comme vous voyez, sur votre intelligence. A-t-il tort? Non. Je conçois ce qu'il attend de moi; il veut que je fasse tenir seulement le billet de don Luis. C'est ce que signifie ce signe-là. Rien n'est plus intelligible. »

Persuadé que je ne me trompais pas, je ne balançai point à défaire le paquet. Je tirai la lettre de Pacheco et je la portai chez le docteur Murcia, dont j'eus bientôt appris la demeure. Je trouvai à la porte de sa maison le petit page qui était venu à l'hôtel garni :

« Frère, lui dis-je, ne seriez-vous point par hasard domestique de la fille de M. le docteur Murcia? »

Il me répondit que oui, d'un air qui marquait assez qu'il était dans l'habitude de porter et de recevoir des lettres galantes.

« Vous avez, lui répliquai-je, la physionomie si officieuse, que j'ose vous prier de rendre ce billet doux à votre maîtresse. »

Le petit page me demanda de quelle part je l'apportais, et je ne lui eus pas sitôt reparti que c'était de celle de don Luis Pacheco, qu'il me dit :

« Cela étant, suivez-moi; j'ai ordre de vous faire entrer; Isabelle veut vous entretenir. »

Je me laissai introduire dans un cabinet, où je ne tardai guère à voir paraître la señora. Je fus frappé de la beauté de son visage : je n'ai point vu de traits plus délicats. Elle avait un air mignon et enfantin, mais cela n'empêchait pas que depuis trente bonnes années pour le moins elle ne marchât sans lisière.

« Mon ami, me dit-elle d'un air riant, appartenez-vous à don Luis Pacheco. »

Je lui répondis que j'étais son valet de chambre depuis trois semaines. Ensuite, je lui remis le billet fatal dont j'étais chargé. Elle le relut deux ou trois fois. Il semblait qu'elle se défiât du rapport de ses yeux. Effectivement elle ne s'attendait à rien moins qu'à une pareille réponse. Elle éleva ses regards vers le ciel, se mordit les lèvres, et pendant quelque temps sa contenance rendit témoignage des peines de son cœur. Puis tout à coup m'adressant la parole :

« Mon ami, me dit-elle, don Luis est-il devenu fou depuis notre séparation. Je ne comprends rien à son procédé. Apprenez-moi, si vous savez, pourquoi il m'écrit si galamment. Quel démon peut l'agiter? S'il veut rompre avec moi, ne saurait-il le faire sans m'outrager par des lettres si brutales?

— Madame, lui dis-je en affectant un air plein de sincérité, mon maître a tort assurément, mais il a été en quelque façon forcé de le faire. Si vous me promettiez de garder le secret, je vous découvrirais tout le mystère.

— Je vous le promets, interrompit-elle avec précipitation; ne craignez point que je vous commette : Expliquez-vous hardiment.

— Hé bien, repris-je, voici le fait en deux mots : Un moment après votre lettre reçue, il est entré dans notre hôtel une dame couverte d'une mante des plus épaisses. Elle a demandé le seigneur Pacheco, lui a parlé quelque temps en particulier, et sur la fin de la conversation, j'ai entendu qu'elle lui a dit : « Vous me jurez que vous ne la reverrez jamais. Ce n'est pas tout. Il faut, pour ma satisfaction, que vous lui écriviez tout à l'heure un billet que je vais vous dicter. J'exige cela de vous. » Don Luis a fait ce qu'elle désirait; puis, me mettant le papier entre les mains : « Informe-toi, m'a-t-il dit, où demeure le docteur Murcia de Llana, et fais adroitement tenir ce poulet à sa fille Isabelle. »

« Vous voyez bien, madame, poursuivis-je, que cette lettre désobligeante est l'ouvrage d'une rivale, et que par conséquent mon maître n'est pas si coupable.

— O ciel, s'écria-t-elle, il l'est encore plus que je ne le pensais. Son infidélité m'offense plus que les mots piquants que sa main a tracés. Ah l'infidèle! il a pu former d'autres nœuds... Mais, ajouta-t-elle en prenant un air fier, qu'il s'abandonne sans contrainte à son nouvel amour; je ne prétends point le traverser. Dites-lui, je vous prie, qu'il n'avait pas besoin de m'insulter pour m'obliger à laisser le champ libre à ma rivale, et que je méprise trop un amant volage pour avoir la moindre envie de le rappeler. »

A ce discours elle me congédia, et se retira fort irritée contre don Luis.

Je sortis de chez le docteur Murcia de la Llana fort satisfait de moi, et je compris que si je voulais me mettre dans le génie, je deviendrais un habile fourbe.

Je m'en retournai à notre hôtel, où je trouvai les seigneurs Mendoce et Pacheco qui soupaient ensemble, et s'entretenaient comme s'ils se fussent connus de longue main. Aurore s'aperçut à mon air content que je ne m'étais point mal acquitté de ma commission.

« Te voilà donc de retour, Gil Blas, me dit-elle, rends-nous compte de ton message. »

Il fallut encore payer d'esprit. Je dis que j'avais donné le paquet en main propre, et qu'Isabelle, après avoir lu les deux billets doux qu'il contenait, au lieu d'en paraître déconcertée, s'était mise à rire comme une folle en disant :

« Par ma foi, les jeunes seigneurs ont un joli style. Il faut avouer que les autres personnes n'écrivent pas si agréablement.

— C'est fort bien se tirer d'embarras, s'écria ma maîtresse; et voilà certainement une coquette des plus consommées dans son art.

— Pour moi, dit don Luis, je ne reconnais point Isabelle à ces traits-là. Il faut qu'elle ait changé de caractère pendant mon absence.

— J'aurais juré d'elle aussi tout autrement, reprit Aurore. Convenons qu'il y a des femmes qui savent prendre toutes sortes de formes. J'en ai aimé une de celles-là, et j'en ai été longtemps la dupe. Gil Blas vous le dira, elle avait un air de sagesse à tromper toute la terre.

— Il est vrai, dis-je, en me mêlant à la conversation, que c'était un minois à piper les plus fins. J'y aurais moi-même été attrapé. »

Le faux Mendoce et Pacheco firent de grands éclats de rire en m'entendant parler ainsi, et loin de trouver mauvais que je prisse la liberté de me joindre à leur entretien, ils m'adressèrent souvent la parole pour se réjouir de mes réponses.

Nous continuâmes à nous entretenir des femmes qui ont l'air de se masquer, et le résultat de tous nos discours fut qu'Isabelle demeura dûment atteinte et convaincue d'être une franche coquette; don Luis protesta de nouveau qu'il ne la reverrait jamais; et don Félix, à son exemple, jura qu'il aurait toujours pour elle un parfait mépris.

Ensuite de ces protestations, ils se lièrent d'amitié tous deux, et se promirent mutuellement de n'avoir rien de caché l'un pour l'autre. Ils passèrent l'après-souper à se dire des choses gracieuses, et enfin ils se séparèrent pour s'aller reposer chacun dans son appartement.

Je suivis Aurore dans le sien, où je lui rendis un compte exact de l'entretien que j'avais eu avec la fille du docteur; je n'oubliai pas la moindre circonstance. J'en dis même plus qu'il n'y en avait pour mieux faire ma cour à ma maîtresse qui fut charmée de mon rapport. Peu s'en fallut qu'elle ne m'embrassât de joie :

« Mon cher Gil Blas, me dit-elle, je suis enchantée de ton esprit. Quand on a le malheur d'être engagé dans une passion qui nous oblige de recourir à des stratagèmes, quel avantage d'avoir dans ses intérêts un garçon aussi spirituel que toi. Courage, mon ami. Nous venons d'écarter une rivale qui pouvait nous embarrasser. Cela ne va pas mal. Mais comme les amants sont sujets à d'étranges retours, je suis d'avis de brusquer l'aventure et de mettre en jeu dès demain Aurore de Gusman. »

J'approuvai cette pensée, et laissant le seigneur don Félix avec son page, je me retirai dans un cabinet où était mon lit.

<hr/>

V. — Quelles ruses Aurore mit en usage pour se faire aimer de don Luis Pacheco.

Les deux nouveaux amis se rassemblèrent le lendemain matin; ce fut leur premier soin. Ils commencèrent la journée par des embrassades qu'Aurore fut obligée de donner et de recevoir pour bien jouer le rôle de don Félix. Ils allèrent ensemble se promener dans la ville, et je les accompagnai avec Chilindron, valet de don Luis. Nous nous arrêtâmes auprès de l'Université pour regarder quelques affiches de livres qu'on venait d'attacher à la porte.

Nous revînmes à notre hôtel à l'heure du dîner. Ma maîtresse se mit à table avec Pacheco, et fit adroitement tomber la conversation sur sa famille :

« Mon père, dit-elle, est un cadet de la maison Mendoce, qui s'est établi à Tolède; et ma mère est propre sœur de doña Kimena de Gusman, qui depuis quelques jours est venue à Salamanque pour une affaire importante, avec sa nièce Aurore, fille unique de don Vincent de Gusman, que vous avez peut-être connu.

— Non, répondit don Luis, mais on m'en a souvent parlé, ainsi que d'Aurore, votre cousine. Dois-je croire ce qu'on dit de cette jeune dame? On assure que rien n'égale son esprit et sa beauté.

— Pour de l'esprit, reprit don Félix, elle n'en manque pas; elle l'a même assez cultivé; mais ce n'est point une si belle personne. On trouve que nous nous ressemblons beaucoup.

— Si cela est, s'écria Pacheco, elle justifie sa réputation. Vos traits sont réguliers; votre teint est parfaitement beau; votre cousine doit être charmante. Je voudrais bien la voir et l'entretenir.

— Je m'offre à satisfaire votre curiosité, repartit le faux Mendoce, et même dès ce jour. Je vous mène cette après-dînée chez ma tante. »

Ma maîtresse changea tout à coup de matière et parla de choses indifférentes. L'après-midi, pendant qu'ils se disposaient tous deux à sortir pour aller chez doña Kimena, je pris les devants, et courus avertir la duègne de se préparer à cette visite. Je revins ensuite sur mes pas, pour accompagner don Félix, qui conduisit enfin chez sa tante le seigneur don Luis.

Mais à peine furent-ils entrés dans la maison, qu'ils rencontrèrent la dame Chimène, qui leur fit signe de ne point faire de bruit :

« Paix, paix, leur dit-elle d'une voix basse, vous réveilleriez ma nièce. Elle a depuis hier une migraine effroyable qui ne fait que de la quitter, et la pauvre enfant repose depuis un quart d'heure. »

— Je suis fâché de ce contre-temps, dit Mendoce, en affectant un air mortifié. J'espérais que nous verrions ma cousine. J'avais fait fête de ce plaisir à mon ami Pacheco.

— Ce n'est pas une affaire si pressée, répondit en souriant Ortiz, vous pouvez la remettre à demain. »

Les cavaliers eurent une conversation fort courte avec la vieille, et se retirèrent.

Don Luis nous mena chez un jeune gentilhomme de ses amis qu'on appelait don Gabriel de Pedros. Nous y passâmes le reste de la journée; nous y soupâmes même, et nous n'en sortîmes que sur les deux heures après minuit pour nous en retourner au logis.

Nous avions peut-être fait la moitié du chemin, lorsque nous rencontrâmes sous nos pieds, dans la rue, deux hommes étendus par terre. Nous jugeâmes que c'étaient des malheureux qu'on venait d'assassiner, et nous nous arrêtâmes pour les secourir, s'il en était encore temps.

Comme nous cherchions à nous instruire, autant que l'obscurité de la nuit nous le pouvait permettre, de l'état où ils se trouvaient, la patrouille arriva. Le commandant nous prit d'abord pour des assassins, et nous fit environner par ses gens; mais il eut meilleure opinion de nous lorsqu'il nous eut entendu parler, et qu'à la faveur d'une lanterne sourde il vit les traits de Mendoce et de Pacheco.

Ses archers, par son ordre, examinèrent les deux hommes que nous nous imaginions avoir été tués, et il se trouva que c'était un gros licencié avec son valet, tous deux pris de vin, ou plutôt ivres-morts.

« Messieurs, s'écria un des archers, je reconnais ce gros vivant, c'est le seigneur licencié Guyomar, recteur de notre Université. Tel que vous le voyez, c'est un grand personnage, un génie supérieur; il n'y a point de philosophe qu'il ne terrasse dans une dispute; il a un flux de bouche sans pareil. C'est dommage qu'il aime un peu trop le vin, le procès et la grisette. Il revient de souper de chez son Isabeau, où, par malheur, son guide s'est enivré comme lui. Ils sont tombés l'un et l'autre dans le ruisseau. Avant que le bon licencié soit recteur, cela lui arrivait assez souvent. Les honneurs, comme vous le voyez, ne changent pas toujours les mœurs. »

Nous laissâmes ces ivrognes entre les mains de la patrouille, qui eut soin de les porter chez eux. Nous regagnâmes notre hôtel, et chacun ne songea qu'à se reposer.

Don Félix et don Luis se levèrent sur le midi; et, s'étant tous deux rejoints, Aurore de Gusman fut la première chose dont ils s'entretinrent.

« Gil Blas, me dit ma maîtresse, va chez ma tante doña Kimena, et lui demande de ma part si nous pouvons aujourd'hui, le seigneur Pacheco et moi, voir ma cousine. »

Je sortis pour m'acquitter de cette commission, ou plutôt pour concerter avec la duègne ce que nous avions à faire; et, quand nous eûmes pris ensemble de justes mesures, je revins rejoindre le faux Mendoce:

« Seigneur, lui dis-je, votre cousine Aurore se porte à merveille. Elle m'a chargé elle-même de vous témoigner de sa part que votre visite ne lui saurait être que très agréable; et doña Kimena m'a dit d'assurer le seigneur Pacheco qu'il sera toujours parfaitement bien reçu chez elle sous vos auspices. »

Je m'aperçus que ces dernières paroles firent plaisir à don Luis. Ma maîtresse le remarqua de même et en conçut un heureux présage. Un moment avant le dîner, le valet de la señora Kimena parut, et dit à don Félix:

« Seigneur, un homme de Tolède est venu nous demander chez madame votre tante, et y a laissé ce billet. »

Le faux Mendoce l'ouvrit, et y trouva ces mots, qu'il lut à haute voix:

« Si vous avez envie d'apprendre des nouvelles de votre père et des choses de conséquence pour vous, ne manquez pas, aussitôt la présente reçue, de vous rendre au Cheval noir auprès de l'Université. »

« Je suis, dit-il, trop curieux de savoir ces choses importantes, pour ne pas satisfaire ma curiosité tout à l'heure. Sans adieu, Pacheco, continua-t-il, si je ne suis point de retour ici dans deux heures, vous pourrez aller seul chez ma tante. J'irai vous y joindre dans l'après-dînée. Vous savez ce que Gil Blas vous a dit de la part de doña Kimena; vous êtes en droit de faire cette visite. »

Il sortit en parlant de cette sorte, et m'ordonna de le suivre.

Vous vous imaginez bien qu'au lieu de prendre la route du Cheval noir nous enfilâmes celle de la maison où était Ortiz. D'abord que nous y fûmes arrivés, nous nous préparâmes à représenter notre pièce: Aurore ôta sa chevelure blonde, lava et frotta ses sourcils, mit un habit de femme, et devint une belle brune telle qu'elle l'était naturellement.

On peut dire que son déguisement la changeait à un point qu'Aurore et don Félix paraissaient deux personnes différentes. Il semblait même qu'elle fût beaucoup plus grande en femme qu'en homme. Il est vrai que ses chappins (1) (car elle en avait d'une hauteur excessive), n'y contribuaient pas peu.

Lorsqu'elle eut ajouté à ses charmes tous les secours que l'art pouvait leur prêter, elle attendit don Luis avec une agitation mêlée de crainte et d'espérance.

Tantôt elle se flait à son esprit et à sa beauté, et tantôt elle appréhendait de n'en rien faire qu'un essai malheureux.

Ortiz, de son côté, se prépara de son mieux à seconder ma maîtresse. Pour moi, comme il ne fallait pas que Pacheco me vît dans cette maison, et que, semblable aux acteurs qui ne paraissent qu'au dernier acte d'une pièce, je ne devais me montrer que sur la fin de la visite, je sortis aussitôt que j'eus dîné.

Enfin tout était en état quand don Luis arriva.

Il fut reçu très agréablement de la dame Chimène, et il eut avec Aurore une conversation de deux ou trois heures; après quoi j'entrai dans la chambre où ils étaient, et m'adressant au cavalier:

« Seigneur, lui dis-je, don Félix mon maître ne viendra point ici d'aujourd'hui; il vous prie de l'excuser. Il est avec trois hommes de Tolède dont il ne peut se débarrasser.

— Ah! le petit libertin, s'écria doña Kimena! Il est sans doute en débauche.

— Non, madame, repris-je, il s'entretient avec eux d'affaires fort sérieuses. Il a un véritable chagrin de ne pouvoir se rendre ici. Il m'a chargé de vous le dire aussi bien qu'à doña Aurora.

— Oh! je ne reçois point de ces excuses, dit ma maîtresse en plaisantant. Il sait que j'ai été indisposée, il devait marquer un peu plus d'empressement pour les personnes à qui le sang le lie. Pour le punir, je ne veux le voir de quinze jours.

— Hé, madame, dit alors don Luis, ne formez point une si cruelle résolution, don Félix est assez à plaindre de ne vous avoir pas vue. »

Ils plaisantèrent quelque temps là-dessus. Ensuite Pacheco se retira.

La belle Aurore change aussitôt de forme et reprend son habit de cavalier; elle retourne à l'hôtel garni le plus promptement qu'il lui soit possible:

« Je vous demande pardon, cher ami, dit-elle à don Luis, de ne vous avoir pas été trouver chez ma tante, mais je n'ai pu me défaire des personnes avec qui j'étais. Ce qui

(1) *Espèce de sandale que les femmes espagnoles mettent par-dessus leurs souliers.*

me console, c'est que vous avez eu du moins tout le loisir de satisfaire vos désirs curieux. Hé bien, que pensez-vous de ma cousine? Dites-le-moi sans complaisance.

— J'en suis enchanté, répondit Pacheco. Vous aviez raison de dire que vous vous ressemblez tous les deux. Je n'ai jamais vu de traits plus semblables. C'est le même tour de visage, vous avez les mêmes yeux, la même bouche, le même son de voix. Il y a pourtant quelque différence: Aurore est plus grande que vous; elle est brune, et vous êtes blond: vous êtes enjoué, elle est sérieuse. Voilà tout ce qui vous distingue l'un de l'autre. Pour de l'esprit, continua-t-il, je ne crois pas qu'une substance céleste puisse en avoir plus que votre cousine. En un mot, c'est une personne d'un mérite infini. »

Le seigneur Pacheco prononça ces dernières paroles avec tant de vivacité que don Félix lui dit en souriant:

« Ami, je me repens de vous avoir fait faire connaissance avec doña Kimena, et si vous m'en croyez, nous n'irez plus chez elle, je vous le conseille pour votre repos. Aurore de Gusman pourrait vous faire voir du pays et vous inspirer une passion...

— Je n'ai pas besoin de la revoir, interrompit-il, pour en devenir amoureux. L'affaire est faite.

— J'en suis fâché pour vous, répliqua le faux Mendoce; car vous n'êtes pas un homme à vous attacher, et ma cousine n'est pas une Isabelle, je vous en avertis. Elle ne s'accommoderait pas d'un amant qui n'aurait pas des vues légitimes.

— Des vues légitimes, repartit don Luis? Peut-on en avoir d'autres sur une fille de son sang? C'est me faire une offense que de me croire capable de jeter sur elle un œil profane. Connaissez-moi mieux, mon cher Mendoce; hélas! je m'estimerais le plus heureux de tous les hommes si elle approuvait ma recherche et voulait lier sa destinée à la mienne.

— En le prenant sur ce ton-là, reprit don Félix, vous m'intéressez à vous servir. Oui, j'entre dans vos sentiments. Je vous offre mes bons services auprès d'Aurore, et je veux dès demain essayer de gagner ma tante, qui a beaucoup de crédit sur son esprit. »

Pacheco rendit mille grâces au cavalier qui lui faisait de si belles promesses, et nous nous aperçûmes avec joie que notre stratagème ne pouvait aller mieux.

Le jour suivant nous augmentâmes encore l'amour de don Luis par une nouvelle invention.

Ma maîtresse, après avoir été trouver doña Kimena, comme pour la rendre favorable à ce cavalier, vint le rejoindre:

« J'ai parlé à ma tante, lui dit-elle, et je n'ai pas eu peu de peine à la mettre dans vos intérêts; elle était furieusement prévenue contre vous. Je ne sais qui vous a fait passer dans son esprit pour un libertin, mais il est constant que quelqu'un lui a fait de vous un portrait désavantageux. Heureusement j'ai entrepris votre apologie, et j'ai pris si vivement votre parti que j'ai détruit enfin la mauvaise impression qu'on lui avait donnée de vos mœurs.

« Ce n'est pas tout, poursuivit Aurore, je veux que vous ayez en ma présence un entretien avec ma tante; nous achèverons de vous assurer son appui. »

Pacheco témoigna une extrême impatience d'entretenir doña Kimena, et cette satisfaction lui fut accordée le lendemain matin. Le faux Mendoce le conduisit à la dame Ortiz, et ils eurent tous trois une conversation où don Luis fit voir qu'en peu de temps il s'était laissé fort enflammer. L'adroite Kimena feignit d'être touchée de toute la tendresse qu'il faisait paraître, et promit au cavalier de faire tous ses efforts pour engager sa nièce à l'épouser.

Pacheco se jeta aux pieds d'une si bonne tante pour la remercier de ses bontés.

Là-dessus, don Félix demanda si sa cousine était levée.

« Non, répondit la duègne, elle repose encore, et vous ne sauriez la voir présentement: mais revenez cette après-dînée, et vous lui parlerez à loisir. »

Cette réponse de la dame Chimène redoubla, comme vous pouvez croire, la joie de don Luis, qui trouva le reste de la matinée bien long. Il regagna l'hôtel garni avec Mendoce, qui ne prenait pas peu de plaisir à l'observer et à remarquer en lui toutes les apparences d'un véritable amour.

Ils ne s'entretinrent que d'Aurore; et lorsqu'ils eurent dîné, don Félix dit à Pacheco:

« Il me vient une idée. Je suis d'avis d'aller chez ma tante quelques moments avant vous. Je veux parler en particulier à ma cousine, et découvrir, s'il est possible, dans quelle disposition son cœur est à votre égard. »

Don Luis approuva cette pensée. Il laissa sortir son ami et ne partit qu'une heure après lui.

Ma maîtresse profita si bien de ce temps-là, qu'elle était habillée en femme quand son amant arriva.

— Je croyais, dit ce cavalier, après avoir salué Aurore et la duègne, je croyais trouver ici don Félix.

— Vous le verrez dans un instant, répondit doña Kimena. Il écrit dans mon cabinet.

Pacheco parut se payer de cette défaite, et lia la conversation avec les dames. Cependant, malgré la présence de l'objet aimé, il s'aperçut que les heures s'écoulaient sans que Mendoce se montrât ; et comme il ne put s'empêcher d'en témoigner quelque surprise, Aurore changea tout à coup de contenance, se mit à rire, et dit à don Luis :

— Est-il possible que vous n'ayez pas encore le moindre soupçon de la supercherie qu'on vous fait ? Une fausse chevelure blonde et des sourcils teints me rendent-ils si différente de moi-même, qu'on puisse jusque-là s'y tromper ? Désabusez-vous donc, Pacheco, continua-t-elle, en reprenant son sérieux, apprenez que don Félix de Mendoce et Aurore de Gusman ne sont qu'une même personne.

Elle ne se contenta pas de le tirer de cette erreur, elle avoua la faiblesse qu'elle avait pour lui, et toutes les démarches qu'elle avait faites pour l'amener au point où elle le voulait.

Don Luis ne fut pas moins charmé que surpris de ce qu'il venait d'entendre ; il se jeta aux pieds de ma maîtresse, et lui dit avec transport :

« Ah ! belle Aurore, croirai-je en effet que je suis l'heureux mortel pour qui vous avez eu tant de bontés ? Que puis-je faire pour les reconnaître ? Un éternel amour ne saurait assez les payer. »

Ces paroles furent suivies de mille autres discours tendres et passionnés ; après quoi les amants parlèrent des mesures qu'ils avaient à prendre pour parvenir à l'accomplissement de leurs désirs.

Il fut résolu que nous partirions tous incessamment pour Madrid, où nous dénouerions notre comédie par un mariage. Ce dessein fut presque aussitôt exécuté que conçu ; Don Luis, quinze jours après, épousa ma maîtresse, et leurs noces donnèrent lieu à des fêtes et à des réjouissances infinies.

VI. — Gil Blas change de condition; il passe au service de don Gonzale Pacheco.

TROIS semaines après ce mariage, ma maîtresse voulut récompenser les services que je lui avais rendus ; elle me fit présent de cent pistoles et me dit :

« Gil Blas, mon ami, je ne vous chasse point de chez moi, je vous laisse la liberté d'y demeurer tant qu'il vous plaira : mais un oncle de mon mari, don Gonzale Pacheco, souhaite de vous avoir pour valet de chambre. Je lui ai parlé si avantageusement de vous, qu'il m'a témoigné que je lui ferais plaisir de vous donner à lui. C'est un seigneur de la vieille cour, ajouta-t-elle, un homme d'un très bon caractère ; vous serez parfaitement bien auprès de lui. »

Je remerciai Aurore de ses bontés ; et comme elle n'avait plus besoin de moi, j'acceptai d'autant plus volontiers le poste qui se présentait que je ne sortais point de la famille. J'allais donc un matin de la part de la nouvelle mariée chez le seigneur don Gonzale.

Il était encore au lit, quoiqu'il fût près de midi. Lorsque j'entrai dans sa chambre, je le trouvai qui prenait un bouillon qu'un page venait de lui apporter. Le vieillard avait la moustache en papillotes, les yeux presque éteints avec un visage pâle et décharné.

C'était un de ces vieux garçons qui ont été fort libertins dans leur jeunesse, et qui ne sont guère plus sages dans un âge plus avancé. Il me reçut agréablement, et me dit que si je voulais le servir avec autant de zèle que j'avais servi sa nièce, je pouvais compter qu'il me ferait un heureux sort. Sur cette assurance, je promis d'avoir pour lui le même attachement que j'avais eu pour elle, et dès ce moment il me retint à son service.

Me voilà donc à un nouveau maître, et Dieu sait quel homme c'était. Quand il se leva, je crus voir la résurrection du Lazare. Imaginez-vous un grand corps si sec, qu'en le voyant à nu on aurait fort bien pu apprendre l'ostéologie. Il avait les jambes si menues qu'elles me parurent encore très fines, après qu'il eut mis trois ou quatre paires de bas l'une sur l'autre.

Outre cela, cette momie vivante était asthmatique et toussait à chaque parole qui lui sortait de la bouche. Il prit d'abord du chocolat. Il demanda ensuite du papier et de l'encre, écrivit un billet qu'il cacheta et fit porter à son adresse par le page qui lui avait donné un bouillon ; puis, se tournant de mon côté :

« Mon ami, me dit-il, c'est toi que je prétends désormais charger de mes commissions, et particulièrement de celles qui regarderont dona Eufrasia. Cette dame est une jeune personne que j'aime et dont je suis tendrement aimé. »

Bon Dieu, dis-je aussitôt en moi-même, eh ! comment les jeunes gens pourront-ils s'empêcher de croire qu'on les aime, puisque ce vieux penard s'imagine qu'on l'idolâtre ?

— Gil Blas, poursuivit-il, je te mènerai chez elle dès aujourd'hui : j'y soupe presque tous les soirs. Tu verras une personne toute aimable. Tu seras charmé de son air sage et retenu. Bien loin de ressembler à ces petites étourdies qui donnent dans la jeunesse et s'engagent sur les apparences, elle a l'esprit déjà mûr et judicieux ; elle

veut des sentiments dans un homme, et préfère aux figures les plus brillantes un amant qui sait aimer.

Le seigneur don Gonzale ne borna point là l'éloge de sa maîtresse : il entreprit de la faire passer pour l'abrégé de toutes les perfections ; mais il avait un auditeur assez difficile à persuader là-dessus.

Je feignis pourtant par complaisance d'ajouter foi à tout ce que me dit mon maître. Je fis plus, je vantai le discernement et le bon goût d'Eufrasie.

Je fus même assez impudent pour avancer qu'elle ne pouvait avoir de galant plus aimable. Le bonhomme ne sentit point que je lui donnais de l'encensoir par le nez ; au contraire, il s'applaudit de mes paroles, tant il est vrai qu'un flatteur peut tout risquer avec les grands. Ils se prêtent jusqu'aux flatteries les plus outrées.

Le vieillard, après avoir écrit, s'arracha quelques poils de la barbe avec des pincettes, puis il se lava les yeux pour ôter une épaisse chassie dont ils étaient pleins.

Il lava aussi ses oreilles, ensuite ses mains, et quand il eut fait toutes ses ablutions, il teignit en noir sa moustache, ses sourcils et ses cheveux. Il fut plus longtemps à sa toilette qu'une vieille douairière qui s'étudie à cacher l'outrage des années.

Comme il acheva de s'ajuster, il entra un autre vieillard de ses amis, qu'on nommait le comte d'Asumar. Quelle différence il y avait entre eux ! Celui-ci laissait voir ses cheveux blancs, s'appuyait sur un bâton, et semblait se faire honneur de sa vieillesse au lieu de vouloir paraître jeune.

« Seigneur Pacheco, dit-il en entrant, je viens vous demander à dîner.

— Soyez le bienvenu, comte », répondit mon maître. En même temps ils s'embrassèrent l'un l'autre, s'assirent et commencèrent à s'entretenir en attendant qu'on servît.

Leur conversation roula d'abord sur une course de taureaux qui s'était faite depuis peu de jours. Ils parlèrent des cavaliers qui y avaient montré le plus d'adresse et de vigueur, et là-dessus le vieux comte, tel que Nestor à qui toutes les choses présentes donnaient occasion de louer les choses passées, dit en soupirant :

« Hélas ! je ne vois point aujourd'hui d'hommes comparables à ceux que j'ai vus autrefois, ni les tournois ne se font pas avec autant de magnificence qu'on les faisait dans ma jeunesse. »

Je riais en moi-même de la prévention du bon seigneur d'Asumar, qui ne s'en tint pas aux tournois ; je me souviens, quand il fut à table et qu'on apporta le fruit, qu'il dit, en voyant de fort belles pêches qu'on avait servies :

« De mon temps, les pêches étaient bien plus grosses qu'elles ne le sont à présent ; la nature s'affaiblit de jour en jour. »

Sur ce pied-là, dis-je alors en moi-même en souriant, les pêches du temps d'Adam devaient être d'une grosseur merveilleuse.

Le comte d'Asumar demeura presque jusqu'au soir avec mon maître, qui ne se vit pas plutôt débarrassé de lui qu'il sortit en me disant de le suivre.

Nous allâmes chez Eufrasie qui logeait à cent pas de notre maison, et nous la trouvâmes dans un appartement des plus propres. Elle était galamment habillée et avait un air de jeunesse qui me la fit prendre pour une mineure, bien qu'elle eût trente bonnes années pour le moins. Elle pouvait passer pour jolie, et j'admirai bientôt son esprit.

Ce n'était pas un de ces coquettes qui n'ont qu'un babil brillant avec des manières libres ; elle avait de la modestie dans son action comme dans ses discours, elle parlait le plus spirituellement du monde, sans un extrême étonnement.

« O Ciel, disais-je, est-il possible qu'une personne qui se montre si réservée soit capable de vivre dans le libertinage ? »

Je m'imaginais que toutes les femmes galantes devaient être effrontées. J'étais surpris d'en voir une modeste en apparence, sans faire réflexion que ces créatures savent se composer et se conformer au caractère des gens riches et des seigneurs qui tombent entre leurs mains.

Ces payeurs veulent-ils de l'emportement ? elles sont vives et pétulantes. Aiment-ils la retenue ? elles se parent d'un extérieur sage et vertueux. Ce sont de vrais caméléons qui changent de couleur suivant l'humeur et le génie des hommes qui les approchent.

Don Gonzale n'était pas du goût des seigneurs qui demandent des beautés hardies ; il ne pouvait souffrir celles-là, et il fallait pour le piquer qu'une femme eût un air de vestale.

Aussi Eufrasie, se réglant là-dessus, faisait voir que les bonnes comédiennes n'étaient pas toutes à la comédie.

Je laissai mon maître avec sa nymphe, et je descendis dans une salle où je trouvai une vieille femme de chambre que je reconnus pour une soubrette qui avait été suivante d'une comédienne. De son côté, elle me remit, et nous fîmes une scène de reconnaissance digne d'être employée dans une pièce de théâtre.

« Eh ! vous voilà, seigneur Gil Blas, me dit cette soubrette transportée de joie ! Vous êtes donc sorti de chez Arsénie, comme moi de chez Constance ?

— Oh ! vraiment, lui répondis-je, il y a longtemps que je l'ai quittée. J'ai même servi depuis une fille de condition. La vie des personnes de théâtre n'est guère de mon goût. Je me suis donné mon congé moi-même, sans daigner avoir le moindre éclaircissement avec Arsénie.

— Vous avez bien fait, reprit la soubrette, nommée Béatrix, j'en ai usé à peu près de la même manière avec Constance. Un beau matin, je lui rendis mes comptes froidement. Elle les reçut sans me dire une syllabe, et nous nous séparâmes assez cavalièrement.

— Je suis ravi, lui dis-je, que nous nous retrouvions dans une maison plus honorable. Dona Eufrasia me paraît une façon de femme de qualité, et je la crois d'un très bon caractère.

— Vous ne vous trompez pas, me répondit la vieille suivante, elle a de la naissance, ce qui se voit assez par ses manières, et pour son humeur, je puis vous assurer qu'il n'y en a point de plus égale ni de plus douce. Elle n'est point de ces maîtresses emportées et difficiles qui trouvent à redire à tout, qui crient sans cesse, tourmentent leurs domestiques, et dont le service, en un mot, est un enfer. Je ne l'ai pas encore entendu gronder une seule fois, tant elle aime la douceur. Quand il m'arrive de ne pas faire les choses à sa fantaisie, elle me reprend sans colère, et jamais il ne lui échappe de ces épithètes dont les dames violentes sont si libérales.

— Mon maître, repris-je, est aussi fort doux. Il se familiarise avec moi, et me traite comme son égal plutôt que comme son laquais. En un mot, c'est le meilleur de tous les humains, et sur ce pied-là nous sommes, vous et moi, beaucoup mieux que nous n'étions chez nos comédiennes.

— Mille fois mieux, repartit Béatrix ; je menais une vie tumultueuse, au lieu que je vis présentement dans la retraite. Il ne vient pas d'autre homme ici que le seigneur don Gonzale. Je ne verrai que vous dans ma solitude, et j'en suis bien aise ; il y a longtemps que j'ai de l'affection pour vous, et j'ai plus d'une fois envié le bonheur de Laure de vous avoir pour ami ; mais enfin j'espère que je ne serai pas moins heureuse qu'elle. Si je n'ai pas sa jeunesse et sa beauté, en récompense je hais la coquetterie : ce que les hommes ne sauraient assez payer ; je suis une tourterelle pour la fidélité.

Comme la bonne Béatrix était une de ces personnes qui sont obligées d'offrir leurs faveurs parce qu'on ne les leur demanderait pas, je ne fus nullement tenté de profiter de ses avances.

Je ne voulus pas pourtant qu'elle s'aperçût que je la méprisais, et même j'eus la politesse de lui parler de manière qu'elle ne perdît pas toute espérance de m'engager à l'aimer.

Je m'imaginai donc que j'avais fait la conquête d'une vieille suivante, et je me trompai encore dans cette occasion. La soubrette n'en usait pas ainsi avec moi seulement pour mes beaux yeux : son dessein était de m'inspirer de l'amour pour me mettre dans les intérêts de sa maîtresse, pour qui elle se sentait si zélée qu'elle ne s'embarrassait point de ce qu'il lui en coûterait pour la servir.

Je reconnus mon erreur dès le lendemain matin que je portai de la part de mon maître un billet doux à Eufrasie. Cette dame me fit un accueil gracieux, me dit mille choses obligeantes, et la femme de chambre aussi s'en mêla. L'une admirait ma physionomie, l'autre me trouvait un air de sagesse et de prudence. A les entendre, le seigneur don Gonzale possédait en moi un trésor. En un mot, elles me louèrent tant que je me défiai des louanges qu'elles me donnèrent. J'en pénétrai le motif ; mais je le reçus en apparence avec toute la simplicité d'un sot, et par cette contre-ruse je trompai les friponnes, qui levèrent enfin le masque.

« Écoute, Gil Blas, me dit Eufrasie, il ne tiendra qu'à toi de faire ta fortune. Agissons de concert, mon ami. Don Gonzale est vieux, et d'une santé si délicate que la moindre fièvre aidée d'un bon médecin l'emportera. Ménageons les moments qui lui restent, et faisons en sorte qu'il me laisse la meilleure partie de son bien. Je t'en ferai bonne part, je te le promets, et tu peux compter sur cette promesse, comme si je te la faisais par-devant tous les notaires de Madrid.

— Madame, lui répondis-je, disposez de votre serviteur ; vous n'avez qu'à me prescrire la conduite que je dois tenir, et vous serez satisfaite.

— Eh bien ! reprit-elle, il faut observer ton maître et me rendre compte de tous ses pas. Quand vous vous entretiendrez tous deux, ne manque pas de faire tomber la conversation sur les femmes, et de là prends, mais avec art, occasion de lui dire du bien de moi. Occupe-le d'Eufrasie, autant qu'il te sera possible. Ce n'est pas tout ce que j'exige de toi, mon ami : je te recommande encore d'être fort attentif à ce qui se passe dans la famille des Pacheco. Si tu t'aperçois que quelque parent de don Gonzale ait de grandes assiduités auprès de lui, et couche en joue sa succession, tu m'en avertiras aussitôt. Je ne t'en demande pas davantage ; je le coulerai à fond en peu de temps. Je connais les divers caractères des parents de ton maître : je sais quels portraits ridicules on lui peut faire d'eux, et j'ai déjà mis assez mal dans son esprit tous ses neveux et ses cousins. »

Je jugeai par ces instructions et par d'autres qu'y joignit Eufrasie, que cette dame était de celles qui s'attachent aux vieillards généreux.

Elle avait depuis peu obligé don Gonzale à vendre une terre dont elle avait touché l'argent.

Elle tirait de lui tous les jours de bonnes nippes, et de plus elle espérait qu'il ne l'oublierait pas dans son testament.

Je feignis de m'engager volontiers à faire tout ce qu'on attendait de moi, et, pour ne rien dissimuler, je doutai, en m'en retournant au logis, si je contribuerais à tromper mon maître, ou si j'entreprendrais de le détacher de sa maîtresse. Ce dernier parti me paraissait plus honnête que l'autre, et je me sentais plus de penchant à remplir mon devoir qu'à le trahir.

D'ailleurs, Eufrasie ne m'avait rien promis de positif, et cela peut-être était cause qu'elle n'avait pas corrompu ma fidélité. Je me résolus donc à servir don Gonzale avec zèle, et je me persuadai que si j'étais assez heureux pour l'arracher à son idole, je serais mieux payé de cette bonne action que des mauvaises que je pourrais faire.

Pour parvenir à la fin que je me proposais, je me montrai tout dévoué au service de doña Eufrasia. Je lui fis accroire que je parlais d'elle incessamment à mon maître, et là-dessus je lui débitais des fables qu'elle prenait pour argent comptant. Je m'insinuai si bien dans son esprit qu'elle me crut entièrement dans ses intérêts.

Pour mieux lui en imposer encore, j'affectai de paraître amoureux de Béatrix, qui, ravie à son âge de voir un jeune homme à ses trousses, ne se souciait guère d'être trompée pourvu que je la trompasse bien.

Lorsque nous étions auprès de nos princesses, mon maître et moi, cela faisait deux tableaux différents dans le même goût. Don Gonzale sec et pâle, comme je l'ai peint, avait l'air d'un agonisant quand il voulait faire les doux yeux ; et mon infante, à mesure que je me montrais plus passionné, prenait des manières enfantines, et faisait tout le manège d'une vieille coquette. Aussi avait-elle quarante ans d'école, pour le moins.

Elle s'était raffinée au service de quelques-unes de ces héroïnes de galanterie, qui savent plaire jusque dans leur vieillesse, et qui meurent chargées des dépouilles de deux ou trois générations.

Je ne me contentais pas d'aller tous les soirs avec mon maître chez Eufrasie, j'y allais quelquefois tout seul pendant le jour, et je m'attendais toujours à trouver dans cette maison quelque jeune galant caché ; mais à quelque heure que j'y entrasse, je n'y rencontrais jamais d'homme, pas même de femme d'un air équivoque. Je n'y découvrais pas la moindre trace d'infidélité, ce qui ne m'étonnait pas peu ; car, quoique Béatrix m'eût assuré que sa maîtresse ne recevait aucune visite masculine, je ne pouvais penser qu'une si jolie dame fût exactement fidèle à don Gonzale. En quoi certes je ne faisais pas un jugement téméraire, et la belle Eufrasie, comme vous le verrez bientôt, pour attendre plus patiemment la succession de mon maître, s'était pourvue d'un amant plus convenable à une femme de son âge.

Un matin, je portais à mon ordinaire un billet doux à la princesse. J'aperçus, tandis que j'étais dans sa chambre, les pieds d'un homme caché derrière une tapisserie. Je me gardai bien de faire connaître que je les voyais, et sitôt que j'eus fait ma commission, je sortis sans faire semblant de les avoir remarqués ; mais, quoique cet objet dût peu me surprendre, et que la chose ne roulât pas sur mon compte, je ne laissai pas d'en être fort ému :

« Ah ! perfide, disais-je avec indignation ! scélérate Eufrasie ! Tu n'es pas satisfaite d'imposer à un bon vieillard en lui persuadant que tu l'aimes ; il faut que tu te livres à un autre pour mettre le comble à ta trahison ! »

Que j'étais fat, quand j'y pense, de raisonner de la sorte ! Il fallait plutôt rire de cette aventure et la regarder comme une compensation des ennuis et des langueurs qu'il y avait dans le commerce de mon maître.

J'aurais du moins mieux fait de n'en dire mot que de me servir de cette occasion pour faire le bon valet. Mais, au lieu de modérer mon zèle, j'entrai avec chaleur dans les intérêts de don Gonzale, et lui fis un fidèle rapport de ce que j'avais vu. J'ajoutai même à cela qu'Eufrasie m'avait voulu séduire. Je ne dissimulai rien de tout ce qu'elle m'avait dit, et il ne tint qu'à lui de connaître parfaitement sa maîtresse.

Il me fit quelques questions, comme s'il n'eût pas entièrement ajouté foi à ce que je venais de lui rapporter ; mais telles furent mes réponses qu'elles lui ôtèrent la satisfaction d'en pouvoir douter. Il en fut frappé malgré le sang-froid qu'il conservait dans toute autre chose, et une petite émotion de colère qui parut à son visage sembla présager que la dame ne lui serait point impunément infidèle.

— C'est assez, Gil Blas, me dit-il, je suis très sensible à l'attachement que je te vois à mon service, et ta fidélité me plaît. Je vais tout à l'heure chez Eufrasie ; je veux l'accabler de reproches et rompre avec l'ingrate.

A ces mots, il sortit effectivement pour se rendre chez elle, et il me dispensa de le suivre pour m'épargner le mauvais rôle que j'aurais eu à jouer pendant leur éclaircissement.

J'attendis le plus impatiemment du monde que mon maître fût de retour. Je ne doutais point qu'ayant un aussi grand sujet qu'il en avait de se plaindre de sa nymphe, il ne revînt détaché de ses attraits, ou tout au moins résolu d'y renoncer.

Dans cette pensée, je m'applaudissais de mon ouvrage. Je me représentais le plaisir qu'auraient les héritiers naturels de don Gonzale, quand ils apprendraient que leur parent n'était plus le jouet d'une passion si contraire à leurs intérêts. Je me flattais qu'ils m'en tiendraient compte, et qu'enfin j'allais me distinguer des autres valets de chambre, qui sont ordinairement plus disposés à maintenir leurs maîtres dans la débauche qu'à les en retirer.

J'aimais l'honneur, et je pensais avec plaisir que je passerais pour le coryphée des domestiques : mais une idée si agréable s'évanouit quelques heures après.

Mon patron arriva :

« Mon ami, me dit-il, je viens d'avoir un entretien très vif avec Euphrasie. Je l'ai traitée d'ingrate et de perfide ; je l'ai accablée de reproches. Sais-tu bien ce qu'elle m'a répondu ? Que j'avais tort d'écouter des valets. Elle soutient que tu m'as fait un faux rapport. Tu n'es, si on l'en croit, qu'un imposteur, qu'un valet dévoué à mes neveux, pour l'amour de qui tu n'épargnerais rien pour me brouiller avec elle. J'ai vu couler de ses yeux des pleurs, mais des pleurs véritables, elle m'a juré par ce qu'il y a de plus sacré qu'elle ne t'a fait aucune proposition, et qu'elle ne voit pas un homme. Béatrix, qui me paraît une bonne fille, incapable de mentir, m'a protesté la même chose ; de sorte que malgré moi ma colère s'est apaisée.

— Eh quoi ! Monsieur, interrompis-je avec douleur, doutez-vous de ma sincérité ? Vous défiez-vous...

— Non, mon enfant, interrompit-il à son tour, je te rends justice. Je ne te crois point d'accord avec mes neveux. Je suis persuadé que mon intérêt seul te touche, et je t'en sais bon gré : mais après tout, les apparences sont trompeuses, peut-être n'as-tu pas vu effectivement ce que tu t'imaginais voir, et dans ce cas jusqu'à quel point ton accusation doit être désagréable à Eufrasie ; quoi qu'il en soit, c'est une femme que je ne puis m'empêcher d'aimer ; c'est mon sort. Il faut même que je lui fasse le sacrifice qu'elle exige de mon amour, et ce sacrifice est de te donner congé. J'en suis fâché, mon pauvre Gil Blas, poursuivit-il, et je t'assure que je n'y ai consenti qu'à regret : mais je ne saurais faire autrement ; compatis à ma faiblesse. Ce qui doit te consoler, c'est que je ne te renverrai pas sans récompense. De plus, je prétends te placer chez une dame de mes amies où tu seras fort agréablement. »

Je fus bien mortifié de voir tourner ainsi mon zèle contre moi.

Je maudis Eufrasie, et déplorai la faiblesse de don Gonzale de s'en être laissé posséder.

Le bon vieillard sentait assez qu'en me congédiant, pour plaire seulement à sa maîtresse, il ne faisait pas une action des plus viriles ; aussi pour compenser sa mollesse, et me mieux faire avaler la pilule, il me donna cinquante ducats, et me mena le jour suivant chez la marquise de Chaves, à laquelle il dit en ma présence que j'étais un jeune homme qui n'avait que de bonnes qualités ; qu'il m'aimait, et que des raisons de famille ne lui permettaient pas de me retenir à son service, il la priait de me prendre au sien. Elle me reçut dès ce moment au nombre de ses domestiques, si bien que je me trouvai tout à coup dans une nouvelle maison.

VII. — De quel caractère était la marquise de Chaves, et quelles personnes allaient ordinairement chez elle.

A marquise de Chaves était une veuve de trente-cinq ans, belle, grande et bien faite. Elle jouissait d'un revenu de dix mille ducats, et n'avait point d'enfants. Je n'ai jamais vu de femme plus sérieuse, ni qui parlât moins. Cela ne l'empêchait pas de passer pour la dame de Madrid la plus spirituelle. Le grand concours de personnes de qualité et de gens de lettres qu'on voyait chez elle tous les jours contribuait peut-être plus que son mérite à lui donner cette réputation. C'est une chose que je ne déciderai point. Je me contenterai de dire que son nom emportait une idée de génie supérieur, et que sa maison était appelée par excellence dans la ville : Le bureau des ouvrages d'esprit.

Effectivement on y lisait chaque jour, tantôt des poèmes dramatiques, et tantôt d'autres poésies. Mais on n'y faisait guère que des lectures sérieuses ; les pièces comiques y étaient méprisées. On n'y regardait la meilleure comédie, ou le roman le plus ingénieux et le plus égayé, que comme une faible production qui ne méritait aucune louange ; au lieu que le moindre ouvrage sérieux, une ode, une églogue, un sonnet y passait pour le plus grand effort de l'esprit humain. Il arrivait souvent que le public ne confirmait pas les jugements du bureau, et que même il sifflait quelquefois impoliment les pièces qu'on y avait fort applaudies.

J'étais maître de salle dans cette maison, c'est-à-dire que mon emploi consistait à tout préparer dans l'appartement de ma maîtresse pour recevoir la compagnie, à ranger des chaises pour les hommes, et des carreaux pour les femmes ; après quoi je me tenais à la porte de la chambre, pour annoncer et introduire les personnes qui arrivaient.

Le premier jour, à mesure que je les faisais entrer, le gouverneur des pages, qui par hasard était alors dans l'antichambre avec moi, me les dépeignait agréablement : il se nommait André Molina. Il était naturellement froid et railleur, et ne manquait pas d'esprit.

D'abord un évêque se présenta ; je l'annonçai ; et quand il fut entré, le gouverneur me dit :

« Ce prélat est d'un caractère assez plaisant ; il a quelque crédit à la cour ; mais il voudrait bien persuader qu'il en a beaucoup. Il fait des offres de service à tout le monde, et ne sert personne. »

Un moment après l'évêque, le fils d'un grand parut ; et lorsque je l'eus introduit dans la chambre de ma maîtresse :

« Ce seigneur, me dit Molina, est encore un original. Imaginez-vous qu'il entre souvent dans une maison pour traiter d'une affaire importante avec le maître du logis, qu'il quitte sans se souvenir de lui en parler. Mais, ajouta le gouverneur, en voyant arriver deux femmes, voici dona Angela de Penafiel et dona Margarita de Montalvan. Ce sont deux dames qui ne se ressemblent nullement. Dona Margarita se pique d'être philosophe ; elle va tenir tête aux plus profonds docteurs de Salamanque, et jamais ses raisonnements ne céderont à leurs raisons. Pour dona Angela, elle ne fait point la savante, quoiqu'elle ait l'esprit cultivé. Ses discours ont de la justesse ; ses pensées sont fines, ses expressions délicates, nobles et naturelles.

— Ce dernier caractère est aimable, dis-je à Molina : mais l'autre ne convient guère, ce me semble au beau sexe.

— Pas trop, répondit-il en souriant ; il y a même bien des hommes qu'il rend ridicules. Mme la marquise, notre maîtresse, continua-t-il, est aussi un peu grippée de philosophie. Qu'on va disputer ici aujourd'hui ! Dieu veuille que la religion ne soit pas intéressée dans la dispute. »

Comme il achevait ces mots, nous vîmes entrer un homme sec, qui avait l'air grave et renfrogné. Mon gouverneur ne l'épargna point.

— Celui-ci, me dit-il, est l'un de ces esprits sérieux qui veulent passer pour de grands génies, à la faveur de leur silence ou de quelques sentences tirées de Sénèque, et qui ne sont que de sots personnages, à les examiner fort sérieusement.

Il vint ensuite un cavalier d'assez belle taille, qui avait la mine grecque, c'est-à-dire le maintien plein de suffisance. Je demandai qui c'était.

— C'est un poète dramatique, me dit Molina. Il a fait cent mille vers en sa vie, qui ne lui ont pas rapporté quatre sous : mais en récompense, il vient avec six lignes de prose de se faire un établissement considérable.

J'allais m'éclaircir de la nature d'une fortune faite à si peu de frais, quand j'entendis un grand bruit dans l'escalier.

— Bon, s'écria le gouverneur, voici le licencié Campanario : il s'annonce lui-même avant qu'il paraisse ; il se met à parler dès la porte de la rue, et en voilà jusqu'à ce qu'il soit sorti de la maison.

En effet, tout retentissait de la voix du bruyant licencié qui entra enfin dans l'antichambre avec un bachelier de ses amis, et qui ne déparla point tant que dura sa visite.

— Le seigneur Campanario, dis-je à Molina, est apparemment un beau génie.

— Oui, répondit mon gouverneur, c'est un homme qui a des saillies brillantes, des expressions détournées. Il est réjouissant ; mais, outre que c'est un parleur impitoyable, il ne laisse pas de se répéter.

Il vint encore d'autres personnes, dont Molina me fit de plaisants portraits. Il n'oublia pas de me peindre aussi la marquise, et sa peinture fut de mon goût.

— Je vous donne, me dit-il, notre patronne pour un esprit assez uni, malgré sa philosophie ; elle n'est point d'une humeur difficile, et on a peu de caprices à essuyer en la servant. C'est une femme de qualité des plus raisonnables que je connaisse ; elle n'a même aucune passion ; elle n'aime que la conversation.

Le gouverneur, par cet éloge, me prévint en faveur de ma maîtresse. Cependant, quelques jours après, je ne pus m'empêcher de la soupçonner de n'être pas si ennemie de l'amour.

Je vais dire sur quel fondement je conçus ce soupçon.

Un matin, pendant qu'elle était à sa toilette, il se présenta devant moi un petit homme de quarante ans, désagréable de sa figure, plus crasseux que l'auteur Pedro de Moya, et fort bossu par-dessus le marché. Il me dit qu'il voulait parler à Mme la marquise. Je lui demandai de quelle part.

• De la mienne, répondit-il fièrement. Dites-lui que je

suis le cavalier dont elle s'entretint hier avec dona Anna de Valesco. »

Je l'introduisis dans l'appartement de ma maîtresse, et je l'annonçai. La marquise fit aussitôt une exclamation, et dit avec un transport de joie qu'il pouvait entrer. Elle ne se contenta pas de le recevoir favorablement, elle obligea toutes ses femmes à sortir de sa chambre, de sorte que le petit bossu, plus heureux qu'un honnête homme, y demeura seul avec elle. Les soubrettes et moi nous rîmes un peu de ce beau tête-à-tête, qui dura près d'une heure ; après quoi ma patronne congédia le bossu, en lui faisant des civilités qui marquaient qu'elle était très contente de lui.

Elle avait effectivement pris tant de plaisir à son entretien qu'elle me dit le soir en particulier :

« Gil Blas, quand le bossu reviendra, faites-le entrer dans mon appartement le plus secrètement que vous pourrez. »

Ce commandement, je l'avoue, me donna d'étranges soupçons. Néanmoins, suivant l'ordre de la marquise, dès que le petit homme revint, et ce fut le lendemain matin, je le conduisis par un escalier dérobé jusque la chambre de madame. Je fis pieusement la même chose deux ou trois fois, et je conclus de là que la marquise avait des inclinations bizarres, ou que le bossu faisait le personnage d'un entremetteur :

Ma foi, disais-je, prévenu de cette opinion :

« Si ma maîtresse aime quelque homme bien fait, je le lui pardonne ; mais si elle est entêtée de ce magot, franchement je ne puis excuser cette dépravation de goût. »

Que je jugeais mal de la patronne ! Le petit bossu se mêlait de magie, et comme on avait vanté son savoir à la marquise, qui se prêtait volontiers aux prestiges des charlatans, elle avait des entretiens particuliers avec lui. Il faisait voir dans le verre, montrait à tourner le sas, et révélait pour de l'argent tous les mystères de la cabale ; ou bien, pour parler plus juste, c'était un fripon qui subsistait aux dépens des personnes trop crédules, et l'on disait qu'il avait sous contribution plusieurs femmes de qualité.

VIII. — Par quel incident Gil Blas sortit de chez la marquise de Chaves, et ce qu'il devint.

IL y avait déjà six mois que je demeurais chez la marquise de Chaves, et j'étais fort content de ma condition. Mais la destinée que j'avais à remplir ne me permit pas de faire un plus long séjour dans la maison de cette dame, ni même à Madrid.

Voici l'aventure qui m'obligea de m'en éloigner. Parmi les femmes de ma maîtresse, il y en avait une qu'on appelait Porcie. Outre qu'elle était jeune et belle, je la trouvai

d'un si bon caractère que je m'y attachai, sans savoir qu'il me faudrait disputer son cœur. Le secrétaire de la marquise, homme fier et jaloux, était épris de ma belle. Il ne s'aperçut pas plutôt de mon amour, que sans chercher à s'éclaircir de quel œil Porcie me voyait, il résolut de me faire tirer l'épée. Pour cet effet, il me donna rendez-vous un matin, dans un endroit écarté.

Comme c'était un petit homme qui m'arrivait à peine aux épaules et qui me paraissait très faible, je ne le crus pas un rival fort dangereux. Je me rendis avec confiance au lieu où il m'avait appelé. Je comptais bien remporter une victoire aisée, et de m'en faire un mérite auprès de Porcie ; mais l'événement ne répondit point à mon attente ; le petit secrétaire, qui avait deux ou trois ans de salle, me désarma comme un enfant, et me présentant la pointe de son épée :

« Prépare-toi, me dit-il, à recevoir le coup de la mort, ou bien donne-moi ta parole d'honneur que tu sortiras aujourd'hui de chez la marquise de Chaves et que tu ne penseras plus à Porcie. »

Je lui fis volontiers cette promesse, et je la tins sans répugnance. Je me faisais une peine de paraître devant les domestiques de notre hôtel, après avoir été vaincu, et surtout devant la belle Hélène qui avait fait le sujet de notre combat.

Je ne retournai au logis que pour y prendre tout ce que j'avais de nippes et d'argent ; et dès le même jour, je marchai vers Tolède, la bourse assez bien garnie, et le dos chargé d'un paquet composé de toutes mes hardes.

Quoique je ne me fusse point engagé à quitter le séjour de Madrid, je jugeai à propos de m'en écarter du moins pour quelques années. Je formai la résolution de parcourir l'Espagne et de m'arrêter de ville en ville. L'argent que j'ai, disais-je, me mènera loin ; je ne le dépenserai pas indiscrètement, et, quand je n'en aurai plus, je me remettrai à servir. Un garçon fait comme je suis trouvera des conditions de reste quand il lui plaira d'en chercher, je n'aurai qu'à choisir.

Après avoir de nouveau changé plusieurs fois de condition, Gil Blas, dégoûté du monde et se sentant vieillir, se retire dans le « château » que lui a donné don Alphonse, « petite maison comme celle qu'Horace avait près de Tibur ». Gil Blas s'y marie avec Dorothée, fille d'un seigneur voisin.

« Dorothée, en femme vertueuse, se fit un plaisir de son devoir, et, sensible au soin que je prenais d'aller au-devant de ses désirs, elle s'attacha bientôt à moi comme si j'eusse été jeune.

« Il y a déjà trois ans, ami lecteur, que je mène là une vie délicieuse. Pour comble de satisfaction, le ciel a daigné m'accorder deux enfants dont l'éducation va devenir l'amusement de mes vieux jours, et dont je crois pieusement être le père.

FIN

IMPRIMERIE PAUL DUPONT
O THOUZELLIER, Dʳ O
4, RUE DU BOULOL PARIS

www.ingramcontent.com/pod-product-compliance
Ingram Content Group UK Ltd.
Pitfield, Milton Keynes, MK11 3LW, UK
UKHW021714130726
13696UKWH00004B/1820